E-Bass – Schummelseite

Grundakkorde (Dreiklänge): Dur, Moll

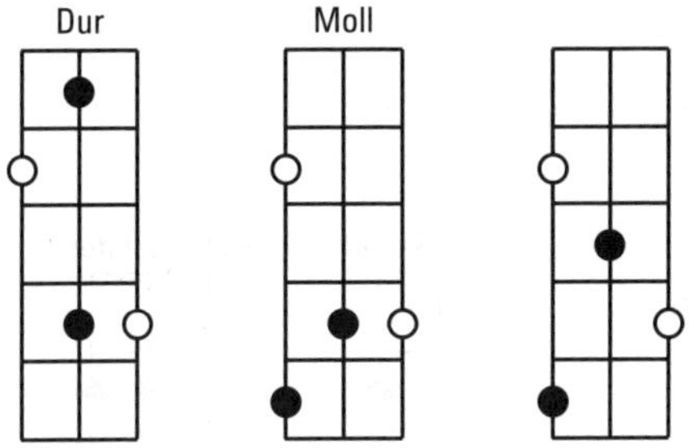

Sept-Akkorde: Dur-Sept, Moll-Sept, Dominant-Sept, Vermindert

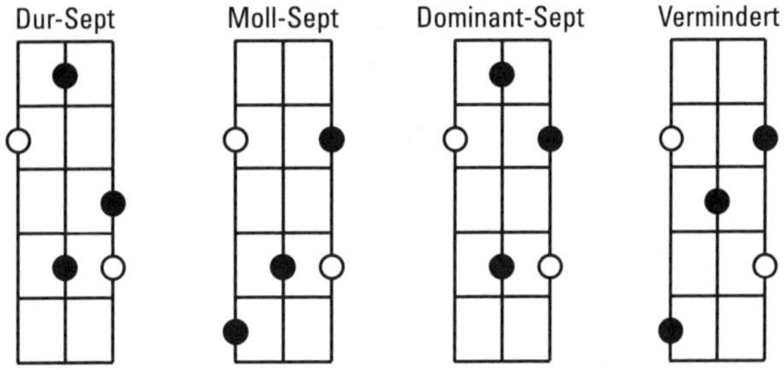

Tonarten (Skalen):
- Ionisch (Dur), Dorisch (Moll), Phrygisch (Moll) 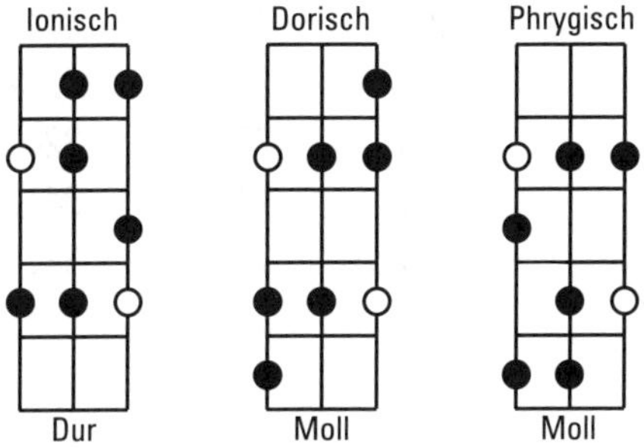
- Lydisch (Dur), Mixolydisch (Dominant), Äolisch (Moll), Lokrisch (Vermindert)

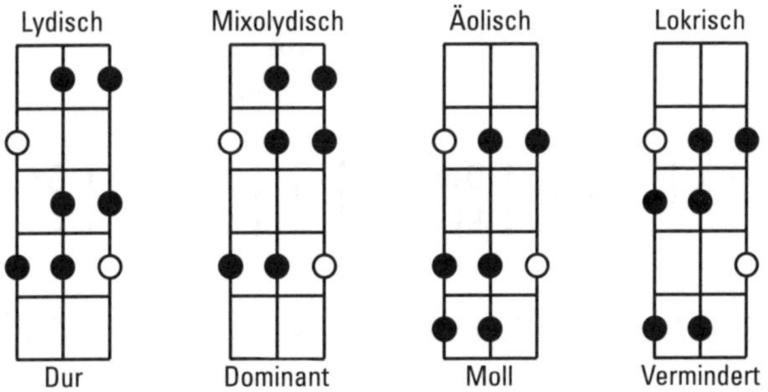

E-Bass – Schummelseite

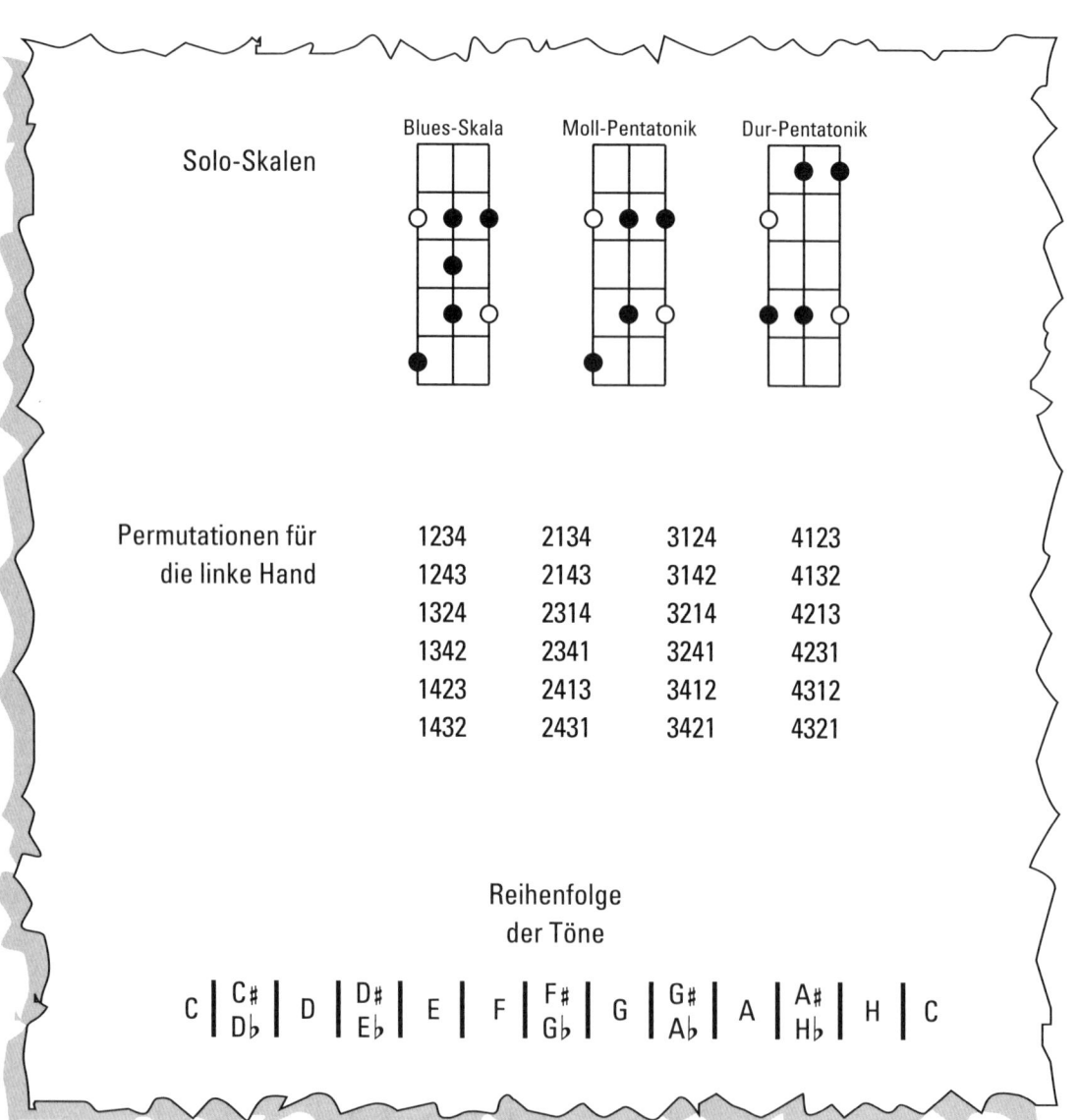

E-Bass
für Dummies

Patrick Pfeiffer

E-Bass für Dummies

*Übersetzung aus dem Amerikanischen von
Oliver Leu*

WILEY-VCH Verlag GmbH & Co. KGaA

Das vorliegende Werk wurde sorgfältig erarbeitet. Dennoch übernehmen Autoren und Verlag für die Richtigkeit von Angaben, Hinweisen und Ratschlägen sowie für eventuelle Druckfehler keine Haftung.

Bibliografische Information Der Deutschen Bibliothek
Die Deutsche Bibliothek verzeichnet diese Publikation
in der Deutschen Nationalbibliografie;
detaillierte bibliografische Daten sind im Internet über
<http://dnb.ddb.de> abrufbar.

© 2005 WILEY-VCH Verlag GmbH & Co. KGaA, Weinheim

Original English language edition Copyright © 2004 by Wiley Publishing,Inc., Indianapolis, Indiana. All rights reserved including the right of reproduction in whole or in part in any form. This translation published by arrangement with John Wiley and Sons, Inc.

Copyright der englischsprachigen Originalausgabe © 2004. Alle Rechte vorbehalten inklusive des Rechtes auf Reproduktion im Ganzen oder in Teilen und in jeglicher Form. Diese Übersetzung wird mit Genehmigung von John Wiley and Sons, Inc. publiziert.

The For Dummies trade dress and trademarks are registered trademarks of Wiley Publishing, Inc. in the United States and/or other countries. Used by permission.

»For Dummies« sind Marken oder eingetragene Marken von Wiley Publishing, Inc. in den USA und in anderen Ländern. Benutzt mit Genehmigung.

Printed in Germany

Gedruckt auf säurefreiem Papier

Satz   G&U Technische Dokumentation GmbH, Flensburg; www.GundU.com
Druck und Bindung   M.P. Media-Print Informationstechnologie, Paderborn

ISBN-13 978-3-527-70133-9
ISBN-10 3-527-70133-8

Cartoons im Überblick
von Rich Tennant

Seite 25

Seite 83

Seite 119

Seite 177

Seite 249

Seite 273

Seite 293

Seite 305

Fax: 001-978-546-7747
Internet: www.the5thwave.com
E-Mail: richtennant@the5thwave.com

Inhaltsverzeichnis

Einführung 19

    Über dieses Buch   19
    Konventionen in diesem Buch   20
    Nicht ganz unbegründete Annahmen   21
    Die Struktur dieses Buchs   22
        Teil I: Die Welt des Basses   22
        Teil II: Die Bas(s)is des Bass-Spiels   22
        Teil III: Den Bass navigieren, Grooves komponieren   22
        Teil IV: Die richtige Begleitung für jeden Stil   22
        Teil V: Pflegen Sie Ihr gutes Stück: Wartungsarbeiten an der Bassgitarre   23
        Teil VI: Einkaufsführer: Worauf man beim Basskauf achten sollte   23
        Teil VII: Der Top-Ten-Teil   23
        Teil VIII: Anhang   23
    Die Icons in diesem Buch   23
    Wohin Sie von hier aus blättern   24

Teil I
Die Welt des Basses 25

Kapitel 1
Bas(s)iswissen – der Sinn des Basses 27

    Die Unterschiede zwischen dem Bass und seinen höher gestimmten Verwandten   27
    Die Funktion des Bassisten in einer Band   28
        Das Bindeglied zwischen Harmonien und Rhythmus   28
        Den Song vorantreiben   29
        Im Rhythmus bleiben   29
        Rhythmen erstellen   30
        Cool wirken   30
    Die Anatomie der Bassgitarre   30
        Der Hals   30
        Der Korpus   32
        Das Innenleben   33
    Vorbereitungen auf das Bass-Spiel   33
        Koordination von linker und rechter Hand   33
        Moll- und Dur-Tonarten meistern   34

Inhaltsverzeichnis

Stimmung des Basses	34
Skalen und Akkorde kombinieren	34
Erweitern Sie das Bass-Spektrum: Die zweite Oktave	34
Alles auf den Kopf stellen und umkrempeln: Umkehrungen	35
Den richtigen Ton finden	35
Grooves und Riffs erfinden	35
Die ultimativen Solo-Skalen: Blues und Pentatonik	35
Fills und Solos spielen	36
Experimente mit unterschiedlichen Musikstilen	36
Wartungsarbeiten am Bass	37
Saiten wechseln	37
Reinigung des Basses	38
Sich eine Bassausrüstung zulegen	38
Einen Bass kaufen	38
Der richtige Verstärker	38
Zubehör für den Bass	38

Kapitel 2
Die Grundlagen des Bass-Spiels — 39

Legen Sie Hand an Ihren Bass	39
Wie man den Bass hält	40
Schnallen Sie sich den Bass um: Die Saiten nach außen, bitte	40
Im Stehen Bass spielen	41
Im Sitzen Bass spielen	42
Die richtige Haltung der Hände	43
Die Haltung der linken Hand	43
Die Haltung der rechten Hand	44
Griffbrett-Diagramme lesen	51
Skalen und Akkorde	51
Diagramme für Dur- und Moll-Skalen	53
Skalen mit offenen Saiten	54
Noten auf dem Hals ausfindig machen	55
Intervalle: Immer das gleiche Schema	56
Die Bassgitarre stimmen	58
Der Referenzton	58
Referenzton beim Zusammenspiel mit anderen	60
Mit Flageolett-Tönen stimmen	60
Den Bass auf sich selbst stimmen	64

Kapitel 3
Lesen, Schreiben und Rhythmik — 71

- Noten lesen: Entspannen Sie sich, es tut kein bisschen weh — 71
  - Akkord-Notation: Das Akkord-Chart — 72
  - Klassische Notation: Rhythmik und Töne deuten — 72
  - Tabulaturen: Saiten, Bünde und Abfolge — 73
- Noten auf dem Griffbrett finden — 74
- Das Metronom: Sie wissen schon, das Tick-Tack-Ding — 74
  - Das Metronom einstellen — 78
  - Zusammenspiel mit dem Metronom — 78
- Musik in Phrasen, Takte und Schläge zerlegen — 78
  - Die Viertelnote — 79
  - Die Achtelnote — 80
  - Die Sechzehntelnote — 80
  - Die halbe Note — 80
  - Die ganze Note — 80
  - Die Triole — 81
  - Die punktierte Note — 81
  - Der Bogen — 81
  - Die Pause — 82
- Wie man Musik richtig liest — 82

Teil II
Die Bas(s)is des Bass-Spiels — 83

Kapitel 4
Aufwärmen: Machen Sie Ihre Hände fit fürs Spiel — 85

- Grundlagen des Klangs — 85
- Aufwärmtraining für die rechte Hand — 86
  - Die gleiche Saite anschlagen — 86
  - Kontrolle über die Stärke der Schlaghand: Die Betonung — 88
  - Von einer Saite zur nächsten wechseln — 89
- Linke und rechte Hand koordinieren — 91
  - Finger-Permutationen — 91
  - Was brummt denn da? Saiten abdecken — 93
  - Jetzt alle zusammen — 93

Kapitel 11
Funky Style: Hardcore-Basslinien spielen — 211

R&B: Das Rhythm-and-Blues-Feeling	211
Der Motown-Sound: Grooves mit Variationen	214
Fusion: Zwei Stile zu einem verschmelzen	216
Funk: Der schwere, heftige Groove	218
Disco: Groove unter der Discokugel	220
Hip-Hop: Heavy Funk mit Attitüde	222
Dance: Hauptsache, man kann dazu tanzen	224

Kapitel 12
Internationaler Sound: Grooves aus aller Welt — 227

Bossa Nova: Sonnen Sie sich in einem brasilianischen Beat	227
Afro-Kubanisch: Mit Salsa, bitte	228
Reggae: Relaxte Offbeat-Riddims	230
Soca: Eine Mischung aus amerikanischen und Calypso-Partysounds	232
Reggae und Rock kombinieren: Der unverwechselbare Sound des Ska	234
Südafrikanisch: Experimente mit exotischen Grooves	236

Kapitel 13
Ungerade Takte: Ausgefallen, aber eingängig — 239

Ein alter ungerader Bekannter: Der Walzer	239
Jenseits des Walzers: Zusammengesetzte ungerade Takte	240
5/4-Takt: Mission Impossible?	241
7/4-Takt: Noch zwei Schläge mehr	244

Teil V
Pflegen Sie Ihr gutes Stück: Wartungsarbeiten an der Bassgitarre — 249

Kapitel 14
Saitenwechsel am E-Bass — 251

Zeit zum Abschiednehmen	251
Weg mit den Alten: Bass-Saiten entfernen	252
Jetzt neu: Saiten aufziehen	254
Damit die Saiten lange leben	259

Kapitel 15
Den Bass in Schuss halten: Wartung und leichte Reparaturarbeiten 261

Die Reinigung der einzelnen Teile 261
  Korpus und Hals 261
  Die Anbauteile 262
  Die Pickups 262
  Das Griffbrett 262
  Die Saiten 263
Kleinere Reparaturen 264
  Die Lackierung 264
  Überlassen Sie die Elektronik den Experten 265
Den E-Bass einstellen 265
  Den Halsstab einstellen 266
  Saitenlage mit Saitenreitern einstellen 267
Ein Reinigungs- und Wartungsset zusammenstellen 270
Lagerung des Basses 270

Teil VI
Einkaufsführer: Worauf man beim Basskauf achten sollte 273

Kapitel 16
Lebenspartner oder nur eine Affäre: Den richtigen Bass kaufen 275

Bedürfnisse vor dem Kauf festlegen 275
  Auf lange Sicht: Die Liebe fürs Leben 276
  Auf kurze Sicht: Nur für eine Nacht 277
  Wie viele Saiten? 277
  Mit Bünden oder ohne? 278
Wünsche sind die eine Sache ... das Budget eine andere 279
Die Shopping-Tour: Wo man sich umschauen soll 279
  Ab in die Musikläden 279
  Online-Shopping 281
  Zeitungsanzeigen sichten 282
Geld spielt keine Rolle: Die Einzelanfertigung 282

Kapitel 17
Das richtige Equipment für Ihren Bass 283

Verstärker und Lautsprecher: Die Grundlagen 283
  Combo oder Verstärker und Box getrennt? 283

Transistor oder Röhre?	284
Die richtige Lautsprechergröße	285
Den Klang einstellen	285
Erforderlich, erwünscht oder unwesentlich: Vervollständigen Sie das Equipment	286
Das müssen Sie haben	287
Vielleicht, vielleicht auch nicht	288
Extras	291

Teil VII
Der Top-Ten-Teil   293

Kapitel 18
Zehn innovative Bassisten, die Sie kennen sollten   295

Jack Bruce	295
Jaco Pastorius	296
James Jamerson	296
John Entwistle	296
Marcus Miller	296
Paul McCartney	297
Stanley Clarke	297
Victor Wooten	297
Will Lee	297
X (Eigener Eintrag)	297

Kapitel 19
Zehn großartige Rhythmus-Sektionen (Bassisten und Schlagzeuger)   299

Bootsy Collins und Jab'o Starks	300
Donald Duck Dunn und Al Jackson Jr.	300
James Jamerson und Benny Benjamin	300
John Paul Jones und John Bonham	301
Joe Osborn und Hal Blaine	301
Jaco Pastorius und Peter Erskine	301
George Porter Jr. und Zig Modeliste	302
Francis Rocco Prestia und David Garibaldi	302
Chuck Rainey und Bernard Purdie	303
Robbie Shakespeare und Sly Dunbar	303

Teil VIII
Anhang   305

Anhang A
Der Umgang mit der CD   307

    Zusammenspiel von Text und CD   307
        Anzählen   308
        Stereo-Trennung   308
    Systemanforderungen   308
    Die Tracks auf der CD   309

Anhang B
Sehr nützliche Seiten   321

Stichwortverzeichnis   331

Vorwort

E-Bass für Dummies richtet sich an Bassisten und solche, die es werden wollen. Es bietet eine umfangreiche Einführung in die Welt des Basses. Unter den unzähligen Werken zum Thema Bass zählt dieses Buch zur absoluten Spitzenklasse. Niemals zuvor ist ein solch vollständiges Kompendium zu diesem Thema zusammengestellt worden. Es ist quasi der Freifahrtschein für alle Attraktionen im »Bass-Land«.

Dieses Werk hat der hervorragende Basslehrer Patrick Pfeiffer für Sie geschrieben. Sie können *E-Bass für Dummies* der Reihe nach, quer oder sonstwie lesen – mit anderen Worten von Kapitel zu Kapitel oder ganz nach Ihren Wünschen. Immer wenn Sie ein paar Minuten frei haben, lesen Sie einfach eine Seite oder ein Kapitel. Es geht niemals zu tief in die Materie, ist nie zu schwierig, sondern wirklich informativ – und vor allem macht es Spaß! Legen Sie also los, und viel Vergnügen mit *E-Bass für Dummies*.

Nur das Bässte,

Will Lee, Bassist, *Late Show* mit David Letterman

Einführung

Erschüttern Sie den Erdboden mit tiefen, sonoren Vibrationen. Bilden Sie die Kraft, die die Musik schonungslos vorantreibt. Dröhnen Sie wie der Donner eines herannahenden Sturms. Es reicht Ihnen einfach nicht, nur gehört zu werden, Sie wollen auch gespürt werden. Sie müssen Bass spielen!

Stellen Sie sich Ihre Lieblingsmusik ohne Bass vor. Das geht doch gar nicht, oder? Der Bass ist der Herzschlag der Musik, Fundament des Grooves und der Leim, der die Musik der ganzen anderen Instrumente zusammenhält. Sie können hören, wie die Musik vom Bass-Groove getragen wird. Sie hören, wie die Musik zum Leben erwacht. Sie können die Vibrationen der tiefen Noten fühlen, die den Song vorantreiben – teils subtil und schmeichelnd, manchmal aber auch heftig wie ein Erdbeben. Der Bass ist das Herz.

Überlassen Sie die Bühnenmitte anderen Musikern – Sie haben wichtigere Dinge zu tun. Das Rampenlicht ist zwar cool, doch die eigentlichen Herrscher sind die Bassisten.

Über dieses Buch

E-Bass für Dummies bietet Ihnen alles, was Sie brauchen, um Ihren Bass zu beherrschen – vom korrekten Anschlag einer Saite bis hin zum funky Groove im Stil von Jaco Pastorius. Alles steckt hier drin.

Die einzelnen Kapitel können unabhängig voneinander gelesen werden. Sie können ohne Probleme die Bereiche, die Sie schon kennen, einfach überspringen und direkt zu den Themen vordringen, die Sie interessieren. Die Inhaltsangabe bietet Ihnen einen Überblick über alle Themen, die in diesem Buch behandelt werden. Sie können aber auch im Stichwortverzeichnis hinten im Buch nach bestimmten Worten oder Themen suchen. Oder Sie lesen das Buch von vorne bis hinten durch und bauen Ihr Bass-Spiel Schritt für Schritt auf. Egal wie Sie es machen – vergessen Sie nicht, die Reise zu genießen.

Ich habe *E-Bass für Dummies* so strukturiert, dass Sie selbst entscheiden können, wie weit Sie Ihre Fähigkeiten auf dem Instrument ausbauen wollen. Ich habe mich über die Aufnahmebedingungen an Musikschulen und Konservatorien informiert und Tipps eingefügt, wie man diese Bedingungen erfüllt (ohne zu theoretisch zu werden – Sie wollen ja nicht die ganze Zeit theoretisieren, sondern Bass spielen). Dieses Buch geht jedoch weit über die minimalen Voraussetzungen hinaus und zeigt Ihnen, wie Sie all diese Informationen im Bass-Alltag einsetzen können. Ich werde Ihnen vermitteln, wie man verschiedene Stile spielt und wie man eigene Grooves und Soli erfindet, damit Sie nicht die Basslinien von anderen Bassisten Ton für Ton kopieren müssen.

Sie haben gar keinen Bass? Kein Problem! *E-Bass für Dummies* geht nicht einmal davon aus, dass Sie einen Bass besitzen. Springen Sie einfach zu Teil VI, und finden Sie heraus, welches der richtige Bass und das richtige Zubehör für den Anfang ist. Wenn Sie schon einen Bass haben, können Sie mit dem Abschnitt über die Wartung in Kapitel 15 beginnen, wo erläutert wird, wie man das Instrument optimal einstellt, damit es sich einfacher bespielen lässt.

Sie müssen nicht einmal Noten lesen können, um das Bass-Spiel zu erlernen. (Sie können jetzt aufhören so ungläubig zu schauen … es ist wahr!) Und so bekommen Sie die entsprechenden Informationen in diesem Buch vermittelt:

- **Schauen Sie sich die Grids an.** Grids sind Darstellungen der Töne, die Sie auf dem Griffbrett des Basses spielen sollen. Sie zeigen an, wo die Noten sich im Verhältnis zueinander befinden und mit welchen Fingern Sie sie spielen sollen. Grids bieten aber noch einen anderen Vorteil: Wenn Sie einen bestimmten Ablauf von Noten mit Hilfe eines Grids gelernt haben, können Sie diesen jederzeit auf einen anderen Bereich des Griffbretts transferieren, um die Basslinie in einer anderen Tonart zu spielen. Deshalb ist es auch nicht wichtig, Noten lesen zu können. Die Noten auf einer Seite mit regulärer Notation sehen für unterschiedliche Tonarten komplett verschieden aus, Grids können jedoch für alle Tonarten verwendet werden.

- **Lesen Sie die Tabulatur.** Die Tabulatur ist eine verkürzte Notationstechnik, bei der gezeigt wird, welche Saite angeschlagen werden soll und wo man diese auf dem Griffbrett heruntergedrückt. Die Kurzform für Tabulatur ist Tab (nur falls irgendjemand fragt).

- **Hören Sie sich die CD an.** Sie können sich alle Übungen und Grooves, die in den Abbildungen gezeigt werden, auch anhören. Lauschen Sie dem Klang des Grooves, schauen Sie dann auf das Grid oder die Tabulatur, bringen Sie Ihre Hand an die richtige Position auf dem Griffbrett, und spielen Sie die Töne nach.

- **Wenn Sie einen Groove im Griff haben, können Sie die Balance an Ihrer Stereoanlage ganz auf eine Seite drehen, um den Bass auszublenden und nur noch mit dem Schlagzeug zusammen zu spielen (ein echtes Schlagzeug, keine Drum-Machine).** Oder Sie erarbeiten Ihren eigenen Groove im Stil des Beispiels.

- **Wenn Sie einige Fortschritte gemacht haben, versuchen Sie doch mal Noten zu lesen.** Im Laufe der Zeit können Sie sich die Noten anschauen und lernen, sie zu lesen. Wenn Sie gelernt haben, wie man ein paar Phrasen spielt, werden Sie schnell herausbekommen, dass das Notenlesen gar nicht so schwer ist und Ihr musikalisches Leben sogar noch leichter macht.

Konventionen in diesem Buch

Ich habe einige Konventionen für dieses Werk benutzt, damit der Text konsistent und verständlich bleibt. Hier kommt eine Liste dieser Konventionen:

✔ **Rechte Hand und linke Hand.** Statt Schlaghand und Bundhand sage ich meist *rechte Hand* zu der Hand, die die Seiten anschlägt, und *linke Hand* zu der Hand, die die Saiten auf das Griffbrett drückt. Ich entschuldige mich hiermit bei allen Linkshändern. Wenn Sie Ihren Bass mit der linken Hand spielen (anschlagen), müssen Sie das Ganze einfach andersherum lesen: Rechte Hand bedeutet linke Hand und so fort.

✔ **Oben und unten, höher und tiefer.** Wenn Sie Ihre linke Hand nach oben bewegen, bedeutet das, dass die Tonhöhe erhöht wird (indem Sie die Hand in Richtung Korpus Ihres Basses bewegen). Wenn Sie Ihre linke Hand nach unten bewegen, bedeutet das folglich, dass die Tonhöhe verringert wird (indem Sie die Hand vom Korpus Ihres Basses wegbewegen). Dasselbe Prinzip gilt auch für die rechte Hand: Wenn Sie zur nächsthöheren Saite gehen sollen, meine ich damit die Saite mit dem höheren Ton (die Saite, die näher am Fußboden ist). Die nächsttiefere Saite ist die Saite mit dem tieferen Ton (näher an der Decke). Achten Sie einfach nur darauf, ob der Ton höher oder tiefer ist, und alles geht wie von selbst.

✔ **Dreifache Notation.** In den Abbildungen ist die Musik für Grooves und Übungen einmal in der klassischen Notation, dann mit der Tabulatur darunter und dem Grid daneben abgedruckt. Sie sollen natürlich nicht alle drei auf einmal lesen (das wäre ja schlimmer als Klaviernoten zu lesen). Suchen Sie sich einfach die Notationsmethode aus, mit der Sie am besten zurechtkommen, und verwenden Sie die anderen, um zu überprüfen, ob Sie den Groove oder die Übung auch richtig spielen. Sie können selbstverständlich auch noch die CD abspielen, um sich ein Bild davon zu machen, wie sich die Musik anhören soll.

✔ **Die Zahlen.** Im Text stehen Zahlen von 1 und 8 für die Noten in einem Akkord oder einer Skala. Die Bezeichnung »7.« bezieht sich auf einen bestimmten Akkord, wie den Dur–Sept–Akkord, der in Notationen auch mit Maj-7 (engl. Major = Dur) bezeichnet wird. Die Abstände zwischen zwei Noten (Intervall) werden Sekund (2), Terz (3), Quart (4), Quint (5), Sext (6), Sept (7) und Oktav (8) genannt.

Nicht ganz unbegründete Annahmen

Abgesehen von der Annahme, dass Sie Bassgitarre spielen wollen, nehme ich ansonsten gar nichts an. Es ist völlig unerheblich, an welchem Stil Sie interessiert sind, dieses Buch behandelt sie alle. Es macht nicht einmal einen Unterschied, ob Sie einen Vier-, Fünf-, oder Sechs-Saiten-Bass spielen wollen. Die Grids in diesem Buch können auf jeder Bassgitarre gespielt werden, die Griffmuster bleiben immer die gleichen. Alles was Sie tun müssen ist, einfach nur ganz unvoreingenommen dieses Buch zu lesen, und ich versichere Ihnen, Sie werden Bass spielen ... schon sehr bald. Selbstverständlich lernen Sie noch schneller, wenn Sie zusätzlich zu diesem Buch noch Privatstunden von einem Basslehrer nehmen. Erfahrungen mit anderen Musikinstrumenten können auch ganz hilfreich sein.

Die Struktur dieses Buchs

Dieses Buch ist so strukturiert, dass Sie die Informationen, die Sie interessieren, schnell und einfach finden. Ich habe die Kapitel in acht Teile gegliedert.

Teil I: Die Welt des Basses

Falls Sie gerade erst in die Welt der selbst gespielten Musik einsteigen, sollten Sie hier anfangen. Teil I enthält drei Kapitel über die Grundlagen, die Sie beherrschen müssen, bevor Sie mit dem Spielen beginnen können. Kapitel 1 beschreibt die unterschiedlichen Teile, aus denen die Bassgitarre zusammengesetzt ist (und sagt Ihnen auch, warum Bass-Spielen so eine super Idee ist). Kapitel 2 erläutert, wie Sie den Bass halten sollen, wo Ihre Hände hingehören, und wie Sie das Instrument stimmen. Kapitel 3 zeigt Ihnen, wie Sie die unterschiedlichen Notationsarten lesen, die in diesem Buch (und dem Rest der Welt) verwendet werden.

Teil II: Die Bas(s)is des Bass-Spiels

Teil II enthält zwei Kapitel, die für Ihre Bassisten-Karriere entscheidend sind. Kapitel 4 bietet Übungen zur Stärkung und Koordination Ihrer Hände, und Kapitel 5 gibt eine Einführung in die Welt der Akkorde und Tonarten. Dort beginnen Sie auch, echte Basslinien zu spielen, und Sie lernen, warum die einen »richtig« und andere »falsch« klingen.

Teil III: Den Bass navigieren, Grooves komponieren

Teil III bietet schon leicht fortgeschrittenere Themen (und sogar weit fortgeschrittene Informationen, aber auf ganz einfache Art). Kapitel 6 zeigt Ihnen, wie man aus den tieferen Lagen des Basses zu den höheren Tönen navigiert. Kapitel 7 ist ein Meilenstein in diesem Buch, da Sie hier Schritt für Schritt lernen, wie man einen eigenen Groove kreiert. Kapitel 8 ist eine Einführung in das Spiel von Soli und Fills.

Teil IV: Die richtige Begleitung für jeden Stil

Teil IV schickt Sie auf eine Reise durch die verschiedenen Musikstile für die Bassgitarre. Kapitel 9 zeigt Ihnen, wie Sie Rock-Stile spielen, und Kapitel 10 ist eine Einführung in die Swing-Stile. Kapitel 11 bietet funky Funk-Stile, und Kapitel 12 entführt Sie rund um die Welt mit einigen exotischen Stilen, die Sie in Ihr Bassrepertoire aufnehmen können. Und schließlich wird in Kapitel 13 ausführlich erklärt, wie man Grooves mit ungerader Taktzahl spielt.

Teil V: Pflegen Sie Ihr gutes Stück: Wartungsarbeiten an der Bassgitarre

Teil V bietet Ihnen alle nötigen Informationen, wie Sie Ihren Bass fit halten. Kapitel 14 zeigt Ihnen, wie man die Saiten wechselt, und Kapitel 15 erklärt, wie man eine Bassgitarre einstellt und regelmäßig wartet.

Teil VI: Einkaufsführer: Worauf man beim Basskauf achten sollte

Die zwei Kapitel in Teil VI erläutern, wie und wo man den richtigen Bass und das entsprechende Zubehör aussucht und kauft. Kapitel 16 hilft Ihnen dabei, den richtigen Bass für Ihre Ansprüche zu finden. Kapitel 17 zeigt Ihnen, welches Zubehör den Klang Ihres Basses verbessert (oder ihn überhaupt erst zum Klingen bringt).

Teil VII: Der Top-Ten-Teil

Teil VII enthält das *Dummies*-Markenzeichen – den Top-Ten-Teil. In Kapitel 18 stelle ich Ihnen eine Liste mit zehn herausragenden Bassisten zur Verfügung, und in Kapitel 19 finden Sie zehn großartige Rhythmussektionen (die Sie sich auch auf der CD zum Buch anhören können).

Teil VIII: Anhang

Anhang A bietet eine Einführung zu der CD in diesem Buch und zeigt Ihnen, wie Sie sie benutzen sollen. In den Beispielen auf der CD wird der Bassist von einem Schlagzeuger begleitet. Statt also mit einer Drum-Machine zu spielen, können Sie mit einem echten Schlagzeuger zusammenspielen – eine aufregende Erfahrung! Anhang B bietet einige hilfreiche Seiten. Dort finden Sie leere Notenblätter und Grids, die Sie kopieren und für Ihre eigene Musik verwenden können.

Die Icons in diesem Buch

Am Textrand in diesem Buch finden Sie (wie in allen *Dummies*-Büchern) kleine Icons, die Ihnen durch den Inhalt helfen sollen. Hier die Bedeutung der einzelnen Zeichen:

 Dieses Icon weist auf Expertenratschläge hin, die Ihnen helfen sollen, Ihr Bass-Spiel zu verbessern.

Vorsicht! Dieses Icon hilft Ihnen, Beschädigungen Ihres Instruments und Verletzungen am eigenen Körper (oder an den Ohren von Dritten) zu vermeiden.

Machen Sie sich auf einige zunächst unnütz wirkende Fakten und Informationen gefasst, die Ihnen aber eines Tages eine wertvolle Hilfe sein könnten. Wenn Sie wollen, können Sie diese Abschnitte überspringen, ohne dadurch irgendwelche Nachteile zu haben.

Wohin Sie von hier aus blättern

Falls Sie noch keine Bassgitarre besitzen, sollten Sie zu den Kapiteln 16 und 17 springen und nachschauen, was im Laden auf Sie wartet. Wenn Sie Anfänger sind, einen Bass besitzen und direkt loslegen wollen, springen Sie zu Kapitel 2, um Ihr Instrument zu stimmen und Ihre Hände zu trainieren. Wenn Sie schon länger Bassgitarre spielen, hängen Sie sich Ihren Bass um, starten mit Kapitel 5 und spielen sich durch den Rest des Buchs.

Ganz gleich, welche spielerischen Fähigkeiten Sie auf dem Bass haben: *E-Bass für Dummies* wird Ihnen helfen, Ihr Bass-Spiel zu verbessern. Außerdem sollten Sie nicht vergessen, dass aus Ihrem ersten Schritt in die Welt der Musik eine lebenslange Reise voller musikalischer Bereicherungen werden kann.

Teil I

Die Welt des Basses

In diesem Teil ...

Springen Sie auf den Basszug auf – das wird eine wilde Fahrt! Dieser Teil wird Sie auf die richtige Schiene setzen. Kapitel 1 bietet eine Übersicht der Bestandteile, aus denen ein Bass zusammengesetzt ist, und erklärt, wofür diese jeweils gut sind. Kapitel 2 zeigt Ihnen, wie Sie Ihre Anatomie (vor allem Ihre Hände) an den Bass anpassen. Und in Kapitel 3 werden schließlich die unterschiedlichen Notationen erläutert, die in diesem Buch verwendet werden. Schnallen Sie sich also an!

Bas(s)iswissen – der Sinn des Basses

In diesem Kapitel

- Der Unterschied zwischen Bassgitarren und anderen Gitarren
- Die Funktion des Basses
- Die Einzelteile einer Bassgitarre
- Vorbereitungen für das Bass-Spiel
- Erweiterung des Bass-Spektrums
- Unterschiedliche Musikstile
- Die Pflege des Instruments

*B*ass – das Element, das Rhythmus und Harmonien zusammenhält. Der Herzschlag der Band! Der Bass hat einzigartige Qualitäten, die Sie wahrscheinlich dazu gebracht haben, ihn spielen zu wollen: Vielleicht ist es der fette, tiefe und weiche Sound, oder es sind die hypnotischen Rhythmen. In den richtigen Händen ist der Bass ein unglaublich mächtiges Werkzeug, da er einer Band ein Feeling und eine musikalische Haltung aufprägen kann. Der Bass ist das Herz fast jeder Musik, die man heutzutage hört. Aber was ist denn Bass nun ganz genau? Was macht den Bass so kraftvoll? Und wie schafft er es, der Musik dieses unwiderstehliche Feeling zu verleihen? Ob Sie nun ein völliger Neuling am Instrument sind oder schon viel Zeit mit dem Bass verbracht haben – dieses Kapitel wird Ihnen helfen, diese Fragen zu beantworten.

Die Unterschiede zwischen dem Bass und seinen höher gestimmten Verwandten

Bassgitarren unterscheiden sich von ihren höher gestimmten Verwandten (auch unter der Bezeichnung »die anderen Gitarren« bekannt) in mehreren signifikanten Punkten:

- ✓ **Bässe haben normalerweise vier Saiten, während Gitarren sechs davon haben.** In den 70er-Jahren fingen die ersten Bassisten damit an, weitere Saiten hinzuzufügen. Heutzutage findet man schon recht häufig Fünf- und Sechssaiter, doch Viersaiter bilden immer noch das Gros.
- ✓ **Fast alle Bassgitarren sind elektrisch.** Andere Gitarren gibt es in allen möglichen Geschmacksrichtungen: elektrisch, akustisch oder als Kombination von beidem.

- ✔ **Die Bass-Saiten sind jeweils im gleichen Abstand zueinander gestimmt.** Der Ton jeder Bass-Saite ist im gleichen Abstand zu der darüber liegenden Saite gestimmt, wodurch ein komplett symmetrisches Instrument entsteht. Wenn Sie also eine Tonleiter spielen können, die auf einer Saite anfängt, dann können Sie dieselben Griffmuster auch auf einer anderen Saite benutzen. Diese Saitenstimmung macht das Bass-Spiel viel einfacher als das Gitarrenspiel, weil dort die zweithöchste Saite anders als die restlichen gestimmt wird.

- ✔ **Der Bass ist tiefer gestimmt als Gitarren.** Die tiefen Noten des Basses füllen das untere Ende des Klangspektrums. Sie können sich diese Töne als Fundament der Musik vorstellen.

- ✔ **Der Bass ist länger als Gitarren und hat damit längere Saiten.** Je länger eine Saite, umso tiefer die Stimmung – je kürzer eine Saite, umso höher die Stimmung. Stellen Sie sich einen Chihuahua und einen Bernhardiner vor: Der Chihuahua hat kurze Stimmbänder und ein ziemlich hohes Bellen, der Bernhardiner ... Sie haben es bestimmt erraten.

- ✔ **Bassist und Gitarrist haben unterschiedliche Funktionen.** Ich möchte Sie hier nicht mit der Jobbeschreibung eines Gitarristen langweilen, doch die des Bassisten ist, wie der nächste Abschnitt zeigen wird, faszinierend. (Falls Sie doch Interesse an der Funktion eines Gitarristen haben, sollten Sie *E-Gitarre für Dummies* lesen, das im gleichen Verlag erschienen ist.)

Die Funktion des Bassisten in einer Band

Als Bassist spielen Sie (meiner Ansicht nach) die entscheidendste Rolle innerhalb einer Band. Jeder in der Band ist von Ihrer subtilen (manchmal aber auch nicht so subtilen) Führung abhängig. Wenn der Gitarrist oder der Saxophonist sich verspielt, merkt das meist niemand – verspielt sich aber der Bassist, wird jeder aus der Band und auch im Publikum sofort merken, das irgendetwas falsch läuft.

Das Bindeglied zwischen Harmonien und Rhythmus

Sie sind als Bassist dafür verantwortlich, die Harmonien (Akkorde) eines Songs mit einem unverwechselbaren Rhythmus (Groove) zu verbinden. Diese Verbindung erzeugt das Feeling oder den Stil der Musik. Feeling und Stil entscheiden darüber, ob sich ein Song nach Rock, Jazz, Latin oder sonstwas anhört. Kapitel 7 erklärt exakt, was Sie tun müssen, um außergewöhnliche Grooves zu erzeugen, und in Teil IV werden die verschiedenen Musikstile erläutert, die am häufigsten gespielt werden. Ziel ist es, möglichst jeden Bassisten in jedem gewünschten Stil nachahmen zu können und gleichzeitig kreativ zu bleiben – mit Ihren eigenen Tönen und Ideen.

Den Song vorantreiben

Jeder Song besteht aus Akkorden, die das Besondere an ihm ausmachen, und alle Töne in dem Song beziehen sich wiederum auf diese Akkorde (Kapitel 5 bietet weitere Informationen zu Akkorden). In manchen Songs gibt es immer die gleichen Akkorde und daher auch immer die gleichen Noten, die sich auf den Ein-Akkord-Sound beziehen, weshalb solche Songs auch einfach zu spielen sind. Die meisten Songs sind jedoch aus unterschiedlichen Akkorden zusammengesetzt. Die erste Gruppe von Noten steht in solch einem Song in Beziehung zum ersten Akkord und hat somit einen eigenen Klang, die nächste Gruppe bezieht sich auf den zweiten Akkord usw.

Indem Sie rhythmisch immer nur einen Ton auf einmal spielen, treiben Sie die Musik voran. Sie legen den jeweiligen Akkord für die anderen Mitmusiker fest, indem Sie die entsprechenden Töne wählen, die nahtlos von einem Akkord zum nächsten überleiten.

Gute Musik erzeugt eine gewisse Spannung, die dann wiederum in eine entspannende Auflösung übergeleitet wird. Sie können die Wirkung dieser Spannung und Entspannung an einem ganz einfachen Kinderlied erfahren: »Hopp, hopp, hopp, Pferdchen lauf Galopp.« Die Spannung baut sich auf, wenn Sie die erste Zeile singen: »Hopp, hopp, hopp«. Könnte man an dieser Stelle mit dem Lied aufhören? Nein, da man hören möchte, wie die Melodielinie aufhört. Das ist die Spannung. Wenn Sie nun weitersingen »Pferdchen lauf Galopp«, spüren Sie die Auflösung der Spannung – ein Gefühl, also ob man nach Hause kommt. Hier können Sie das Lied beenden, ohne dass es komisch klingt. Der Bassist spielt eine wichtige Rolle, wenn es darum geht, Spannung aufzubauen und wieder aufzulösen. Sie sitzen sozusagen am Steuer!

Im Rhythmus bleiben

Eine der grundlegendsten Funktionen des Bassisten ist es, einen gleichmäßigen Rhythmus wie einen Puls zu halten. Ich bezeichne das immer als »eins werden mit dem Schlagzeuger«, da Sie sehr eng mit dem Schlagzeuger zusammenarbeiten müssen, um einen Rhythmus aufzubauen. Seien Sie also nett zu Ihrem Schlagzeuger. Hören Sie ihm aufmerksam zu, und lernen Sie ihn gut kennen. Und wenn Sie beide schon so gemütlich zusammenhängen, können Sie auch gleich gemeinsam nachlesen, was Kapitel 3 über Rhythmus zu sagen hat.

Es gibt wohl nichts Besseres als ein *Metronom*, wenn Sie ein unfehlbares Gespür für das richtige Timing erlernen wollen. Das gleichmäßige (und manchmal nervenaufreibende) Klicken, das ein Metronom erzeugt, bietet die ideale Grundlage, auf der Sie Ihre eigenen Töne platzieren können – ob auf den Schlag (On-Beat) oder zwischen den Schlägen (Off-Beat). Weitere Informationen über das Metronom finden Sie in Kapitel 3.

Rhythmen erstellen

Als Bassist müssen Sie sehr genau verstehen, in welchem Verhältnis der Rhythmus zum Takt steht. Sie müssen wissen, wo Sie Ihre Noten für den Groove in Beziehung zum Takt platzieren können. Und Sie wollen Ihren Basslinien ja auch eine Wiedererkennbarkeit verleihen (lesen Sie in Kapitel 7 mehr über die Wiedererkennbarkeit von Grooves). Wenn Sie sich Ihre Grooves nicht merken können, wird es auch kein anderer können – einschließlich der Zuhörer (um die es ja eigentlich geht).

Cool wirken

Während Gitarristen sich ausgiebigen Aerobicübungen hingeben und schweißnass ihre Gitarren zertrümmern, müssen Sie cool bleiben. Sie können natürlich auch bei dem Theater mitmachen. Aber haben Sie sich schon mal Filmaufnahmen von The Who angesehen? John Entwistle war cool. Und wenn Sie mal die Chance bekommen, U2 live zu sehen, achten Sie auf den Bassisten Adam Clayton. Das ist auch so ein cooler Hund. Herausragende Bassisten sind einfach zu sehr damit beschäftigt, brillante Basslinien zu spielen, um sich auf die neckischen Spielchen ihrer Bandmitglieder einlassen zu können.

Wow! Ein Bassist hat eine ziemlich große Verantwortung. Gut, dass Ihnen dieses Buch in die Hände gefallen ist.

Die Anatomie der Bassgitarre

Sie können sie Bassgitarre, E-Bass, elektrische Bassgitarre, Strombass oder einfach nur Bass nennen. All diese Bezeichnungen werden Sie bei Gesprächen über Musik und Musikinstrumente zu hören bekommen, und Sie werden unter Umständen auf Menschen treffen, die glauben, nur eine dieser Bezeichnungen wäre korrekt. Aber es ist wirklich vollkommen egal, welchen Ausdruck Sie benutzen, weil sich jeder auf das gleiche Instrument bezieht.

Abbildung 1.1 zeigt ein Foto von einer Bassgitarre (oder wie auch immer Sie sie nennen wollen) mit Beschriftungen für alle wichtigen Teile.

Sie können den Bass in drei Teile unterteilen: Den Hals, den Korpus und die Eingeweide. Die einzelnen Teile des Halses und des Korpus sind einfach zu erkennen, während man die Eingeweide nicht so einfach sehen kann. Sie müssen dazu einen oder mehrere Deckel öffnen, aber es ist trotzdem sehr wichtig, zu wissen, wofür sie da sind.

Der Hals

Der Hals der Bassgitarre wird von der Bundhand (normalerweise die linke Hand) bespielt. Die folgende Liste beschreibt die einzelnen Teile:

1 ➤ Bas(s)iswissen – der Sinn des Basses

✔ **Die Kopfplatte.** Die Kopfplatte befindet sich am Ende des Halses. Auf ihr ist die Mechanik befestigt, mit der die Saiten gestimmt werden.

✔ **Die Mechaniken.** An den Mechaniken sind jeweils die Enden der einzelnen Saiten befestigt (die anderen Enden sind an der Brücke am Korpus des Basses befestigt, siehe nächster Abschnitt). Sie können die Spannung der einzelnen Seiten erhöhen oder verringern, indem Sie an den Mechaniken drehen (wodurch die Tonhöhe höher bzw. tiefer wird).

✔ **Der Sattel.** Der Sattel besteht entweder aus Holz, Kunststoff, Graphit oder Metall und hat Einkerbungen für jede Saite. Er bildet ein Ende des freischwingenden Teils der Saiten.

Abbildung 1.1: Die Bassgitarre mit allem Drum und Dran

✔ **Das Griffbrett.** Das Griffbrett ist die flache Seite des Halses direkt unter den Saiten, auf dem die Bundstäbe befestigt sind.

31

✔ **Die Bundstäbe.** Als Bundstäbe bezeichnet man die dünnen Metallstäbe, die rechtwinklig zu den Saiten im Griffbrett eingelassen sind. Sie bestimmen die Höhe des Tons, der gespielt wird. Die Bundstäbe sind in *Halbtonschritten* angeordnet (dem kleinsten musikalische Intervall in der westlichen Musik). Wenn eine Saite gegen einen Bundstab gedrückt wird, wird die Länge des freischwingenden Teils der Saite und somit die Tonhöhe verändert.

✔ **Die Saiten.** Genau genommen gehören die Saiten nicht wirklich zu Ihrem Bass, weil man sie in regelmäßigen Abständen abnimmt und austauscht. Dennoch wäre Ihr Bass ohne Saiten völlig unbrauchbar (außer vielleicht als Bass-Ball-Schläger). Die Saiten sind am einen Ende mit den Mechaniken und am anderen Ende mit der Brücke verbunden.

✔ **Die Halsrückseite.** Auf der Halsrückseite liegt der Daumen der Bundhand auf. Das Griffbrett ist auf der Vorderseite des Halses befestigt. Hals und Griffbrett sind meist – aber nicht immer – aus zwei verschiedenen Holzstücken gefertigt.

Der Korpus

Der Korpus des Basses wird von der Schlaghand bespielt (normalerweise die rechte Hand). Die folgende Liste beschreibt die Funktion der jeweiligen Einzelteile:

✔ **Die Tonabnehmer** (Pickups). Die Tonabnehmer bestehen aus in eine Kunststoffleiste eingelassenen Magneten, die unterhalb der Saiten im rechten Winkel dazu befestigt sind. Es gibt Pickups mit zwei Magneten pro Saite oder mit einem langen Magneten für alle Saiten. Die Magneten erzeugen ein Magnetfeld, das von der Schwingung der Saiten beeinflusst (moduliert) wird. Diese Modulation wird in ein elektrisches Signal umgewandelt, das wiederum von Verstärker und Lautsprecher in Klang umgesetzt wird.

✔ **Die Regler.** Die Drehknöpfe, mit denen man Lautstärke und Klang (Höhen und Bässe) der Pickups einstellt, nennt man Regler. Sie befinden sich auf unteren Hälfte des Basses (wenn man ihn umgehängt hat).

✔ **Die Brücke.** Die Saiten sind an der Brücke mit dem Korpus verbunden. Die Brücke hält ein Ende von jeder Saite und befindet sich am Ende des Korpus. Der Steg auf der Brücke bildet als Gegenstück zum Sattel das andere Ende der freischwingenden Saite. Moderne Tonabnehmer wie Piezo-Pickups oder so genannte Lightwave-Pickups werden manchmal in der Brücke installiert. Solche Tonabnehmer nehmen die Vibration der Saite an der Brücke ab.

✔ **Gurt-Pin.** Als Gurt-Pin bezeichnet man den Metallknopf, der sich am Halsende des Korpus befindet. Dort befestigt man normalerweise das breitere Ende des Tragegurts.

✔ **End-Pin.** Als End-Pin bezeichnet man den Metallknopf, der sich am Ende des Korpus (bei der Brücke) befindet. Dort befestigt man normalerweise das schmalere Ende des Tragegurts.

✔ **Klinkenbuchse.** In diese Buchse wird das Kabel eingesteckt, das den Bass mit dem Verstärker verbindet (mehr über Verstärker finden Sie in Kapitel 17).

Das Innenleben

Das Innenleben eines Basses kann man mit bloßem Auge nicht direkt sehen (es ist in den Tiefen des Instruments hinter Deckeln verborgen), ist aber von großer Bedeutung für den Klang und das Spielgefühl des Instruments. Die folgende Liste beschreibt das Innenleben einer Bassgitarre:

✔ **Der Halsstab.** Der Halsstab ist eine verstellbare Metallstange, die der Länge nach durch den Hals der Bassgitarre verläuft. Mit dem Halsstab wird die Krümmung von Hals und Griffbrett eingestellt und stabilisiert. Man kommt normalerweise von beiden Enden des Halses an den Stab heran, wenn man dort Einstellungen vornehmen will.

✔ **Die Elektronik.** Zur Elektronik gehören haufenweise Kabel, Potis (regelbare Widerstände an der Unterseite der Regler) und andere wichtige elektronische Elemente, die die Schwingungen der Saiten in brauchbare elektrische Signale umwandeln. Der Hohlraum für die Elektronik befindet sich normalerweise unter einer Deckplatte auf der Rückseite des Basskorpus – seltener ist die Deckplatte auch unter den Drehreglern auf der Vorderseite des Korpus angebracht.

✔ **Die Batterien.** Wenn Ihr Bass mit einer aktiven Elektronik ausgestattet ist (Elektronik mit eigener Stromversorgung), dann sind ein oder zwei 9-Volt-Batterien mit der Elektronik verbunden. Diese Batterien befinden sich entweder im selben Hohlraum wie der Rest der Elektronik, oder sie haben einen eigenen Hohlraum mit Deckel auf der Rückseite des Basses. Wenn Ihr Bass mit passiver Elektronik ausgestattet ist, müssen Sie sich über Batteriewechsel keine Gedanken machen, es gibt dann nämlich in Ihrem Bass gar keine.

Vorbereitungen auf das Bass-Spiel

Auf dem Weg zu einem guten Bassisten müssen Sie gleichermaßen körperlich (mit Übungen) und geistig (durch Theorie) trainieren. Außerdem müssen Sie Ihr Instrument vorbereiten, indem Sie es stimmen und dann auch noch korrekt bespielen. Denn wenn Sie den Bass korrekt spielen, können Ihre Finger sich mit Leichtigkeit von einer zur nächsten Note bewegen.

Koordination von linker und rechter Hand

Da Sie den Bass mit zwei Händen spielen (eine Hand ist die Schlaghand, die andere die Bundhand), müssen beide Hände wohl koordiniert zusammenarbeiten. Die Übungen in Kapitel 4 zeigen Ihnen, wie Sie Ihre Hände Tag für Tag aufwärmen können (ähnlich wie ein Athlet, der sich vor einem Wettkampf aufwärmt).

Moll- und Dur-Tonarten meistern

Die Musik setzt sich hauptsächlich aus zwei Basis-Tonarten zusammen: Moll und Dur. Jede dieser Tonarten hat einen unverwechselbaren Klang. Dur klingt irgendwie glücklich und hell, während sich Moll eher traurig und dunkel anhört. Musiker benutzen diese Klangeigenschaften, um die Stimmung des Songs (oder ihre eigene Stimmung) auszudrücken.

Als Bassist haben Sie einen großen Vorteil: Moll- und Dur-Tonarten spielen sich jeweils überall gleich, unabhängig davon, wo Sie Ihre Finger auf dem Hals platzieren, weil die Griffmuster sich grundsätzlich nicht ändern. Jeder Bund auf dem Hals bedeutet einen Halbtonschritt – das ist das kleinste musikalische Intervall (der Abstand zwischen zwei Noten). Der Ton jeder Saite ist exakt fünf Halbtonschritte tiefer als der der vorangegangen (tieferen) Saite, ohne Ausnahme! Der Bass ist also absolut symmetrisch, und alle Griffmuster können an jeder Stelle des Halses gespielt werden. Kapitel 5 erläutert alles Wesentliche über diese Griffmuster.

Stimmung des Basses

Hört sich an, als ob Ihr Bass launisch wäre, aber im Ernst: Ihr Bass muss die richtige Stimmung haben, damit einerseits die Saiten untereinander klingen und andererseits der Bass mit anderen Instrumenten zusammenklingen kann. In Kapitel 2 können Sie sich über unterschiedliche Methoden informieren, um den Bass zu stimmen.

Skalen und Akkorde kombinieren

Skalen (Tonleitern) und Akkorde bilden das Rückgrad der Musik.

- *Skalen* bestehen aus einer Reihe von Tönen (normalerweise sieben), mit denen man Melodien formt.
- *Akkorde* bestehen aus mindestens drei Tönen einer Tonleiter, und formen die musikalischen Harmonien.

Als Bassist verwenden Sie Skalen und Akkorde, um Ihre Basslinien zu erstellen. Diese Methode gibt Ihnen einen gewissen individuellen, spielerischen Freiraum (siehe Kapitel 5). Meist können Sie Ihre Basslinien auch noch ausbauen, indem Sie die Töne aus mehreren entsprechenden Tonleitern kombinieren.

Erweitern Sie das Bass-Spektrum: Die zweite Oktave

Wenn Sie herausfinden, wie man zwei-oktavige Tonleitern spielt (siehe Kapitel 2), machen Sie einen großen Schritt, um Ihr spielerisches Niveau auf die nächste Stufe zu heben. Sie können sich nun von den Einschränkungen einer einzelnen Oktave befreien und das gesamte Spektrum Ihres Instruments ausschöpfen.

Sobald Sie den gesamten Hals bespielen können, haben Sie die Möglichkeit, Ihre Akkorde interessanter zu gestalten, indem Sie die Noten der Akkorde umkehren. Sie benötigen außerdem noch mehr als eine Oktave, um coole Grooves oder Riffs zu spielen (musikalische Phrasen, aus denen sich beispielsweise Soli zusammensetzen). Die coolsten und dabei einfachsten Soli entstammen der pentatonischen (Fünftonreihe) oder der Blues-Skala. Sie müssen jedoch auf jeden Fall darauf achten, dass der Übergang zwischen den beiden Oktaven absolut naht- und mühelos vonstatten geht.

Alles auf den Kopf stellen und umkrempeln: Umkehrungen

Nein, Sie brauchen sich nicht auf den Kopf stellen, um Ihren Bass zu spielen! Akkorde bestehen aus Tönen einer Skala, die in einer traditionellen Reihenfolge gespielt werden: 1 (Grundton genannt), 3 und 5. Das bedeutet, dass der Akkord aus dem ersten, dritten und fünften Ton der Skala besteht. Eine Umkehrung ist ein Akkord, bei dem diese Reihenfolge durcheinandergebracht wird. So kann aus 1, 3 und 5 beispielsweise 5, 1 und 3 oder 3, 5 und 1 werden. Die höheren Töne eines umgekehrten Akkordes reichen dabei in die zweite Oktave. Kapitel 6 führt Sie relativ schmerzfrei in diesen Umkehrprozess ein.

Den richtigen Ton finden

Alle Ihre Akkorde und Tonleitern bestehen aus gleich bleibenden Mustern, die Sie überall auf dem Hals spielen können. Und jetzt kommt die Preisfrage: Wo fängt man so ein Griffmuster an? Kapitel 6 gibt die Antwort.

Grooves und Riffs erfinden

Bei der Erstellung von Grooves und Riffs sind einige Elemente unerlässlich (diese Elemente werden in den Kapiteln 7 und 8 beschrieben). Grooves bestehen aus rhythmischen Elementen (dem Groove-Skelett) und harmonischen Elementen (Akkord und Skala). Riffs sind kleine Melodien, die, schnell gespielt, kleine Lücken in der Musik füllen können. Meist spielen Bassisten den Groove in der tieferen Oktave und fügen dann ein Riff in der höheren Oktave hinzu, um der Basslinie Vielfalt zu verleihen und die Aufmerksamkeit des Zuhörers zu fesseln. Grooves und Riffs zu erfinden hat nicht immer etwas mit göttlicher Eingebung zu tun (obwohl die auch nicht schadet), sondern kann auch einfach auf wissenschaftlicher Basis erfolgen!

Die ultimativen Solo-Skalen: Blues und Pentatonik

Wenn Sie ein richtig cooles Solo benötigen oder eine kleine Lücke mit einem kurzen Bass-Flash füllen wollen (ein Minisolo, mit dem Sie mal eben Ihre Fähigkeiten demonstrieren können), sind Blues- und Pentatonik-Tonleitern kaum zu schlagen, vor allem, wenn Sie sie in der höheren Oktave spielen. Ganz gleich, ob Sie Blues, Rock, Jazz oder eine Mischung daraus spielen, werden Sie von diesen Skalen (Tonleitern) niemals im Stich gelassen – vorausgesetzt, sie werden richtig eingesetzt. Und wieder profitieren Sie von der Symmetrie des Basses (und von Kapitel 8, wo Sie alles über Blues- und Pentatonik-Tonleitern erfahren): Ein Griffschema für alle Tonarten!

Fills und Solos spielen

Als Bassist ist es Ihre Aufgabe, den Groove zu spielen. Sie müssen sich nicht mit ausschweifenden Soli und Flitzefinger-Fills herumschlagen, solange das Solo oder Fill (Minisolo) nicht zum Groove gehört, also ein Teil davon ist. Kapitel 8 zeigt Ihnen alles, was Sie über Fills und Soli wissen müssen, und beschreibt, wie man sie entwickelt.

Experimente mit unterschiedlichen Musikstilen

Ihre primäre Funktion als Bassist ist es, den Stil eines Songs zu definieren. Sie legen den Stil durch die Töne und Rhythmen fest, die Sie aussuchen – und Sie müssen dies tun, während Sie gleichzeitig mit dem Schlagzeuger synchron spielen!

Die folgende Liste definiert einige der Stile, denen Sie am häufigsten begegnen werden:

✔ **Rock.** Oftmals wird eine ganze Reihe von Stilen unter einen großen Hut gebracht, wie beispielsweise im Rock. Rock-Stile werden üblicherweise ganz eng zusammen mit dem Schlagzeug in einem durchgängigen Achtel-Beat gespielt, der den Song vorantreibt. Ich habe eine umfangreiche Sammlung (Noten und Rhythmen für jeden Stil) für Sie zusammengestellt und hoffe, dass Sie diese noch mit eigenen Ideen erweitern. Werfen Sie einfach mal einen Blick in Kapitel 9 – Rock on!

✔ **Swing.** Swing-Stile basieren auf Triolen. Bei Triolen wird ein Schlag in drei gleich große Teile unterteilt, nicht wie normalerweise in nur zwei. Dieser Stil ist ein wenig leichter als die Rock-Stile und beinhaltet den Shuffle sowie auch Jazz- bzw. Walking-Basslines. Blättern Sie weiter zu Kapitel 10, wenn Sie mehr über Swing erfahren möchten.

✔ **Funk.** Bei Funk-Stilen spielt sich alles ziemlich heftig auf den Sechzehntelnoten ab, der kleinsten gebräuchlichen rhythmischen Unterteilung. Bassisten bekommen hier mal richtig was zu tun: Sie müssen eine Menge Töne spielen. Sie müssen sehr exakt in-time mit dem Schlagzeuger spielen und den Groove gnadenlos durchziehen. Dieser Stil zieht viel Aufmerksamkeit auf den Bass und ist nicht zuletzt eine technische Herausforderung. Springen Sie zu Kapitel 11, und machen Sie sich auf einige richtig komplizierte Basslinien gefasst.

✔ **Weltmusik.** Weltmusik ist eine weit verbreitete Kategorie, die man in fast jedem Plattenladen findet. Ich verwende diesen Ausdruck für Stile, die nicht direkt aus dem nordamerikanischen Raum kommen, jedoch einiges mit dieser Musik gemeinsam haben, wie beispielsweise südamerikanische, afrikanische und karibische Stile. Dieses Buch bietet Ihnen die geläufigsten Weltmusik-Stile, jedoch sollten Sie dabei im Hinterkopf behalten, dass es noch unzählige weitere internationale Stile gibt, die nur darauf warten, von Ihnen entdeckt zu werden. Mehr über internationale Stile erfahren Sie in Kapitel 12.

✔ **Ungerade Takte.** Zu den ungeraden Takten gehören im Gegensatz zu den gewöhnlichen 4-Schläge-Strukturen solche mit fünf, sechs oder sieben Schlägen. Diese Takte sind zwar ungewöhnlich, können aber sehr natürlich klingen, wenn man sie korrekt spielt. Tatsächlich ist der Walzer (drei Schläge pro Takt) ein Stil mit ungeradem Takt, der sich doch eigentlich ganz natürlich anhört, da er so weit verbreitet ist. Kapitel 13 erklärt, wie man ungerade Takte fließend spielt.

Wartungsarbeiten am Bass

Ihr Bass benötigt zwar relativ wenig Wartung, doch manche Teile müssen hin und wieder eingestellt oder ersetzt werden. Die meisten Wartungsarbeiten können Sie selber ausführen; Sie benötigen dafür auch nur eine minimale Grundausstattung an Werkzeugen. Vorsicht! Dieses Icon hilft Ihnen, Beschädigungen Ihres Instruments und Verletzungen am eigenen Körper (oder an den Ohren von Dritten) zu vermeiden.

Manche Reparaturarbeiten sollte man jedoch den Profis überlassen, übertreiben Sie es also nicht.

Saiten wechseln

Der Saitenwechsel ist die häufigste Wartungsarbeit an einem Bass. Wie oft Sie die Saiten wechseln müssen, hängt davon ab, wie klar der Klang Ihres Instruments sein soll ... Und glauben Sie bitte keine Geschichten von Bassisten, die angeblich nur alle fünfundzwanzig Jahre ihre Saiten wechseln (und auch dann nur, wenn es unbedingt sein muss).

Wechseln Sie die Saiten wenigstens alle drei bis sechs Monate (oder öfter, wenn Sie sehr viel spielen), und waschen Sie Ihre Hände, bevor Sie spielen (hört sich komisch an, ist aber sinnvoll), damit kein Abrieb von Ihren Händen an den Saiten hängen bleibt. Mehr über das Wechseln der Saiten erfahren Sie in Kapitel 14.

Reinigung des Basses

Natürlich können Sie nicht einfach einen Gartenschlauch nehmen und Ihren Bass damit abspritzen. Ihr Bass ist wie jedes andere Musikinstrument recht empfindlich. Sie müssen damit sehr vorsichtig umgehen, wenn Sie die Getränkeflecken von Ihrem letzten Auftritt abwaschen wollen (Brandstellen von Zigaretten sind da noch etwas schwieriger). Hier sind Wattestäbchen und weiche Tücher angebracht. Lesen Sie in Kapitel 15 alles, was für die Reinigung Ihres Instruments wichtig ist.

Sich eine Bassausrüstung zulegen

So viele Bässe und so wenig Zeit! Nun, vielleicht haben Sie ja auch eine Menge Zeit, doch die Sache bleibt dieselbe: Es gibt eine Menge unterschiedlicher Bässe, und es kommen dauernd neue auf den Markt. Sie müssen also eine Ahnung haben, worauf Sie achten und hören müssen. Außerdem müssen Sie wissen, welches zusätzliche Equipment Sie benötigen, um Ihre Träume vom Bass-Spiel zu verwirklichen.

Einen Bass kaufen

Einige Bässe haben nur einen einzigen, ganz speziellen Sound, andere bieten eine ganze Reihe unterschiedlicher Sounds, die man für die unterschiedlichsten Musikstile einsetzen kann. Selbstverständlich sollten Sie auch darauf achten, dass sich das Instrument angenehm spielen lässt. Darüber hinaus sollte der Bass natürlich auch noch cool aussehen. Aber denken Sie daran: Erster Glanz täuscht oft. Kapitel 16 hilft Ihnen bei der Kaufentscheidung.

Der richtige Verstärker

Wie viel Power braucht man? Wie ist der Sound? Können Sie das Equipment alleine tragen, oder brauchen Sie ein halbes Dutzend fetter Roadies, um Verstärker und Lautsprecher zu bewegen? Lesen Sie in Kapitel 17 die Antworten auf all diese Fragen. Wo ich gerade »fett« sage: Wie fett ist denn Ihr Budget? Wie viel Geld Sie anlegen wollen, ist nämlich ein nicht unerhebliches Kriterium bei der Auswahl des Verstärkers.

Zubehör für den Bass

Es gibt einige Dinge, die Sie immer in Ihrem Basskoffer haben sollten: Tragegurt, Stimmgerät und Klinkenkabel. Optional gäbe es da noch weiteres Zubehör wie Effektgeräte oder coole Aufkleber für die Fans. Kapitel 18 hilft Ihnen dabei, herauszufinden, welches Zubehör Sie benötigen und welches nicht. Überlegen Sie sich einfach, ob Sie auch ohne das jeweilige Zubehör spielen können: Wenn ja, ist es nur eine Option, wenn nicht, ist es ein Muss.

Die Grundlagen des Bass-Spiels

In diesem Kapitel

- Den Bass richtig halten
- Die Position der linken und der rechten Hand
- Ein Griffmuster lesen
- Den Bass stimmen

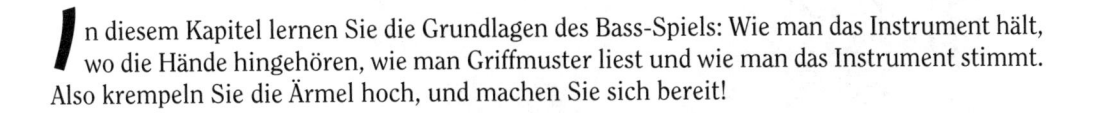

In diesem Kapitel lernen Sie die Grundlagen des Bass-Spiels: Wie man das Instrument hält, wo die Hände hingehören, wie man Griffmuster liest und wie man das Instrument stimmt. Also krempeln Sie die Ärmel hoch, und machen Sie sich bereit!

Legen Sie Hand an Ihren Bass

Bevor es losgehen kann, muss ich noch etwas klarstellen. Ich verwende in diesem Buch die Bezeichnungen »rechte Hand« und »linke Hand«, wobei eigentlich wichtig ist, was die jeweilige Hand tut:

- Die rechte Hand ist Ihre *Schlaghand*. Das bedeutet, dass Sie damit die Saiten zupfen, damit diese in Schwingung versetzt werden und somit Klang produzieren.
- Die linke Hand ist die *Bundhand*. Sie drücken damit die Seiten auf einen Bund, um die Tonhöhe der gespielten Saite festzulegen.

Die Bünde des Basses werden durch Bundstäbe getrennt. Das sind kleine Metallstäbe, die in den Hals des Basses unterhalb der Saiten eingelassen sind. Normalerweise hat ein Bass 20 bis 24 solcher Bundstäbe. Wenn Sie einen Ton spielen wollen, drücken Sie die Saite zwischen zwei Bundstäben auf den Hals herunter. Wenn Sie beispielsweise ein Saite am fünften Bund spielen sollen, drücken Sie sie mit dem Finger zwischen dem vierten und fünften Bundstab – möglichst etwas näher zum fünften – herunter. Schauen Sie sich dazu auch Abbildung 2.1 an. Dort sehen Sie, wie man die Saite optimal heruntergedrückt.

Falls Sie Linkshänder sind und Ihren Bass auch linkshändig spielen wollen, müssen Sie meine Anweisungen einfach umkehren: »Linke Hand« ist »rechte Hand« und umgekehrt.

Abbildung 2.1: So drückt man eine Saite auf den Bund.

Wie man den Bass hält

In diesem Kapitel kommen Sie nun endlich dazu, Ihren Bass einmal umzuhängen, was sicherlich eine willkommene Abwechslung zu der Einführung in Kapitel 1 ist.

Wenn Sie sich schon einmal andere Bassisten entweder live oder im Fernsehen angeschaut haben, haben Sie sicherlich schon einige sehr unterschiedliche Methoden gesehen, wie man einen Bass halten kann. Manche sehen definitiv cooler aus als andere, können aber Schwierigkeiten bereiten, da Sie Ihre Hände dann nicht mehr vernünftig positionieren können und der Hals ständig an Ihrem Handgelenk schabt. Hier müssen Sie mal wieder den goldenen Mittelweg finden.

Schnallen Sie sich den Bass um: Die Saiten nach außen, bitte

Am besten setzen Sie sich hin, wenn Sie sich den Bass zum ersten Mal umhängen. Auf diese Weise lässt sich der Gurt wesentlich einfacher einstellen. Im Idealfall verlaufen die Saiten des Basses zwischen Ihrer Gürtellinie und Ihrem Bauchnabel in einer leichten Aufwärtsschräge (zum Halsende hin). In dieser Position können die linke und die rechte Hand optimal eingesetzt werden, und Sie können so auch stehend wie sitzend spielen. Ach ja, ehe ich es vergesse: Die Saiten sollten nach außen zeigen.

Das Umschnallen des Basses wird für Sie bald so natürlich sein wie Fahrrad fahren, doch am Anfang sollten Sie einigen grundsätzlichen Anweisungen folgen, damit es auch gleich klappt. Falls sich Ihre linke Hand angestrengt und verspannt anfühlt, versuchen Sie, den Bass etwas höher einzustellen. Falls sich die rechte Hand nicht ganz wohl fühlt, stellen Sie den Bass etwas niedriger ein.

Stellen Sie die ideale Bassposition für die rechte wie die linke Hand mit den folgenden Arbeitsschritten ein:

1. **Verbinden Sie das breitere Ende Ihres Gurtes mit dem Gurt-Pin (der kleine Metallknopf am Halsende des Korpus).**
2. **Verbinden Sie das schmalere Ende Ihres Gurtes mit dem End-Pin des Basses.**
3. **Halten Sie den Bass mit der linken Hand entweder am Korpus oder am Hals fest, und ziehen Sie den Gurt über Ihren Kopf und die rechte Schulter, sodass Ihr rechter Arm auch durch den Gurt geführt wird.**

   Lassen Sie den Gurt (mit dem daran hängenden Bass) auf Ihre linke Schulter niedersinken, bis der Bass mit dem End-Pin gerade rechts unterhalb Ihrer Rippen hängt.
4. **Stellen Sie die Länge des Gurtes so ein, dass die Saiten zwischen Ihrem Bauchnabel und Ihrer Gürtelschnalle verlaufen, und kommen Sie dann zu den Feineinstellungen.**

   Sie werden schon Ihre eigene Haltung finden, doch sollte sie sich in diesem Bereich abspielen. Schauen Sie sich die Abbildungen 2.2 und 2.3 an, und beachten Sie, dass die Bassposition im Sitzen wie im Stehen die gleiche ist.

Im Stehen Bass spielen

Und jetzt auf die Füße! Es ist an der Zeit, sich mit dem Bass hinzustellen. Und so geht's:

1. **Prüfen Sie noch einmal nach, ob der Gurt auch fest mit den Pins verbunden ist.**

   Achten Sie auch darauf, dass der Gurt gerade von einem Ende zum anderen verläuft und nicht verdreht ist.
2. **Lassen Sie den Bass lose von der Schulter hängen.**

   Halten Sie die linke Hand sicherheitshalber unter den Hals, aber ohne diesen zu berühren. Manche Bässe sind ein wenig halslastig, während andere perfekt ausbalanciert sind. Aber unabhängig davon, wie Ihr Bass ausbalanciert ist, müssen Sie sich jetzt erst einmal an das Gefühl des umgehängten Instruments gewöhnen.
3. **Bringen Sie Ihre Hände in Position.**

   Mit Ihrer linken Hand sollten Sie mühelos die gesamte Halslänge erreichen können, ohne den Bass am Hals festhalten zu müssen. Mit der rechten Hand sollten Sie problemlos alle vier Saiten erreichen können.

Die stehende Spielposition werden Sie wahrscheinlich meistens bei Liveauftritten einnehmen (siehe Abbildung 2.2).

Abbildung 2.2: So steht man mit einem Bass.

Im Sitzen Bass spielen

Während der endlosen Übungsstunden werden Sie vielleicht das Verlangen verspüren, sich zum Spielen hinzusetzen (siehe Abbildung 2.3). Am besten verwenden Sie dazu einen Stuhl oder Hocker ohne Armlehnen. Auf diese Weise wird im Sitzen wie im Stehen die gleiche Bassposition gewährleistet. Außerdem sollten Ihre Oberschenkel mindestens parallel zum Boden verlaufen. Versuchen Sie möglichst so zu sitzen, dass Ihre Hüfte oberhalb der Kniegelenke liegt.

Lassen Sie den Gurt umgeschnallt, wenn Sie sich hingesetzt haben. Der Gurt kann ein wenig erschlaffen, wenn der Bass auf Ihrem Oberschenkel aufliegt, doch sollte er das Instrument immer noch halten. Ihre linke Hand sollte auch jetzt noch den gesamten Hals erreichen können, ohne den Bass halten zu müssen, und die Rechte sollte mühelos alle Saiten erreichen können.

Abbildung 2.3: So spielt man den Bass im Sitzen.

Die richtige Haltung der Hände

Das Geheimnis der richtigen Handposition ist ganz einfach: Halten Sie die Hände locker und entspannt. Das Zupfen und Herunterdrücken der Saiten sollte mit dem geringst möglichen Kraftaufwand vonstatten gehen. Nur mit der richtigen Haltung können Sie schnell und akkurat spielen. Außerdem haben Sie so auch die größte Kontrolle über den Klang.

Die Haltung der linken Hand

Die linke Hand sollte pro Finger einen Bund bedecken, ohne irgendwelche Anstrengungen zu verursachen. Wenn Sie pro Finger einen Bund bedecken, können Sie fasst jede musikalische Figur spielen, ohne die Hand verschieben zu müssen, um an eine Note heranzukommen. (Eine Figur ist eine kurze musikalische Phrase, vergleichbar mit einem gesprochenen Satz.)

Falls Sie dennoch verschieben müssen, reicht meist ein Bund in eine der beiden Richtungen aus. Schauen Sie sich Abbildung 2.4 an, in der ich die richtige Position der linken Hand darstelle, und folgen Sie diesen Arbeitsschritten:

1. **Strecken Sie Ihren linken Arm vor sich aus.**

   Halten Sie Hand und Handgelenk ganz locker.

2. **Drehen Sie nun die Hand – ohne den Winkel des Handgelenks zu ändern – herum, bis die Handfläche nach oben zeigt und die Finger leicht gekrümmt sind.**

   Halten Sie Ihren Daumen genau gegenüber dem Zeigefinger (bzw. dem Bereich zwischen Zeige- und Mittelfinger).

3. **Bewegen Sie den Ellenbogen ohne die Hand zu verschieben seitlich neben Ihren Oberkörper, bis der Hals des Basses in Ihrer Handfläche liegt.**

   Achten Sie darauf, dass Sie die Hand nicht schließen.

4. **Legen Sie die Daumenspitze auf die Mitte der Halsrückseite (des Basses, nicht Ihres Halses).**

   Achten Sie darauf, dass Ihre Fingerspitzen nach oben weisen.

5. **Spreizen Sie Ihre Finger leicht über den Saiten, sodass jeder Finger nahe an den entsprechenden Bundstäben liegt.**

6. **Krümmen Sie Ihre Finger, bis alle Fingerspitzen auf einer einzigen Saite aufliegen.**

   Achten Sie darauf, dass Ihre Fingerspitzen nahe an den Bundstäben liegen, nicht mitten auf dem Bund.

Jetzt sind Sie so weit, eine Saite auf einen Bund zu drücken, um einen Ton zu spielen. Zwar können Sie nun die Saite auf den gewünschten Bund herunterdrücken, doch muss sie noch von irgendetwas in Schwingung versetzt werden, um einen Klang zu produzieren. Jetzt kommt die rechte Hand ins Spiel.

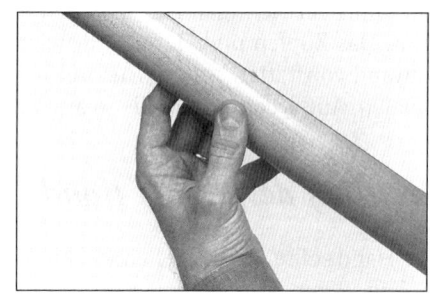

Abbildung 2.4: Die Haltung der linken Hand

Die Haltung der rechten Hand

Sie haben bestimmt schon eine ganze Reihe unterschiedlicher Techniken für die rechte Hand gesehen. Es gibt sogar so viele, dass man alleine darüber fast ein ganzes Buch schreiben könnte. Ich möchte mich in diesem Buch auf die *Fingerstile* konzentrieren. Es handelt sich um die flexibelsten und verbreitetsten Techniken, mit denen Sie nahezu alle Musikstile abdecken können. Sie erlauben darüber hinaus den effizienten Einsatz von Dynamik (Akzentuierung einzelner Töne). In diesem Abschnitt zeige ich Ihnen die richtige Haltung für die *Zupftechnik* und die *Slaptechnik* (mit dem Daumen).

Ich bezeichne die rechte Hand als Schlaghand und nicht als Zupfhand. Die andere Bezeichnung ist zwar auch korrekt, doch ich bevorzuge den Ausdruck »Schlaghand«, da der Begriff »Zupfhand« den Eindruck erwecken könnte, man müsse die Saiten vom Korpus des Basses wegziehen, wodurch aber nur ein sehr dünner Sound erzeugt wird. Die Saiten müssen jedoch zum Korpus *hin* geschlagen oder gezupft werden statt vom Korpus weg.

Die Haltung der rechten Hand beim Fingerstil

Die Bezeichnung »Fingerstil« bezieht sich auf die Verwendung des Zeige- und Mittelfingers. Sie hören diesen Stil in den Bereichen Country, Rock, Jazz und Funk und so ziemlich jedem anderen Musikstil. Jaco Pastorius, James Jamerson und Francis Rocco Prestia sind nur drei von endlos vielen Bassisten, die diese Technik anwenden. Mit den folgenden Arbeitsschritten bringen Sie Ihre rechte Hand in die korrekte Haltung. Vergleichen Sie Ihre Haltung anschließend mit Abbildung 2.5.

Abbildung 2.5: Die korrekte Haltung und Position der rechten Hand

1. **Heben Sie den rechten Arm, wie wenn Sie auf irgendetwas zeigen wollten, und halten Sie dabei Hand, Handgelenk und Finger entspannt.**

    Halten Sie Ihr Handgelenk ungefähr in einem Winkel von 45 Grad. Der Daumen sollte in Richtung des Zeigefingers weisen. Halten Sie die Finger leicht gekrümmt, sodass sie auf den Boden zeigen.

2. **Knicken Sie nun langsam Ihren Ellenbogen ein, und halten Sie ihn dabei etwas vom Brustkorb entfernt.**

3. **Bringen Sie Ihre Hand zum Instrument, bis Ihr Daumen auf der *Daumenablage* (ein Stück Kunststoff oder Holz, auf dem man den Daumen auflegt) oder dem *Pickup* (dem Tonabnehmer, der die Schwingungen der Saiten aufnimmt) aufliegt.**

    Halten Sie den Ellenbogen neben dem Körper, nicht dahinter.

4. **Legen Sie das Gewicht Ihres Armes auf den Daumen.**

    Es kann sein, dass Sie einige Zeit brauchen, um sich an diese Position zu gewöhnen, doch ist diese Haltung für Hand und Schulter am entspannendsten. Der Daumen dient als Haltepunkt, anhand dessen die Finger die einzelnen Saiten finden können. So können Sie fühlen, welche Saite Sie gerade spielen und müssen nicht ständig hinsehen, um sich zu vergewissern, wo Sie gerade sind.

5. **Strecken Sie den Zeige- oder Mittelfinger in Richtung der höchsten Saite aus (siehe Abbildung 2.6).**

Abbildung 2.6: Der Zeigefinger greift nach der höchsten Saite.

Der Daumen wird nun stärker durchgedrückt, und die Hand schwenkt ein wenig, um die höchste Saite zu erreichen.

> Die Bezeichnungen »hohe Saite« und »tiefe Saite« beziehen sich auf den Klang der Saiten, nicht auf die Position der Hand. Die höchste Saite liegt nämlich ganz unten, während die tiefste Saite ganz oben liegt.

6. Greifen Sie nun nach der tiefsten Saite.
7. Ihr Daumen ist nun etwas gerader. Ihre Hand schwenkt um den abgelegten Daumen in Richtung Ihres Körpers, und die Handfläche ist nun näher am Korpus des Basses, wie man in Abbildung 2.7 sehen kann.

Abbildung 2.7: Der Zeigefinger greift nach der tiefsten Saite.

Die Haltung der rechten Hand beim Plektronspiel

> Manche Bassisten verwenden ein so genanntes Plektron (ein kleines dreieckiges Kunststoffplättchen von der Größe einer Geldmünze), um die Saiten in Schwingung zu versetzen. Da die Saiten eines Basses wesentlich dicker sind als die einer Gitarre, benötigen Sie für den Bass auch dickere Plektren.

Sie können das Plektron auf zwei Arten halten: offen oder geschlossen. Halten Sie das Plektron für die geschlossene Spielweise wie in den folgenden Arbeitsschritten beschrieben:

1. **Halten Sie das Plektron zwischen Zeigefinger und Daumen.**
2. **Machen Sie eine leichte Faust, und legen Sie den Daumen auf den Zeigefinger.**
3. **Schieben Sie den Zeigefinger am Daumen herunter bis zum ersten Gelenk.**

Hier gehört das Plektron hin, sodass nur die Spitze herausschaut (siehe Abbildung 2.8).

Von Carol Kaye bis Paul McCarney: Berühmte Plektron-Bassisten

Das Plektron war vor allem in den frühen Jahren des E-Basses sehr populär (zwischen 1950 und 1960). Viele der damaligen Bassisten haben vorher Gitarre gespielt und von dort auch das Plektron mitgebracht. Joe Osborn und Carol Kaye – zwei Studiomusiker aus Los Angeles – sind beides ehemalige Gitarristen, die das Plektron einfach für den Bass weiterverwendet haben. Der Knackige Anschlag des Plektrons brachte ein neues Level an klanglicher Klarheit und Transparenz. Durch diesen Prozess bröckelte auch der lang gehegte Glaube (von Produzenten und Toningenieuren, die noch an den Kontrabass gewöhnt waren), dass man den Bass eher fühlen als hören können soll. Die Bassgitarre erreichte so weltweite Akzeptanz. Joe Osborn kann man auf vielen Hits der Soullegende The Fifth Dimension, wie beispielsweise »Aquarius« oder »Let The Sun Shine In«, hören. Carol Kaye spielte auf vielen Hits der Beach Boys wie beispielsweise »Good Vibations«.

Wenn Sie das Internet nach Informationen über diese beiden berühmten Bassisten durchsuchen, werden Sie herausfinden, wie viele weltberühmte Hits die beiden mit ihren Basslinien geprägt haben. Eine großartige Basslinie zeichnet sich dadurch aus, dass sie den Song vorantreibt und formt, dass sie etwas Einzigartiges hat, das den Song prägt (denken Sie nur an »Come Together« von den Beatles), und dass sie anderen Melodien und vor allem dem Gesang nicht in die Quere kommt. Einer der berühmtesten Plektron-Bassisten ist wohl Paul McCartney, der Bassist der Beatles. Paul hat es ganz allein geschafft, den Bass in der populären Musik in den Vordergrund zu stellen, indem er Basslinien schuf, die wohl den höchsten Wiedererkennungswert haben. Wenn man sich seine Basslinien in den Songs »Penny Lane«, »Day Tripper« oder dem unglaublichen »Something« anhört, wird einem die entscheidende Rolle des Basses in der modernen Musik erst richtig bewusst.

Sie können das Plektron auch mit der offenen Hand spielen (siehe Abbildung 2.9). Das Plektron wird genauso wie bei der geschlossenen Hand zwischen Zeigefinger und Daumen gehalten, doch die restlichen Finger bleiben ausgestreckt. Auf diese Weise können Sie den Ringfinger und den kleinen Finger auf dem Korpus des Basses abstützen und zur Orientierung verwenden, um exakter zu spielen. Bei beiden Stilen müssen Sie mit Ihrem Handgelenk eine Drehbewegung ausführen, um die Saiten anzuschlagen.

2 ➤ Die Grundlagen des Bass-Spiels

Sie können die Saiten mit dem Plektron von beiden Seiten aus anschlagen. Manche Bassisten schlagen nur von oben nach unten, andere nur von unten nach oben, wieder andere schlagen von beiden Seiten, um extrem schnelle Linien zu spielen. Experimentieren Sie einfach mit den unterschiedlichen Techniken, bis Sie eine gefunden haben, die Ihnen liegt.

Das Plektron hat heutzutage keine akustische Notwendigkeit mehr. Die Technologie ist so weit fortgeschritten, dass ich Ihnen versichern kann, dass man Ihren Bass hören wird – ob mit oder ohne Plektron gespielt.

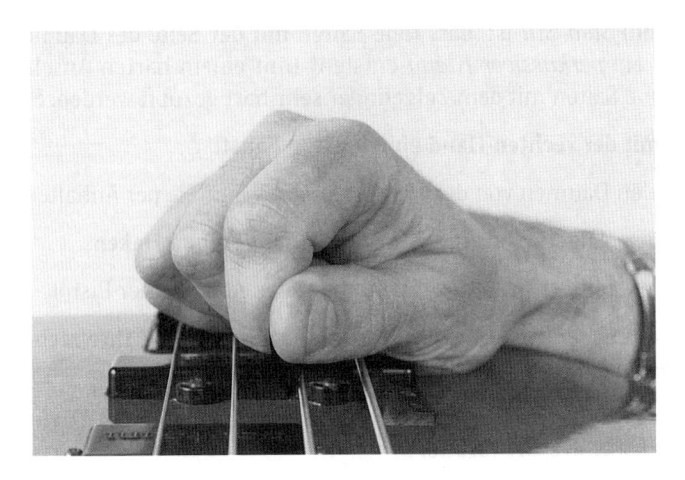

Abbildung 2.8: So hält man das Plektron in der geschlossenen Hand.

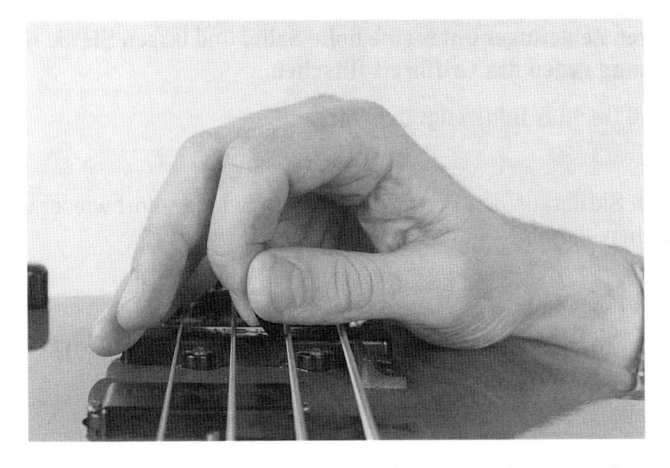

Abbildung 2.9: So hält man das Plektron mit offener Hand.

> ### Slap-Technik
>
> Der Slap-Stil war vor allem in den 70er- und 80er-Jahren sehr weit verbreitet. Larry Graham (Sly and the Family Stone, Graham Central Station) gehörte zu den ersten Slappern, und Bassisten wie Stanley Clarke erweiterten diese Technik. Marcus Miller, Flea (Red Hot Chili Peppers) und Victor Wooten (Béla Fleck and the Flecktones) sind berühmte Slap-Bassisten der heutigen Zeit.

Die Haltung der rechten Hand beim Slap-Stil

Das Besondere beim *Slap-Stil* ist, dass tiefe Saiten mit der Seite des Daumens angeschlagen werden, wodurch ein *perkussiver Klang* entsteht (mit einem harten Anschlag wie bei einer Trommel) und hohe Saiten mit dem Zeigefinger sehr hart gezupft werden. So funktioniert es:

1. **Formen Sie mit der rechten Hand eine lockere Faust.**

   Strecken Sie den Daumen von der Hand weg, wie wenn Sie per Anhalter fahren wollten.

2. **Lockern Sie den Zeigefinger, und formen Sie damit einen Haken.**

   Der Zeigefinger sollte so aussehen, als wenn er den Abzug einer Pistole ziehen würde.

3. **Legen Sie Ihren Unterarm auf den Korpus des Basses, damit Ihre rechte Hand über den Saiten schweben kann.**

4. **Schlagen Sie die Saite mit Ihrem Daumen unter einer heftigen Drehung des Handgelenks auf das Ende des Griffbretts.**

   Bei diesem Stil wird ein ziemlich hoher Handgelenkeinsatz gefordert. Abbildung 2.10 (linkes Bild) zeigt die korrekte Haltung.

5. **Haken Sie Ihren Zeigefinger unter eine hohe Saite, und lassen Sie sie mit der umgekehrten Handdrehung gegen das Griffbrett flitschen.**

   Abbildung 2.10 (rechtes Bild) zeigt den Vorgang.

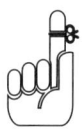

Achten Sie darauf, den Daumen nach dem Schlag sofort wieder von der Saite wegzudrehen, damit die Saite schwingen kann.

Ziehen Sie nicht zu stark an den Saiten, da diese sonst reißen könnten. Es ist wirklich nur ein minimaler Kraftaufwand erforderlich.

Abbildung 2.10: Der Daumen schlägt auf die Saite (links), der Zeigefinger lässt die Saite flitschen (rechts).

Griffbrett-Diagramme lesen

In einigen Situationen ist es erforderlich, dass Musiker Stücke lesen und die Töne, die auf einem Blatt notiert sind, auch exakt wiedergeben können. (Die Grundlagen des Notenlesens erkläre ich in Kapitel 3). Die meisten Bassisten erfinden jedoch ihre eigene Begleitung für einen vorgegebenen Song. Sie stellen sich dabei die Auswahl der Noten wie ein Bild vor. Mit einem Griffbrett-Diagramm (im Weiteren auch »Grid« genannt) kann man sich solche Bilder hervorragend anschaulich machen.

Skalen und Akkorde

Musiker erschaffen ihre Musik mit Skalen – regelmäßig an- oder absteigenden Reihen von Tönen. Die meisten Skalen bestehen aus sieben Tönen und beginnen mit dem *Grundton* (dem ersten Ton). Der achte Ton in der Abfolge hört sich sehr ähnlich wie der Grundton an, ist jedoch eine *Oktave* höher (der nächst höhere Grundton). Ein *Akkord* ist eine Kombination aus drei oder mehr Tönen, die aus einer gemeinsamen Skala stammen. Ich befasse mich in Kapitel 5 eingehend mit Akkorden und Skalen.

Sie müssen nicht Noten lesen können, um das Bass-Spiel zu erlernen. Musik ist keine visuelle Kunst, sondern eine akustische – besser gesagt, Sie hören sie. Selbst einige von meinen Lieblingsbassisten können keine Noten lesen. Die meisten Bassisten finden jedoch, dass Notenlesen recht nützlich sein kann, wenn man mit anderen Menschen zusammenspielen möchte. In einigen Bands ist das Notenlesen Grundvoraussetzung für alle Bandmitglieder.

Musik wird oft auf Papier niedergeschrieben, um sie anderen Menschen mitzuteilen. Dafür gibt es verschiedene Möglichkeiten. Ich verwende beispielsweise häufig das Griffbrett-Diagramm oder Grid, um Ihnen die Positionen der unterschiedlichen Skalen und Akkorde auf dem Hals zu vermitteln. Das Grid ist ganz einfach ein Bild des Basshalses auf einem Stück Papier. Schauen Sie ich dazu mal Abbildung 2.11 an.

Ein Grid setzt sich aus den folgenden Elementen zusammen:

- **Die vertikalen Linien repräsentieren die Saiten, wobei die tiefste Saite links und die höchste Saite rechts liegt.** Da man komplette Skalen oder Akkorde oft mit nur drei Saiten spielt, hat das Grid dann dementsprechend auch nur drei Saiten, obwohl Ihr Bass natürlich weiterhin vier Saiten hat. Das schöne an diesem System ist, dass Sie das Grid an jeder gewünschten Position anwenden können, solange genügend Bünde und Saiten zur Verfügung stehen.
- **Die horizontalen Linien im Grid stehen für die Bünde.**
- **Die schwarzen Punkte und die Ringe stehen für die Noten, die gespielt werden sollen.** Der Ring ist dabei der Grundton, das tonale Zentrum. Der Grundton ist der wichtigste Ton einer Skala oder eines Akkords und ist normalerweise der erste Ton, den Sie spielen. (Ich erläutere alles Weitere zu diesem Thema ausführlich in Kapitel 5.)
- **Die Zahlen neben den Punkten zeigen Ihnen, mit welchem Finger die jeweilige Note gespielt werden soll:**

    1 = Zeigefinger

    2 = Mittelfinger

    3 = Ringfinger

    4 = Kleiner Finger
- **Die Pfeile, die von Punkt zu Punkt verlaufen, zeigen die Reihenfolge an, in der die Töne gespielt werden sollen (sofern es einen bestimmten Ablauf gibt).** Auf dem Bass wird fast immer nur ein Ton auf einmal gespielt.

Die Vier-Finger-Technik, die ich in der vorangegangenen Liste beschrieben habe, hilft Ihnen dabei, mit geringem Aufwand, ohne überflüssiges Rutschen und Schieben der Hand und mit der größtmöglichen Gleichmäßigkeit zu spielen. Nur wenn immer wieder derselbe Fingersatz für die gleiche Skala oder den gleichen Akkord verwendet wird, werden Sie mit optimaler Geschwindigkeit, Genauigkeit und gleichmäßigem Spielfluss spielen können. Das Grid der C-Dur-Skala, die auf dem Grundton C anfängt, sieht genauso aus und lässt sich auch genau gleich spielen wie jede andere Dur-Skala mit einem anderen Grundton. Die D-Dur-Skala, die auf D beginnt, wird beispielsweise exakt gleich gespielt – außer dass sie auf einem anderen Grundton, nämlich D beginnt. Beide Skalen haben die gleiche Struktur und werden mit den gleichen Fingern in der gleichen Reihenfolge gespielt. Die D-Dur-Skala fängt einfach nur zwei Bünde höher an als die C-Dur-Skala.

Wenn Sie das Griffmuster für eine Skala oder einen Akkord für einen bestimmten Grundton auswendig lernen, können Sie das gleiche Muster auch für alle Skalen oder Akkorde mit jedem gewünschten Grundton an jeder gewünschten Stelle auf dem Hals des Basses spielen.

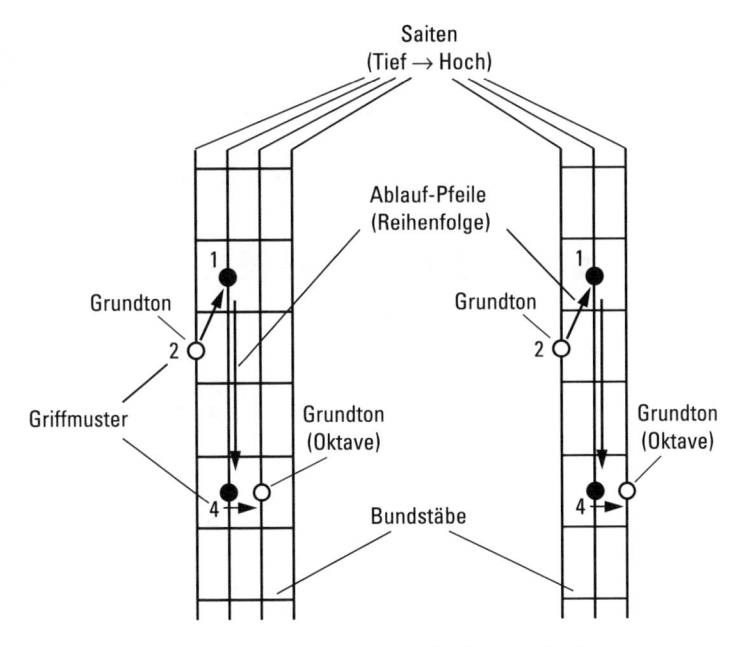

Abbildung 2.11: Die Bestandteile eines Grids

Diagramme für Dur- und Moll-Skalen

Die Dur- und Moll-Skalen (auch Tonleitern genannt) sind in der westlichen Musik am weitesten verbreitet. Beide setzen sich aus Halb- und Ganztonschritten zusammen. Ein *Halbtonschritt* ist auf dem Bass der Abstand zwischen einem Bund und dem nächsten. Beim *Ganztonschritt* wird ein Bund übersprungen. Die genaue Zusammensetzung von Moll- und Dur-Skalen wird in Kapitel 5 erklärt.

In Abbildung 2.12 sehen Sie Grids, die die Töne von zwei Skalen zeigen.

- ✔ Links sehen Sie eine Dur-Skala.
- ✔ Rechts sehen Sie eine Moll-Skala.

Wenn Sie eine komplette Skala spielen wollen, fangen Sie mit einem Ton an (zum Beispiel C) und spielen eine ansteigende Leiter hoch zum gleichen Ton (C), der jedoch höher liegt, wie Sie in Abbildung 2.12 sehen können. Für die Töne der Skala werden nur drei Saiten benötigt, und Sie können sie spielen, ohne die Hand am Hals rauf oder runter bewegen zu müssen. Eine ganze Skala ist eine Oktave.

Sie können jede Moll- und Dur-Skala spielen, ohne die Position der Hand zu verändern.

Sie können sich die Skalen aus Abbildung 2.12 einzeln anhören. Das erste Beispiel ist eine Dur-Skala in G, das heißt, dass sie mit dem Ton G anfängt. (Denken Sie immer daran, dass sich die Struktur der Skala nicht verändert, wenn Sie sie in einer anderen Tonart spielen wollen. Versuchen Sie einmal, die gleiche Dur-Skala mit dem Grundton D oder irgendeinem anderen Ton auf dem Hals Ihres Basses beginnen zu lassen.) Das zweite Beispiel ist eine Moll-Skala in G, die dementsprechend wieder mit dem Grundton G beginnt. (Auch die Moll-Skala können Sie in jeder gewünschten Tonart spielen, ohne deren Struktur zu verändern.)

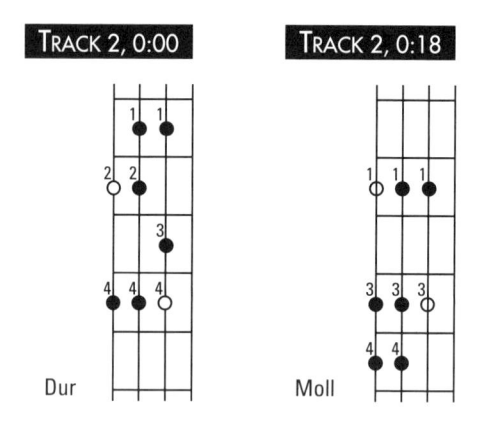

Abbildung 2.12: Grids für die Dur-Skala (links) und die Moll-Skala (rechts)

Skalen mit offenen Saiten

Skalen, die mit *offenen Saiten* gespielt werden, erfordern ein leicht verändertes Griffmuster. Offene Saiten werden gespielt, ohne die jeweilige Saite auf einen Bund herunterzudrücken. Die offene Saite ist dabei der Grundton. Sie können in den zwei Tonarten E und A offene Saiten verwenden, um Dur- oder Moll-Skalen zu spielen (siehe Abbildung 2.13).

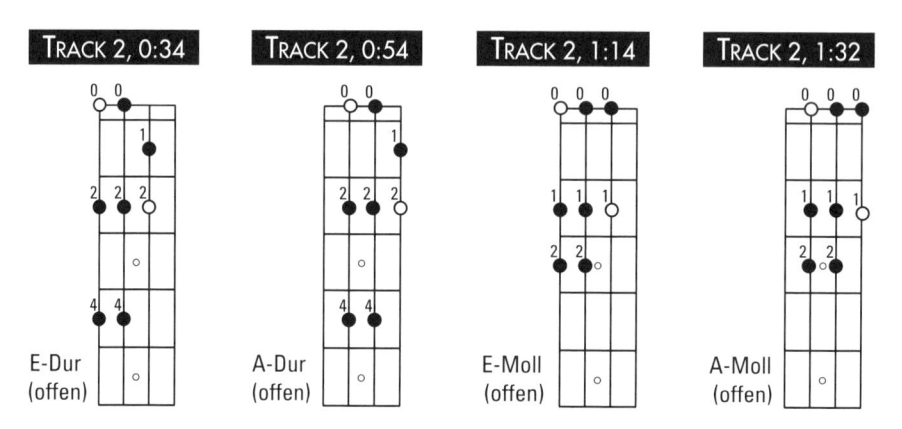

Abbildung 2.13: Grids von links nach rechts: offene E-Dur-Skala, offene A-Dur-Skala, offene E-Moll-Skala, offene A-Moll-Skala

Noten auf dem Hals ausfindig machen

Alle Griffmuster (abgesehen von den offenen) funktionieren in allen Tonarten, bleibt also nur noch die Frage: Wie findet man bestimmte Töne, wenn man beispielsweise in C spielen soll? Da die Griffmuster in jede gewünschte Tonlage transponiert werden können, müssen Sie nur noch mit dem richtigen Finger der linken Hand (Mittelfinger bei Dur-Skalen, Zeigefinger bei Moll-Skalen) den entsprechenden Grundton treffen (in diesem Fall C), und es kann losgehen.

An der Seite des Halses – sowie manchmal auch auf dem Griffbrett – befinden sich Markierungspunkte. Diese Markierungen dienen Ihnen als Wegweiser zur richtigen Note. Die Töne sind auf dem Hals in *Halbtonschritten* angeordnet, dem kleinsten Tonabstand in der westlichen Musik. Jeder Bund steht für einen Halbtonschritt. Die Reihenfolge der Töne in Halbtonschritten ist: C, C♯ (übermäßiges C) oder D♭ (vermindertes D), D, D♯ oder E♭, E, F, F♯ oder G♭, G, G♯ oder A♭, A, A♯ oder H♭, H und C. Beachten Sie dabei, dass einige Töne zwei Bezeichnungen haben können. C♯ und D♭ bezeichnen beispielsweise den gleichen Ton (einen halben Ton höher als C bzw. einen halben Ton tiefer als D).

Wenn ein Ton um einen Halbtonschritt angehoben werden soll, steht ein ♯ daneben. Nehmen Sie zum Beispiel das C, das auf dem dritten Bund der A-Saite gespielt wird (der zweitdicksten Saite): Erhöhen Sie es um einen Halbtonschritt zum vierten Bund, wird daraus ein C♯. Wenn eine Note um einen Halbtonschritt vermindert werden soll, steht ein ♭ daneben. Wenn Sie beispielsweise das H, das Sie auf dem zweiten Bund der A-Saite finden, um einen halben Ton verringern (zum ersten Bund), wird daraus ein H♭.

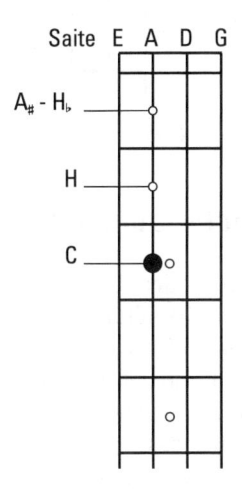

Abbildung 2.14: Dieses Grid zeigt das C auf der A-Saite.

Die Töne der offene Saiten Ihres Basses sind (von tief nach hoch) auf E, A, D und G gestimmt. Sie können einfach bei irgendeiner der offenen Saiten anfangen und die Halbtonschritte zählen, bis Sie bei Ihrem Ton angelangt sind. Wenn Sie zum Beispiel das C auf der A-Saite finden wollen (siehe Abbildung 2.14), ist der erste Bund auf der A-Saite ein A♯ oder H♭, der nächste Bund ist ein H und der nächste ist das C (der Bund mit der ersten Markierung auf dem Hals).

Ihr Bass ist am zwölften Bund mit zwei Punkten markiert. Diese Punkte dienen als Oktavmarkierung. Sie können jede gewünschte Saite an diesem Bund herunterdrücken und erzeugen den gleichen Ton wie bei der entsprechenden Leersaite, nur dass er jetzt eine Oktave höher liegt. Wenn Sie das C auf der E-Saite suchen (siehe Abbildung 2.15), können Sie an der Oktavmarkierung der E-Saite anfangen und rückwärts zählen: E, E♭ oder D♯, D, D♭ oder C♯ und C. C liegt also vier Bünde unterhalb der Oktavmarkierung, zwischen der dritten und vierten Markierung auf der E-Saite.

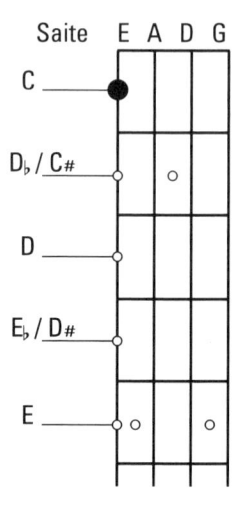

Abbildung 2.15: Dieses Grid zeigt das C auf der E-Saite.

Intervalle: Immer das gleiche Schema

Als *Intervall* bezeichnet man in der Musik den Abstand zwischen zwei Tönen. In der C-Dur-Skala beträgt der Abstand zwischen dem Grundton C und dem F genau vier Töne (C, D, E, F); deshalb nennt man dieses Intervall *Quart*. Wenn Sie ein Intervall festlegen wollen, müssen Sie den Ausgangston (in diesem Beispiel C) und den letzten Ton mitzählen. Musiker kommunizieren mit diesen Intervallbezeichnungen: »Hey, versuch's mal mit einer Quart statt einer Quint auf dem G-Akkord.« Übersetzt heißt das: »Spiel das G mit einem C (der Quart) statt mit dem D (der Quint).« Es ist also ziemlich wichtig, über Intervalle Bescheid zu wissen. Die Intervalle haben immer die gleiche Zusammensetzung – eine Quart sieht auf dem Bass immer gleich aus (und spielt sich gleich), unabhängig davon, in welcher Tonart Sie sie spielen.

Abbildung 2.16 zeigt Namen und Struktur jedes einzelnen Intervalls. Der Ring steht dabei für den Ton, von dem aus Sie das Intervall messen wollen, und der schwarze Punkt bezeichnet das

2 ➤ Die Grundlagen des Bass-Spiels

entsprechende Intervall. Sie können die Intervalle auch selber finden, indem Sie sie mit Ihrer linken Hand ertasten (jeder Finger liegt jeweils wieder auf einem eigenen Bund). Je mehr Sie sich an das Spielgefühl der einzelnen Intervalle gewöhnen, umso einfacher haben Sie es dabei, diese in einer Spielsituation anzuwenden.

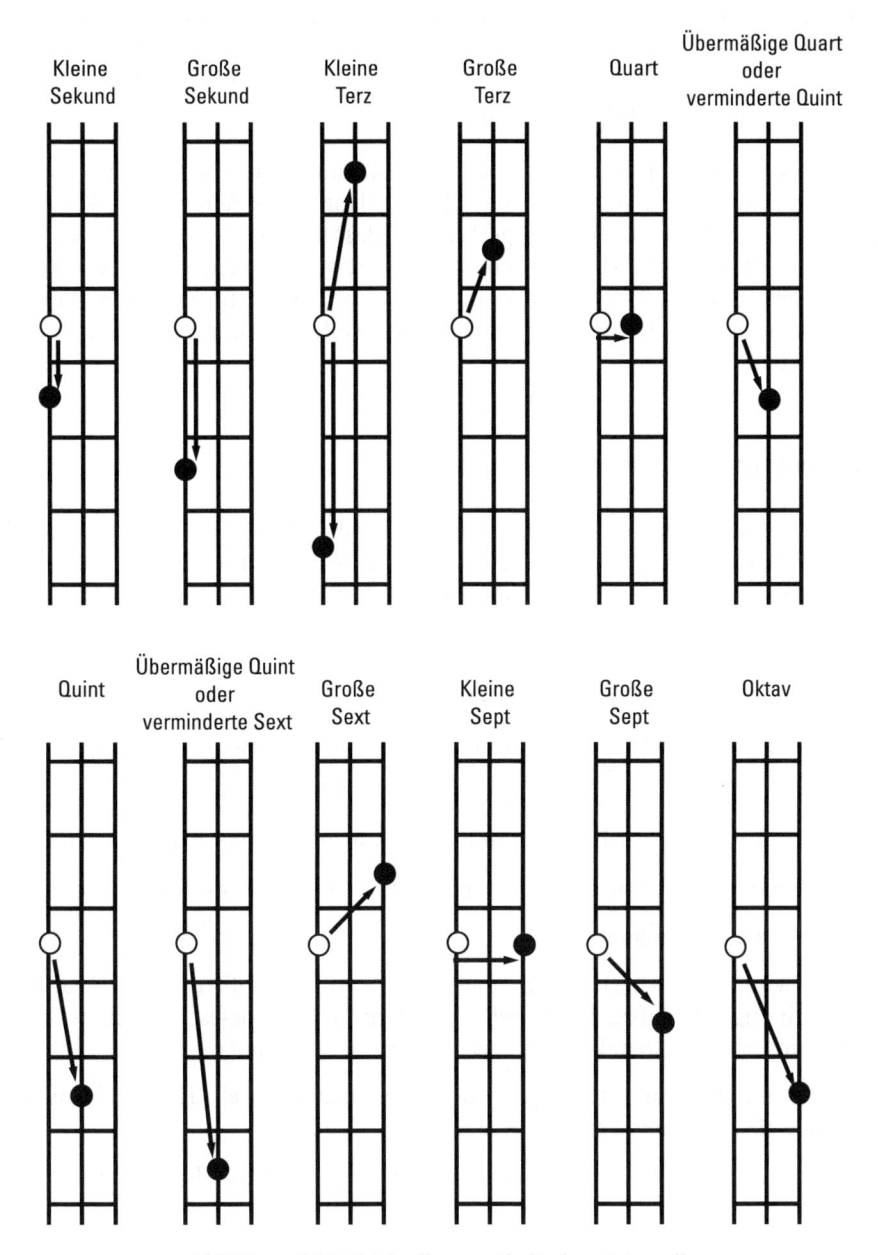

Abbildung 2.16: Grids aller musikalischen Intervalle

Die Bassgitarre stimmen

Wenn Sie Ihren Bass umgehängt haben, ist der nächste Punkt auf der Liste das Stimmen. Man kann den Bass auf unterschiedliche Art und Weise stimmen. In den folgenden Abschnitten erläutere ich die unterschiedlichen Techniken Schritt für Schritt. Es kann sein, dass es einige Zeit dauert, bis Sie sich daran gewöhnt haben, die tiefen Frequenzen eines Basses differenziert zu hören, aber mit etwas Übung und ein paar Tricks (die ich Ihnen verrate) werden Sie Ihren Bass bald im Handumdrehen stimmen können.

Auf Track 1 der CD spiele ich die offenen Saiten eines Vier-Saiten-Basses einzeln hintereinander. Versuchen Sie sich den Klang dieser Saiten zu merken, damit Sie lernen, wie sich ein korrekt gestimmter Bass anhört. Sie können diesen Track der CD auch dazu benutzen, Ihren eigenen Bass zu stimmen. Da Sie jedoch sicherlich nicht immer einen CD-Player mitnehmen wollen, wenn Sie außer Haus spielen, müssen Sie sich wohl oder übel noch mit weiteren Stimmtechniken auseinandersetzen.

Der Referenzton

Ein *Referenzton* ist ein Ton, den Sie als Grundlage für die Stimmung der Saiten Ihres Basses verwenden. Ein Klavier ist beispielsweise eine exzellente Quelle für einen Referenzton, da es eine hohe Stimmstabilität besitzt. Sie müssen sich aber nicht auf das Klavier beschränken – es gibt noch viele weitere Quellen.

Referenzton aus einem Stimmgerät

Die Verwendung eines elektronischen Stimmgeräts ist bei weitestem die einfachste Stimmethode. Moderne Stimmgeräte haben ein Display, auf dem genau angezeigt wird, ob die jeweils gespielte Saite zu hoch oder zu tief gestimmt ist und welchem Ton sie am nächsten liegt (falls beispielsweise die G-Saite so sehr verstimmt ist, dass sie näher am F liegt als am G).

Folgen Sie diesen Arbeitsschritten, um Ihren Bass mit einem Stimmgerät zu stimmen:

1. **Kaufen Sie ein Stimmgerät.**

    Okay, vielleicht muss ich das hier gar nicht erwähnen, doch sollten Sie darauf achten, dass Sie ein Stimmgerät kaufen, das die tiefen Frequenzen Ihres Basses verarbeiten kann. Nicht alle Stimmgeräte sind nämlich dazu geeignet Bässe zu stimmen.

2. **Verbinden Sie Bass und Stimmgerät mit einem Klinkenkabel (das Kabel, mit dem Sie normalerweise Bass und Verstärker verbinden).**

    In Kapitel 17 können Sie sich eine Abbildung eines solchen Kabels anschauen.

3. **Schlagen Sie eine offene Saite an, und lassen Sie sie klingen.**

   Tiefe Frequenzen breiten sich nur langsam aus, weshalb das Stimmgerät einige Zeit benötigt, um den Ton anzuzeigen.

4. **Stimmen Sie die Saite, bis die Anzeigenadel (oder die Leuchtdiode) des Stimmgeräts in der Mitte des Anzeigefelds steht und somit anzeigt, dass sie richtig gestimmt ist.**

   Achten Sie darauf, dass die richtige Note für die Saite (E, A, D, G) angezeigt wird, sonst kann es passieren, dass die G-Saite versehentlich auf $G_\sharp$ gestimmt ist.

Sie können Ihren Bass mit einem Stimmgerät sogar in lauter Umgebung stimmen. Eine Ersatzbatterie dabei zu haben, kann nie schaden. Sonst setzt sich die Nadel des Stimmgeräts nämlich nur in Bewegung, wenn Sie es vor lauter Wut gegen die Wand schmeißen.

> Sie sollten sich nicht total auf elektronische Hilfsmittel verlassen. Sie müssen einfach wissen, wie man einen Bass nach Gehör stimmt, falls ein Müllwagen zurücksetzt und über Ihr Stimmgerät fährt, während Sie gerade Ihr Equipment in das Auto laden.

Referenzton von einer der eigenen Saiten

Wenn Sie alleine spielen, können Sie den Bass relativ zu sich selbst stimmen. Diese Methode nennt man auch *relative Stimmung*. Dabei verwenden Sie eine Saite – normalerweise das tiefe E – als Referenzton und stimmen die anderen drei Saiten darauf. (Ich erkläre diese Methode weiter hinten in diesem Kapitel im Abschnitt »Den Bass auf sich selbst stimmen«.)

> Sie werden höchstwahrscheinlich nicht die richtige Stimmung hin bekommen, um mit anderen Musikern zusammenzuspielen, wenn Sie mit die relativen Stimmung stimmen, da die E-Saite, die Sie als Referenzton benutzt haben, möglicherweise kein exaktes E gewesen ist.

Referenzton mit einer Stimmgabel erzeugen

Die Stimmgabel liefert Ihnen nur einen einzigen Referenzton. Sie klingt im Ton A, der der zweitdicksten Saite auf Ihrem Bass entspricht (nur einige Oktaven höher). Die Stimmgabel ist hervorragend dazu geeignet, einen Bass zu stimmen. Folgen Sie einfach diesen Arbeitsschritten:

1. **Schlagen Sie die Stimmgabel an einer harten Oberfläche an, und nehmen Sie sie dann zwischen Ihre Zähne, ohne die schwingenden Enden zu berühren.**

   Sie können nun die Resonanz des Tons A in Ihrem Kopf hören. *Achtung:* Verleihen Sie Ihre Stimmgabel nicht an andere, und halten Sie sie entsprechend sauber.

2. **Stimmen Sie die A-Saite entweder offen oder mit Flageolett-Tönen (siehe »Mit Flageolett-Tönen stimmen«) auf das A der Stimmgabel.**

3. **Stimmen Sie die anderen Saiten auf die A-Saite.**

   Die Grundlagen für diesen Stimmvorgang erfahren Sie im Abschnitt »Den Bass auf sich selbst stimmen« weiter hinten in diesem Kapitel.

Solange Sie alleine spielen, können Sie Ihre Bassgitarre mit einem elektronischen Stimmgerät, einer Stimmgabel oder relativ zur E-Saite stimmen. Sobald Sie jedoch mit zusammen mit Ihren Freunden mit Gitarre und Piano eine kleine Session spielen möchten, ist damit Schluss, denn Sie müssen nun auf die anderen Instrumente stimmen.

Referenzton beim Zusammenspiel mit anderen

Wenn Sie mit anderen Menschen zusammenspielen möchten, müssen Sie Ihren Bass in die gleiche Stimmung bringen wie die anderen Instrumente. Sie können dabei alle Ihre Saiten einzeln mit den entsprechenden Tönen auf einem anderen Instrument vergleichen, das schon gestimmt ist, wie beispielsweise ein Klavier.

Ich rate Ihnen jedoch dringend, nur eine Saite als Referenzton nach einem anderen Instrument zu stimmen (offen oder mit Flageolett-Tönen, siehe »Mit Flageolett-Tönen stimmen« weiter hinten in diesem Kapitel), und diese dann als Referenz für die anderen drei Saiten Ihres Basses zu verwenden.

Referenzton von einem Klavier

Da Klaviere äußerst stimmstabil sind, eignen sie sich hervorragend als Quelle für einen Referenzton. Abbildung 2.17 zeigt die Klaviertasten, die den offenen Saiten Ihres Basses entsprechen. Meist ist es am einfachsten, einen Klavierton als Referenz zu verwenden, der eine Oktave höher liegt als der Ton, den Sie auf der entsprechenden Saite stimmen wollen.

Referenzton von einer Gitarre

Die tiefen (dicksten) vier Saiten der Gitarre entsprechen den vier Saiten Ihres Basses: Von tief nach hoch sind das E, A, D und G. Behalten Sie im Hinterkopf, dass die Gitarrensaiten eine Oktave höher klingen, als Ihre Bass-Saiten – der gleiche Ton, nur höher.

Abbildung 2.18 zeigt, welche Gitarrensaiten Ihren Bass-Saiten entsprechen.

Mit Flageolett-Tönen stimmen

Die meisten Töne, die Sie als Referenzton angeboten bekommen (beispielsweise von einer Gitarre), liegen in einer höheren Oktave. Wenn Sie versuchen würden, diesen Ton zu erreichen, würde ihnen die Saite, die Sie gerade stimmen, um die Ohren fliegen. Der Vergleich von gleichen Tönen, die ein oder zwei Oktaven auseinanderliegen fällt leichter, wenn man so genannte Flageolett-Töne (französisch mit weichem G wie in Garage ausgesprochen) verwendet.

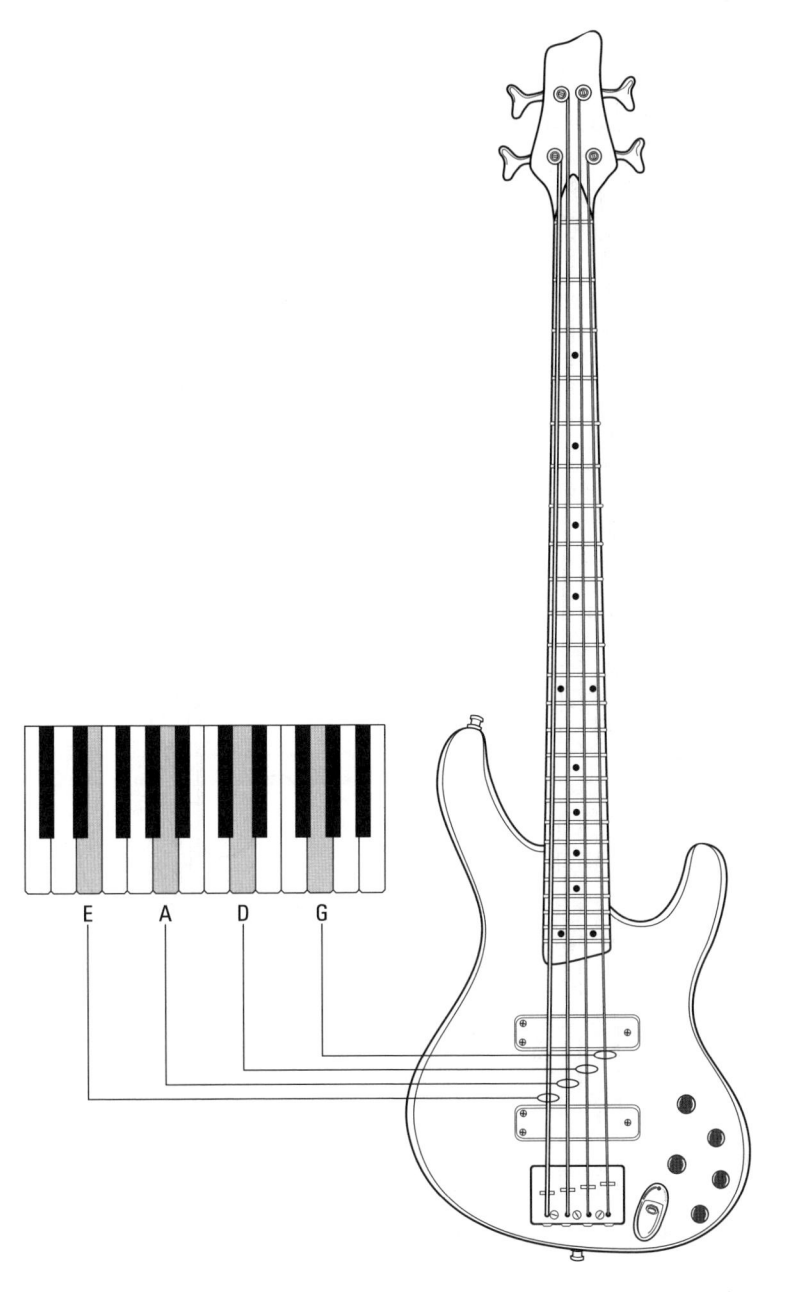

Abbildung 2.17: Klaviertasten, die den offenen Saiten des Basses entsprechen

Flageoletts nennt man Töne, die erklingen, wenn man eine Saite an bestimmten Punkten berührt und dann mit der rechten Hand anschlägt. Da die Bass-Saiten so tief klingen, fällt es viel leichter, die höheren Flageoletts zu hören. Die stärksten und klarsten Flageoletts findet man am zwölften, siebten und fünften Bund.

Abbildung 2.18: Gitarrensaiten, die den offenen Saiten des Basses entsprechen

Schauen Sie sich die Lage der wichtigsten Flageoletts in Abbildung 2.19 an.

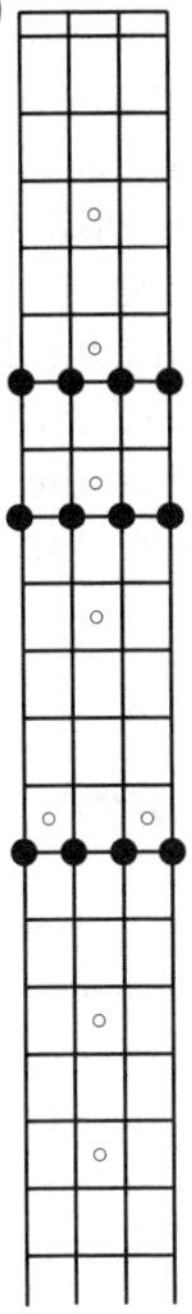

Abbildung 2.19: Die wichtigsten Flageoletts

Der Klang von Flageoletts ist kristallklar, weshalb man sie hervorragend zum Stimmen verwenden kann. Doch um Flageoletts benutzen zu können, müssen Sie zuerst die entsprechende Technik erlernen, mit der sie erzeugt werden. Folgen Sie diesen Schritten, um Flageolett-Töne zu spielen:

1. **Berühren Sie die gewünschte Saite mit einem Finger der linken Hand ganz leicht am zwölften, siebten oder fünften Bund (am besten mit dem Mittel- oder Zeigefinger).**

   Drücken Sie die Saite nicht auf den Bund herunter. Lassen Sie den Finger der linken Hand auf dem Kontaktpunkt (zwölfter, siebter oder fünfter Bund) liegen, während Sie die Saite mit der rechten Hand anschlagen.

2. **Schlagen Sie die Saite mit dem Zeige- oder Mittelfinger der rechten Hand nahe an der Brücke an.**

   Je näher Sie die Saite an der Brücke anschlagen, umso lauter und klarer wird der Flageolett-Ton.

3. **Wenn der Flageolett-Ton erklingt, können Sie den Finger der linken Hand von der Saite nehmen.**

   Der Flageolett-Ton klingt noch sehr lange nach, solange Sie die Saite nicht berühren.

Falls die Saite, auf der Sie den Flageolett-Ton spielen, nicht sauber gestimmt ist, hören Sie einen auf- und abschwellenden, wabernden Ton. Es kann etwas dauern, bis Sie dieses Wabern heraushören, aber Track 3 auf der CD wird Ihnen vielleicht dabei helfen herauszufinden, auf was Sie hören müssen. Lassen Sie den Ton klingen, und drehen Sie langsam an der Mechanik der Saite, die Sie stimmen möchten. Wenn das Wabern schneller wird, drehen Sie gerade in die falsche Richtung. Wenn das Wabern langsamer wird, drehen Sie die Mechanik in die richtige Richtung. Drehen Sie an der Mechanik, bis das Wabern aufhört. Sobald der Ton gleichmäßig erklingt, ist die Saite gestimmt. Wenn das Wabern langsamer wird und dann wieder schneller, haben Sie die Mechanik über den Punkt mit perfekter Stimmung hinaus gedreht. Drehen Sie die Mechanik langsam zurück, bis das Wabern wieder aufhört.

Den Bass auf sich selbst stimmen

Letzten Endes läuft es normalerweise jedoch darauf hinaus: Sie stimmen eine Saite Ihres Basses nach einem Referenzton und die anderen drei Saiten wiederum auf diese gestimmte Saite. Sie können Ihre Bassgitarre mit den folgenden drei Methoden auf sich selbst stimmen: mit der Fünfter-Bund-Methode, der Siebter-Bund-Methode und der Flageolett-Methode.

Allen Methoden ist gemeinsam, dass Sie einen wabernden Klang hören, wenn die Saiten nicht ordentlich gestimmt sind. Während Sie die Mechanik drehen, wird das Wabern immer langsamer, bis Sie bei der exakten Stimmung angekommen sind. Dann hört das Wabern auf.

Die Fünfter-Bund-Methode

Die folgenden Arbeitsschritte erläutern, wie man den Bass mit der Fünften-Bund-Methode (siehe Abbildung 2.20) stimmt. Falls Sie mit anderen Musikern zusammenspielen möchten, sollten Sie sich zuerst einen Referenzton für die E-Saite von einem der anderen Instrumente holen, bevor Sie anfangen.

1. **Drücken Sie mit einem der Finger Ihrer linken Hand die E-Saite am fünften Bund herunter.**

   Berühren Sie dabei nur die E-Saite, da die A-Saite frei schwingen können muss. Sie müssen die Saite genau genommen zwischen dem vierten und fünften Bund direkt hinter dem fünften Bund herunterdrücken.

2. **Schlagen Sie die A- und die E-Saite zusammen mit der rechten Hand an, und lassen Sie sie klingen.**

   Halten Sie den Finger der linken Hand am fünften Bund der tieferen Saite gedrückt, während Sie die Töne vergleichen. Gewöhnen Sie sich bei dieser Methode an, die Mechaniken des Basses mit der rechten Hand zu bedienen (indem Sie über die linke Hand hinaus greifen). Die Töne sollten exakt gleich sein. Falls dies nicht der Fall ist (und das ist es meistens), folgen Sie diesen Schritten:

a. Versuchen Sie herauszuhören, ob die A-Saite höher oder tiefer als die E-Saite klingt.

Wenn die Saiten nicht aufeinander gestimmt sind, hören Sie einen wabernden Klang.

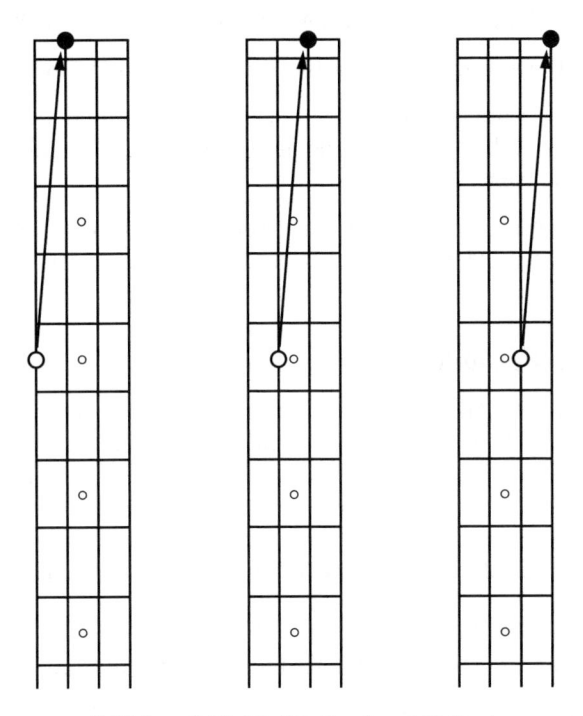

Abbildung 2.20: Die Fünfter-Bund-Methode

b. Falls Sie sich nicht sicher sind, ob die A-Saite höher oder tiefer klingt, stimmen Sie sie einfach tiefer, bis Sie genau hören, dass sie zu tief ist.

c. Schlagen Sie beide Saiten erneut an, und stimmen Sie die A-Saite an der Mechanik mit der rechten Hand langsam hoch, bis sie genau auf den Ton des fünften Bundes der E-Saite passt.

Wenn Sie zu weit gedreht haben, hört sich die A-Saite zu hoch an. In diesem Fall müssen Sie die A-Saite wieder tiefer stimmen, indem Sie die Mechanik in die andere Richtung drehen. Sobald die A-Saite gestimmt ist, springen Sie zum nächsten Schritt.

3. **Drücken Sie die A-Saite am fünften Bund herunter (und berühren Sie dabei nur die A-Saite).**

4. **Schlagen Sie A- und D-Saite zusammen an, und lassen Sie sie klingen.**

   Hören Sie, ob die D-Saite zu hoch oder zu tief gestimmt ist, und drehen Sie die Mechanik für die D-Saite entsprechend, bis die Stimmung der Saiten übereinstimmt. Wenn die Stimmung der D-Saite mit der der A-Saite übereinstimmt, folgt der nächste Schritt.

5. **Drücken Sie die D-Saite am fünften Bund herunter (und berühren dabei nur die D-Saite).**

6. **Schlagen Sie die D-Saite und die offene G-Saite zusammen an, und lassen Sie sie klingen.**

   Hören Sie, ob die G-Saite zu hoch oder zu tief gestimmt ist und drehen Sie deren Mechanik dementsprechend, bis die Stimmung der G-Saite genau auf die der im fünften Bund gedrückten D-Saite passt.

Ihr Bass ist nun in sich gestimmt. Wenn Sie zuvor die E-Saite auf einen Referenzton gestimmt haben, könne sie nun mit jedem Mitmusiker zusammenspielen, der auf den gleichen Referenzton gestimmt hat.

Die Siebter-Bund-Methode

Die Siebter-Bund-Methode gleicht in vielen Teilen der Fünfter-Bund-Methode, funktioniert jedoch genau umgekehrt (von hoch nach tief). Sie müssen dazu die G-Saite auf einen Referenzton von einem gestimmten Instrument stimmen (falls Sie mit anderen Musikern zusammenspielen wollen). Sobald Sie die G-Saite gestimmt haben, drücken Sie diese am siebten Bund herunter. Der Ton, den Sie erzeugen, wenn Sie die Saite nun anschlagen, ist ein D, jedoch eine Oktave höher als die nächsttiefere (dickere) Saite (siehe Abbildung 2.21).

Im Folgenden erläutere ich die Siebter-Bund-Methode Schritt für Schritt:

1. **Drücken Sie die G-Saite mit einem Finger Ihrer linken Hand am siebten Bund herunter.**

   Achten Sie darauf, dass Sie dabei die tiefere D-Saite nicht berühren – beide Saiten müssen frei schwingen können.

2. **Schlagen Sie die G-Saite und die offene D-Saite mit der rechten Hand an, und lassen Sie sie klingen.**

   Die Töne sind zwar eine Oktave voneinander entfernt, es handelt sich jedoch um den gleichen Ton. Hören Sie, ob die D-Saite zu hoch oder tief gestimmt ist, und drehen Sie die Mechanik für die D-Saite entsprechend, bis die beiden Saiten aufeinander gestimmt sind.

3. **Drücken Sie die D-Saite am siebten Bund herunter, ohne die nächsttiefere Saite (A-Saite) zu berühren.**

4. **Schlagen Sie die D-Saite und die offene A-Saite zusammen an, und lassen Sie sie klingen.**

   Die Töne sind zwar eine Oktave voneinander entfernt, es handelt sich jedoch um den gleichen Ton. Hören Sie wieder, ob die A-Saite zu hoch oder zu tief ist, und drehen Sie die Mechanik der A-Saite entsprechend, bis Sie gestimmt ist.

5. **Drücken Sie die A-Saite am siebten Bund herunter, ohne die E-Saite zu berühren.**
6. **Schlagen Sie die A-Saite und die offene E-Saite zusammen an, und lassen Sie sie klingen.**

   Wie bei den anderen Saiten ist auch hier der Tonabstand eine Oktave voneinander entfernt, es handelt sich jedoch um den gleichen Ton. Hören Sie, ob die E-Saite zu hoch oder zu tief gestimmt ist, und drehen Sie die Mechanik der E-Saite entsprechend. Sobald die E-Saite gestimmt ist, ist auch der gesamte Bass gestimmt.

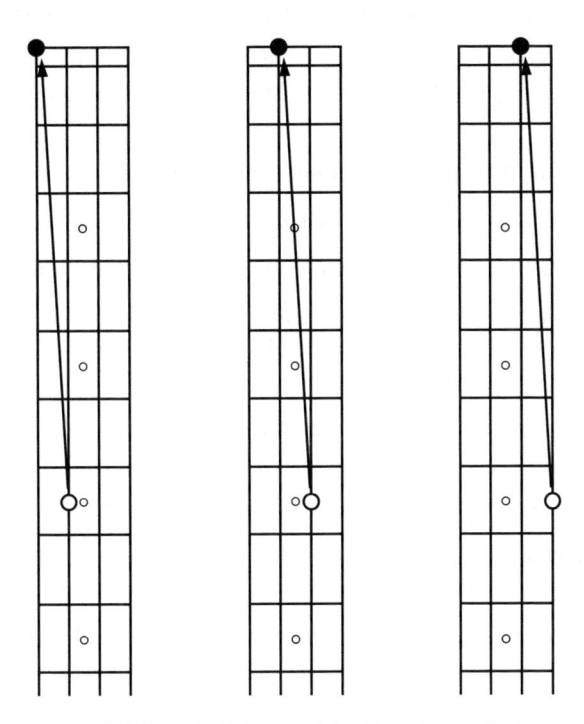

Abbildung 2.21: Die Siebter-Bund-Methode

Die Flageolett-Methode

Die Flageolett-Methode ist zugleich die schwierigste aber auch präziseste Stimmethode, die Sie ohne Stimmgerät mit Ihrem Bass ausführen können. Wenn Sie diesen Arbeitsschritten folgen, werden Sie jedoch im Nu herausfinden, wie Sie Ihren Bass mit Flageolett-Tönen in sich stimmen können.

1. **Berühren Sie die G-Saite mit dem kleinen Finger ganz leicht am siebten Bund.**

   Schlagen Sie den Flageolett-Ton an, und lassen Sie ihn klingen. (Falls Sie mehr darüber wissen wollen, wie man einen Flageolett-Ton erzeugt, lesen Sie bitte den Abschnitt »Mit Flageolett-Tönen stimmen« weiter vorne in diesem Kapitel.)

2. **Berühren Sie die D-Saite mit dem Mittelfinger ganz leicht am fünften Bund.**

   Schlagen Sie den Flageolett-Ton an, und lassen Sie ihn zusammen mit dem zuvor erzeugten Flageolett-Ton klingen. Drehen Sie die Mechanik der D-Saite, bis das Wabern des Tones aufhört.

3. **Berühren Sie die D-Saite mit dem kleinen Finger ganz leicht am siebten Bund.**

   Schlagen Sie den Flageolett-Ton an, und lassen Sie ihn klingen.

4. **Berühren Sie die A-Saite mit dem Mittelfinger ganz leicht am fünften Bund.**

   Schlagen Sie den Flageolett-Ton an, und lassen Sie ihn zusammen mit dem zuvor erzeugten Flageolett-Ton klingen. Drehen Sie die Mechanik der A-Saite, bis das Wabern des Tones aufhört.

5. **Berühren Sie die D-Saite mit dem kleinen Finger ganz leicht am siebten Bund.**

   Schlagen Sie den Flageolett-Ton an, und lassen Sie ihn klingen.

6. **Berühren Sie die E-Saite mit dem Mittelfinger ganz leicht am fünften Bund.**

   Schlagen Sie den Flageolett-Ton an, und lassen Sie ihn zusammen mit dem zuvor erzeugten Flageolett-Ton klingen. Drehen Sie die Mechanik der E-Saite, bis das Wabern des Tones aufhört.

Schauen Sie sich dazu auch die Beziehungen zwischen den Flageolett-Tönen in Abbildung 2.22 an.

Die folgende Liste zeigt die für die Stimmung wichtigsten Flageolett-Töne:

✔ Der Flageolett-Ton auf dem siebten Bund der G-Saite (der dünnsten Saite) ist exakt der gleiche wie der auf dem fünften Bund der D-Saite (der zweitdünnsten Saite).

✔ Der Flageolett-Ton auf dem siebten Bund der D-Saite ist exakt der gleiche wie der auf dem fünften Bund der A-Saite (der zweitdicksten Saite).

✔ Der Flageolett-Ton auf dem siebten Bund der A-Saite ist exakt der gleiche wie der auf dem fünften Bund der E-Saite (der dicksten Saite).

Auf Track 3 der CD können Sie sich den wabernden Ton anhören und herausfinden, wie man damit die Saiten in Stimmung bringt, wenn man mit Flageolett-Tönen arbeitet. Danach hören Sie das Wabern bei der Stimmung mit der Fünfter-Bund-Methode. Und schließlich hören Sie das Wabern bei der Stimmung mit der Siebter-Bund-Methode.

Und so sieht die Instrumentenstimmung im Alltag aus: Sie spielen gerade bei einer Probe oder einem Auftritt, und alle Mitmusiker müssen stimmen. Ein Mitmusiker (meist der Pianist) schlägt einen Ton an, und die anderen verwenden diesen als Referenzton für ihr Instrument. Fragen Sie nach einem E oder einem G als Referenzton, und verwenden Sie eine der Methoden aus diesem Kapitel, um Ihren Bass zu stimmen. Viel Spaß beim Spielen!

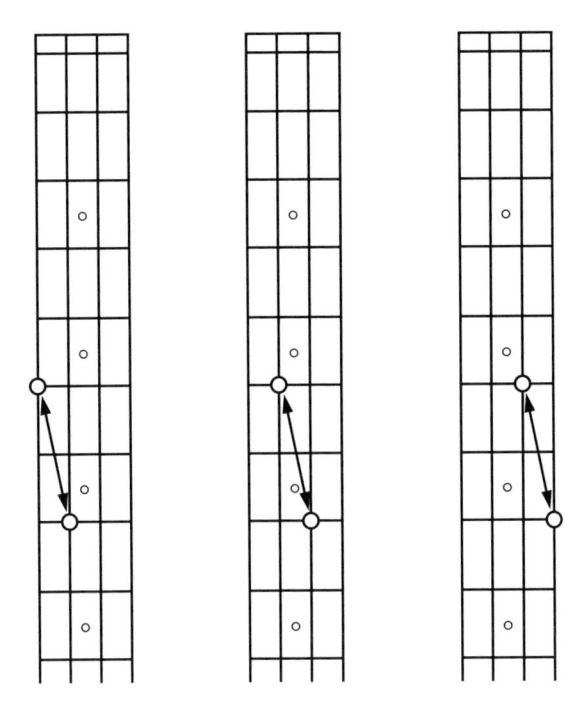

Abbildung 2.22: Die Beziehungen zwischen den Flageolett-Tönen

Lesen, Schreiben und Rhythmik

In diesem Kapitel

- Die unterschiedlichen Notationsmethoden
- Zu einem Metronom spielen
- Musik in Phrasen, Takte und Schläge unterteilen
- Musik lesen

Das Lesen von Musik ist für Bassisten nicht annähernd so wichtig wie für klassische Musiker (die durch das Notenlesen die Musik von anderen Komponisten wiedergeben). Bassisten entwickeln meist ihre eigenen Basslinien für einen Song, indem sie Akkorde und Tonleitern verwenden (siehe Kapitel 5) oder einfach nach Gehör spielen. Hin und wieder kann es jedoch passieren, dass Ihnen eine Idee für eine Basslinie einfällt, die perfekt auf einen Song passt, und die Sie deshalb auf keinen Fall vergessen wollen. Was können Sie tun? Sie schreiben sie auf. Wie können Sie sich an die Basslinie erinnern, wenn Sie sie wieder brauchen? Sie lesen, was Sie geschrieben haben. In diesem Kapitel gebe ich Ihnen eine Einführung in einige schnelle und einfache Wege, wie Sie das Dilemma Musik zu lesen meistern können. Und wenn Sie mit diesem Kapitel fertig sind, werden Sie wahrscheinlich auch der Meinung sein, dass das Notenlesen wirklich ziemlich einfach ist ... und nützlich.

Noten lesen: Entspannen Sie sich, es tut kein bisschen weh

Vor dem Begriff »Noten lesen« müssen Sie wirklich keine Angst haben. Sie müssen keine Noten lesen können, um ein guter (oder grandioser) Bassist zu werden, doch bereichert es Ihren musikalischen Horizont und öffnet Ihnen Türen, die ansonsten verschlossen bleiben würden.

Wenn Sie das Geheimnis des Notenlesens erst einmal gelüftet und sogar Spaß daran gefunden haben, werden Sie vielleicht Bach-Präludien statt des üblichen Romans als Bettlektüre lesen. In diesem Abschnitt erläutere ich drei Arten von musikalischer Notation: Akkord-Notation, klassische Notation und die Tabulatur (auch vereinfacht Tab genannt). Dies sind die wichtigsten Notationssysteme für Bassisten.

> **Akkorde als Stimmungsmacher**
>
> Akkorde können gezielt Stimmungen hervorrufen. Dur-Akkorde klingen beispielsweise meist fröhlich und hell, während Moll-Akkorde oft traurig und dunkel klingen. Genau wie Farbe auf der Leinwand bestimmte Gefühle wecken kann, funktionieren auch Akkorde – nur eben auf akustischem Wege.

Akkord-Notation: Das Akkord-Chart

Die erste Form der musikalischen Notation, das *Akkord-Chart*, zeigt Ihnen mit Akkord-Symbolen, welche Töne Sie wählen können und wie viele Schläge ein Akkord dauert. Akkord-Symbole geben den *Grundton* (beispielsweise E; siehe Kapitel 2 und 5 für mehr Informationen über Grundtöne) und das Tongeschlecht eines Akkords an – in der am weitesten verbreiteten englischen Schreibweise »m« (minor) für Moll und »Maj« (major) für Dur. Lesen Sie auch die Textbox »Akkorde als Stimmungsmacher« für weitere Informationen über die Farbe von Akkorden. Sie können die Töne des entsprechenden Akkords oder der entsprechenden Tonleiter spielen, die zu dem Akkord-Symbol gehören. Mehr Details über Akkord-Symbole, Akkorde und Tonleitern finden Sie in Kapitel 5.

Ein Akkord-Chart legt nicht wirklich fest, welche Töne Sie spielen sollen. Der Stil der Musik (und Ihr eigener Geschmack oder der des Bandleaders) beeinflusst die Abfolge und die Rhythmik der Töne, die Sie aus dem Akkord aussuchen. Doch gerade die Auswahl der Töne und die Entwicklung eines eigenen Stils machen einen großen Teil des Spaßes aus, den das Bass-Spiel bieten kann. Seien Sie also offen für alles – vor allem offenen Ohres. Was sich gut anhört, ist meist auch gut. Mehr Informationen darüber, welche Töne sich am besten eignen, finden Sie in Teil IV dieses Buchs. Dort werden die unterschiedlichen Musikstile thematisiert, und ich zeige Ihnen, wie man verschiedene Akkorde in diesen Stilen spielt. In Abbildung 3.1 sehen Sie, wie man vier Schläge eines E-Moll-Akkords in einem Rock-Stil spielt.

Abbildung 3.1: Ein Takt mit einem E-Mollakkord in einem Akkord-Chart

Klassische Notation: Rhythmik und Töne deuten

Die zweite Notationsform legt gleichzeitig den Rhythmus und die Töne fest – man nennt sie die *klassische Notation*. Die klassische Notation wird auf *Notenlinien* geschrieben. Notenlinien bestehen aus fünf Linien und vier Lücken dazwischen, auf denen die Noten geschrieben werden. Der *Notenschlüssel* (das erste Symbol ganz am Anfang der Notenlinien) zeigt, ob die Noten tief (Bass-Schlüssel) oder hoch (Violinschlüssel) liegen. Für Bassisten ist der Bass-Schlüssel die erste Wahl.

Die klassische Notation ist wesentlich exakter als das Akkord-Chart. Dort werden nämlich nicht nur die genauen Töne angegeben, die Sie spielen sollen, sondern auch noch, in welcher Oktave sie liegen, wie lang die Note klingen soll, welcher Ton betont werden soll usw. Kurz gesagt bleibt bei dieser Methode nicht viel Raum für Kreativität, allenfalls für kleinere Verzierungen. Abbildung 3.2 zeigt den Takt mit dem E-Moll-Akkord aus Abbildung 3.1 mit den Bezeichnungen der einzelnen Elemente.

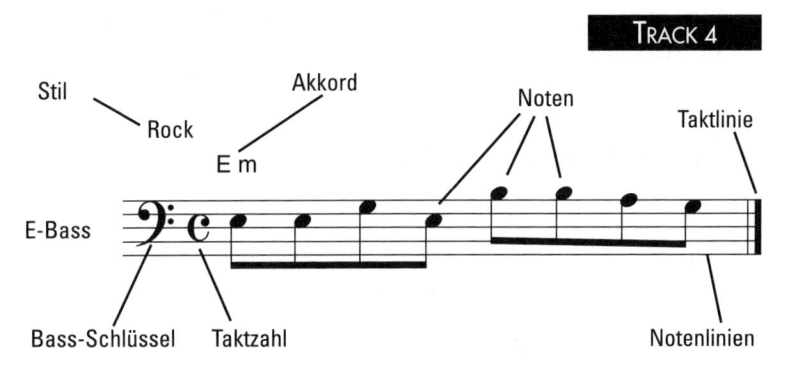

Abbildung 3.2: Ein Takt mit einem E-Moll-Akkord in klassischer Notation

Der Bass klingt eine Oktave tiefer als er notiert ist. Pianisten würden, wenn Sie vom gleichen Notenblatt spielen, also eine Oktave höher spielen als Sie (siehe Kapitel 2 für mehr Informationen über Oktaven).

Tabulaturen: Saiten, Bünde und Abfolge

Die dritte Notationsmethode wird *Tabulatur* (oder *Tab*) genannt und zeigt Ihnen, auf welchem Bund Sie die jeweilige Saite herunterdrücken sollen. Mit dieser Methode werden die einzelnen Töne sowie deren Abfolge exakt definiert, doch kann man die Rhythmik nicht daraus ablesen. Deshalb werden Tabulaturen meist mit klassischer Notation ergänzt (siehe vorheriger Abschnitt).

Wenn Sie sich mit Tabulaturen befassen, sollten Sie immer daran denken, dass die Bünde, die angezeigt werden, nicht immer die einzige Möglichkeit bieten, den entsprechenden Ton auf dem Hals zu spielen. So kann man beispielsweise ein G auf der offenen G-Saite auch folgendermaßen spielen:

- ✔ Auf dem fünften Bund der D-Saite
- ✔ Auf dem zehnten Bund der A-Saite
- ✔ Auf dem fünfzehnten Bund der E-Saite

In Abbildung 3.3 können Sie sich die verschiedenen Positionen derselben Note G auf dem Griffbrett anschauen.

Die richtige Wahl des Bundes, auf dem ein Ton gespielt werden soll, wird maßgeblich davon bestimmt, wo die anderen Töne des Griffmusters liegen. Vermeiden Sie unnötiges Verschieben der linken Hand – wann immer es möglich ist, sollten Sie die Töne des Akkordes im gleichen Bereich des Basshalses spielen.

Noten auf dem Griffbrett finden

Nachdem Sie nun die drei verschiedenen Notationsmethoden kennen gelernt haben, müssen Sie als Nächstes lernen, wo man die einzelnen Noten auf dem Griffbrett des Basshalses findet und wie die entsprechende Notation aussieht. Abbildung 3.4 zeigt, was ich meine.

Dieses Buch ist so ausgelegt, dass Sie mit allen drei Notationsmethoden arbeiten können – Akkord-Chart, klassische Notation und Tabulatur. Ich verwende diese drei Methoden zusammen mit dem Grid (siehe Kapitel 2), das Ihnen die Position der Noten und Griffmuster auf dem Basshals anzeigt. Ich habe für Sie im Verlauf des Buchs noch eine Großzahl notierter Bassfiguren zusammengestellt, vor allem in Teil IV. Sie können die CD, die Sie hinten im Buch finden, dazu benutzen, sich die in den Abbildungen gezeigten Basslinien anzuhören.

Weiter hinten in diesem Kapitel zeige ich Ihnen, wie man die Notation in die Praxis umsetzt, aber zuerst müssen Sie noch den Rhythmus verstehen.

Das Metronom: Sie wissen schon, das Tick-Tack-Ding

Ein *Metronom* ist ein Gerät, das Ihnen dabei hilft, Ihr Rhythmusgefühl zu schulen. Man findet Metronome in allen möglichen Farben und Formen, doch haben sie alle eines gemeinsam: Sie geben einen gleichmäßiges Klicken von sich, auf dessen Basis Sie Ihr Timing ausrichten können. Das Metronom produziert einen gleichmäßigen Beat, ähnlich einer mechanischen Uhr, nur viel lauter. Sie können die Geschwindigkeit des Klicks auf Ihre Bedürfnisse einstellen. Altmodische akustische Metronome haben ein kleines Gewicht, das hin und her pendelt. Sie funktionieren nur auf einer geraden Oberfläche und müssen regelmäßig aufgezogen

3 ➤ Lesen, Schreiben und Rhythmik

werden. Elektrische Metronome müssen in eine Steckdose eingesteckt werden. Die kleinen batteriebetriebenen Metronome sind wegen ihrer einfachen Handhabung am weitesten verbreitet.

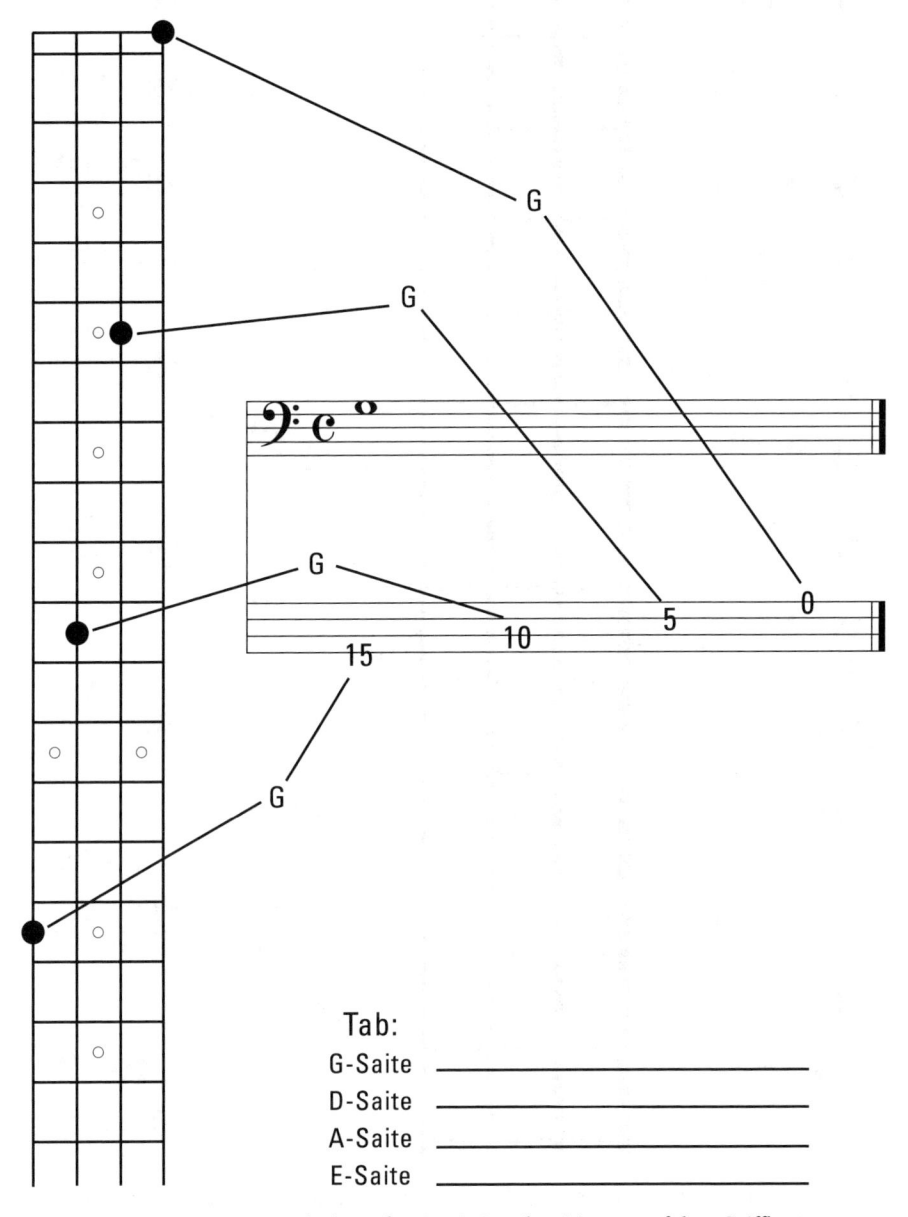

Abbildung 3.3: Die Tabulatur für G mit Bundpositionen auf dem Griffbrett

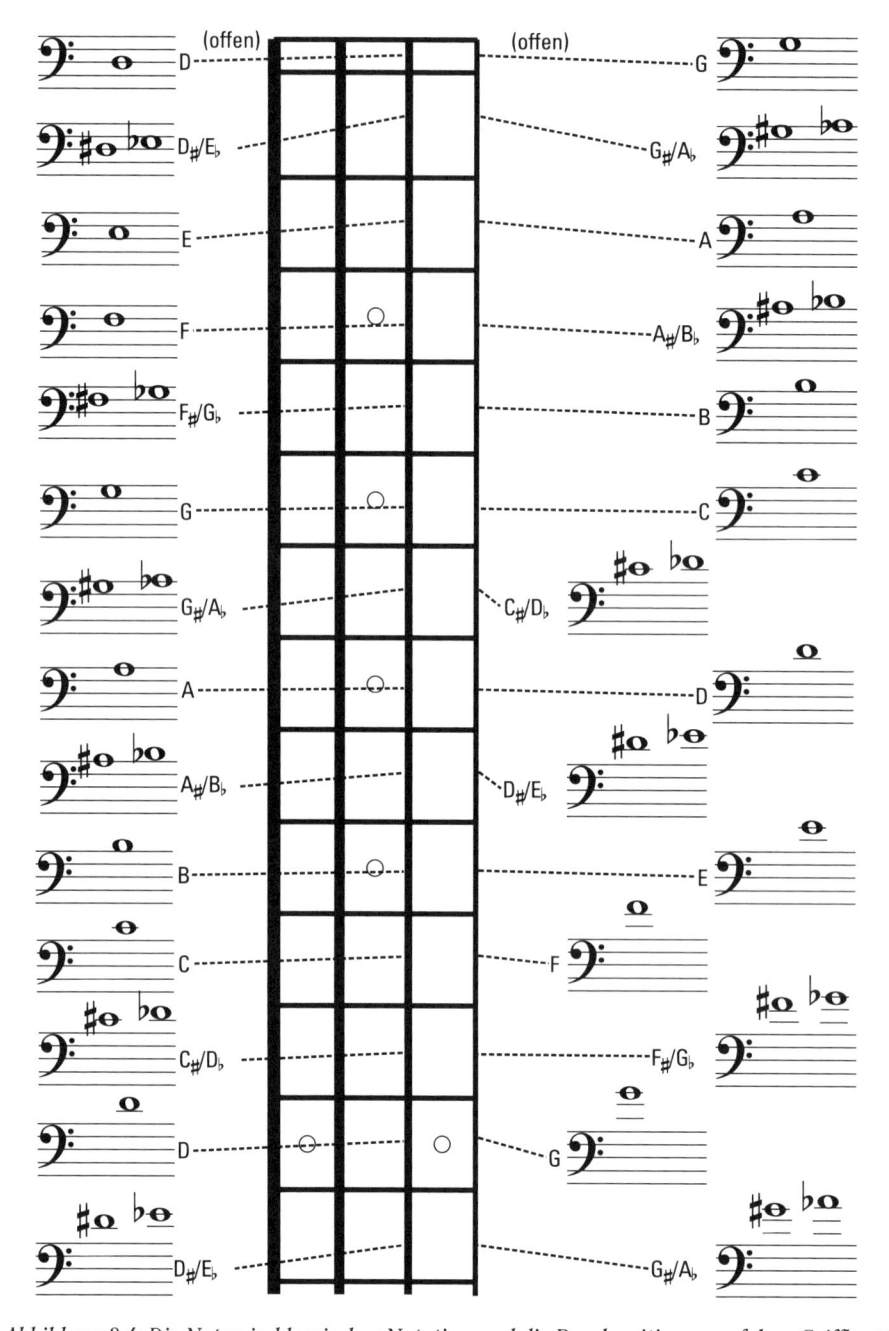

Abbildung 3.4: Die Noten in klassischer Notation und die Bundpositionen auf dem Griffbrett

3 ► Lesen, Schreiben und Rhythmik

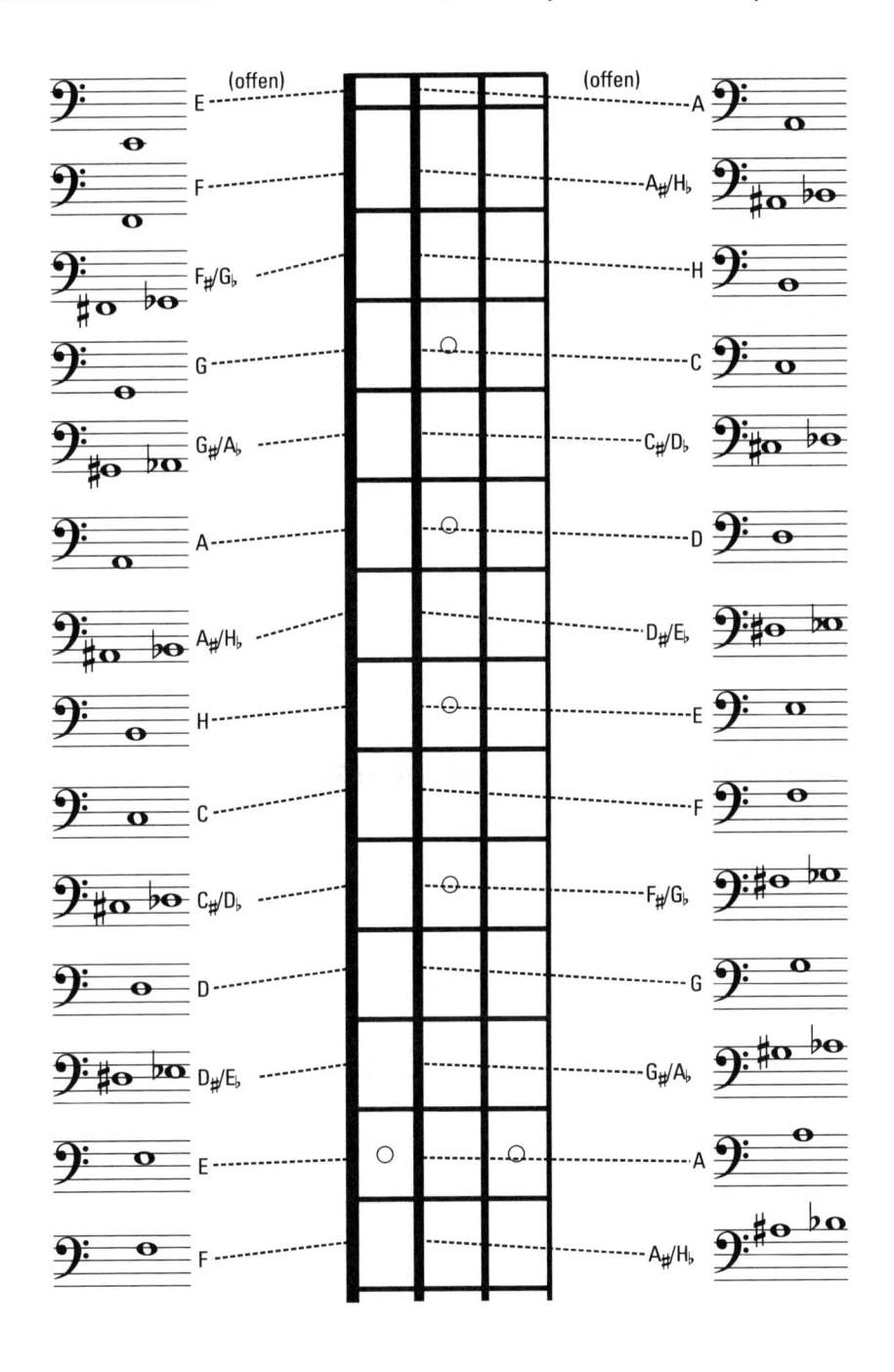

Die Pause

Sie müssen nicht auf jeden Schlag einen Ton spielen. Viele Schläge sind still. Die Pausenzeichen zeigen Ihnen, wann Sie einen Schlag nicht spielen sollen. Sie funktionieren genauso wie die rhythmische Notation (einschließlich Punktierung), nur dass Sie dabei keinen Ton erzeugen.

Abbildung 3.9 zeigt die entsprechenden Notenwerte zu den jeweiligen Pausenzeichen (eine Viertelpause ist genauso lang wie eine Viertelnote, eine Achtelpause genauso lang wie eine Achtelnote usw.).

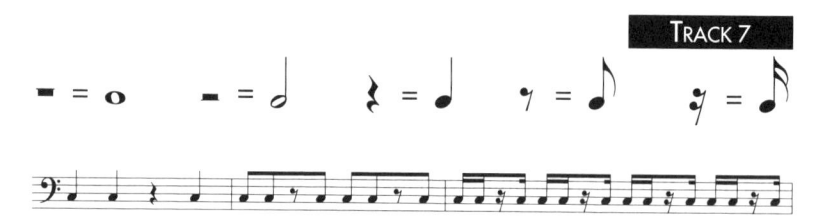

Abbildung 3.9: Die Notenwerte für Pausen und typische Anwendungsbeispiele

Wie man Musik richtig liest

Versuchen Sie beim Lesen dieses Satzes mal, nicht Buchstabe für Buchstabe zu lesen, sondern ganze Wörter zu erkennen. Musik liest man auf die gleiche Art und Weise. Noten können nämlich in Blöcken gelesen werden. Einige solcher Blöcke tauchen immer wieder auf. Sie müssen einfach nur Ihren Blick trainieren, damit Sie deren Muster immer wiedererkennen. Wenn Sie lernen, wie man Musik in Blöcken liest und hört, können Sie sich nur durch einen Blick auf ein Notenblatt schon vorstellen, wie sich die Musik darauf anhört.

Das Notenlesen in Blöcken vereinfacht das Musizieren enorm. Die Blöcke können beispielsweise aus vier Sechzehntelnoten oder vielleicht zwei Achtelnoten bestehen. Prägen Sie sich das Bild solcher Notengruppen ein, damit Sie sie später schneller wiedererkennen können (siehe Abbildung 3.10), und spielen Sie sie zum Takt des Metronoms auf dem Bass oder singen Sie sie.

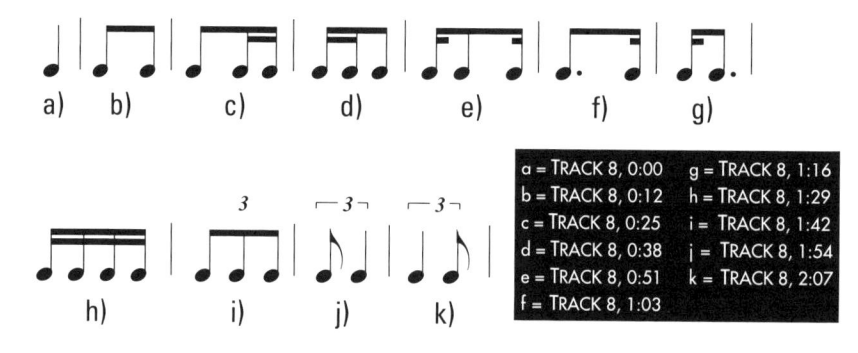

a = TRACK 8, 0:00	g = TRACK 8, 1:16
b = TRACK 8, 0:12	h = TRACK 8, 1:29
c = TRACK 8, 0:25	i = TRACK 8, 1:42
d = TRACK 8, 0:38	j = TRACK 8, 1:54
e = TRACK 8, 0:51	k = TRACK 8, 2:07
f = TRACK 8, 1:03	

Abbildung 3.10: Noten in Blöcken lesen

Teil II

Die Bas(s)is des Bass-Spiels

Ist eine Saite exakt gestimmt, müssen Sie nur noch deren Länge verändern, um die Tonhöhe zu wechseln. Dies erreichen Sie, indem Sie die Saite auf einen Bund herunterdrücken. Sie legen einen Finger Ihrer linken Hand auf die Saite, drücken diese auf einen der Bünde im Griffbrett herunter und verkürzen somit die Länge der Saite. Jetzt ist die Saite kürzer und der Ton höher.

Damit der Ton auch zu hören ist, halten Sie die Saite heruntergedrückt und schlagen sie mit einem Finger der rechten Hand an (und versetzen sie dadurch in Schwingung).

Aufwärmtraining für die rechte Hand

Genau wie bei anderen sportlichen Aktivitäten müssen Sie Ihren Körper auf die kommende Aufgabe vorbereiten. Ohne das entsprechende Training werden Ihre Hände nicht die nötige Kraft und Koordination haben, um stundenlanges Bass-Spielen durchzuhalten. Nur ein paar Minuten am Tag reichen für ein nachhaltiges Training aus.

Beginnen Sie die Übungen in diesem Kapitel damit, dass Sie die rechte Hand zum Bass führen. Falls Sie irgendwelche Fragen zur Position und Haltung der rechten Hand haben, lesen Sie bitte in Kapitel 2 die entsprechenden Beschreibungen. Um Verwechslungen zu vermeiden, benutze ich Buchstaben für die Finger der rechten Hand und Zahlen für die der linken Hand. Die Buchstaben werden wie folgt verwendet:

✔ Zeigefinger = z

✔ Mittelfinger = m

Ihre linke Hand kann sich vorerst eine kleine Auszeit gönnen, während die rechte trainiert.

Die gleiche Saite anschlagen

Wenn Sie Töne auf ein und derselben Saite spielen wollen, müssen Sie abwechselnd mit Zeige- und Mittelfinger spielen, damit die Töne schnell und gleichmäßig hintereinander erklingen. In den folgenden Arbeitsschritten erfahren Sie, wie Sie diese Ein-Saiten-Schläge üben können.

1. **Schlagen Sie die tiefste Saite mit dem Zeigefinger *(z)* oder Mittelfinger *(m)* an.**

    Spielen Sie abwechselnd mit *z* und *m*, schlagen Sie die Saite immer nur mit einem Finger auf einmal an, und versuchen Sie den Ton gleichmäßig klingen zu lassen.

2. **Drücken Sie die Saite mit Ihren Fingerspitzen herunter, und lassen Sie sie flitschen.**

    Heben Sie Ihre Finger bitte nicht an, und schlagen Sie sie nicht auf die Saite hinunter. Die Bünde erzeugen ansonsten beim Aufschlagen der Saite unerwünschte Geräusche. Zupfen Sie die Saite auch nicht nach oben (wie bei der klassischen Gitarre). Die Saite schwingt ansonsten in einem Winkel über dem Pickup, der einen ziemlich dünnen Klang erzeugt. Ihr Anschlagwinkel sollte in Richtung auf das Instrument zu verlaufen, wodurch ein voller, runder Ton erklingt.

Schauen Sie sich in Abbildung 4.1 den korrekten Anschlagwinkel für die rechte Hand an. Diese Technik verleiht dem Sound Ihres Basses das nötige Durchsetzungsvermögen.

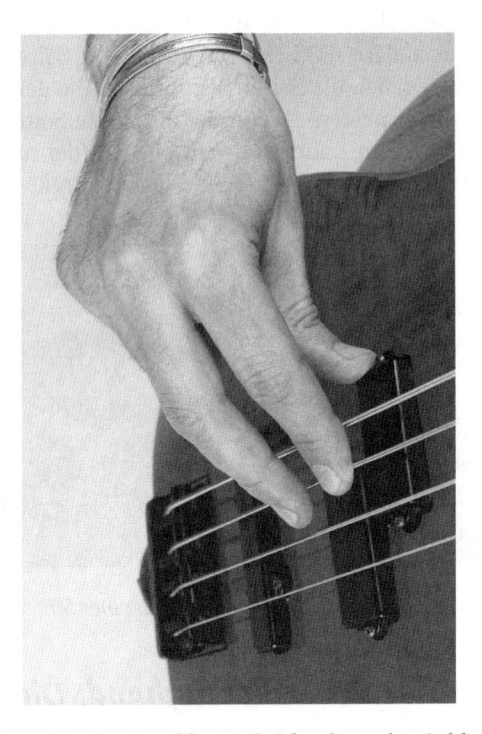

Abbildung 4.1: Der Anschlagwinkel für die rechte Schlaghand

Hören Sie sich Track 9 auf der CD an. Zuerst hören Sie acht Schläge mit zu kräftiger Fingertechnik und den daraus resultierenden Bundgeräuschen, dann acht Schläge, die in klassischer Gitarrentechnik gezupft sind. Als Nächstes hören Sie den wundervollen Klang von acht korrekt gespielten Schlägen.

Ein paar Bemerkungen zu meiner Wortwahl: Ich sage persönlich lieber »schlagen« als »zupfen«, da das Wort »zupfen« eigentlich für das Gitarrenspiel vorbehalten ist. Gitarristen und Bassisten schlagen ihre Instrumente sehr unterschiedlich an – deshalb möchte ich auch bei der Wortwahl zwischen den beiden Instrumenten unterscheiden. Sie sollten sich jedoch nicht wundern, wenn in anderen Büchern zum Thema Bass »zupfen« oder ähnliche Ausdrücke verwendet werden.

Spielen Sie gleichmäßig jede einzelne Saite immer abwechselnd mit Zeige- und Mittelfinger. Spüren Sie, wie sich langsam Hornhaut bildet? Glauben Sie mir, Sie brauchen diese Hornhaut.

Ihre Finger müssen kräftig und widerstandsfähig werden, damit Sie den ganzen Tag ohne Schmerzen und Blasen Saiten anschlagen können.

Beim Spielen wird Ihnen vielleicht auffallen, dass der eine Finger sich auf der nächsttieferen Saite ausruht, während der andere die benachbarte höhere Saite spielt. Diese Technik ist genau richtig. Sie hilft Ihnen dabei, die Saiten abzudecken, die gerade nicht gespielt werden (um unerwünschte Töne zu vermeiden). Wenn Sie die tiefste Saite (E-Saite) spielen, sollten Ihre Finger nach dem Schlag beim Daumen liegen bleiben (der natürlich fest auf dem Bass verankert ist, nicht wahr?). In Abbildung 4.2 sehen Sie die korrekte Schlagabfolge.

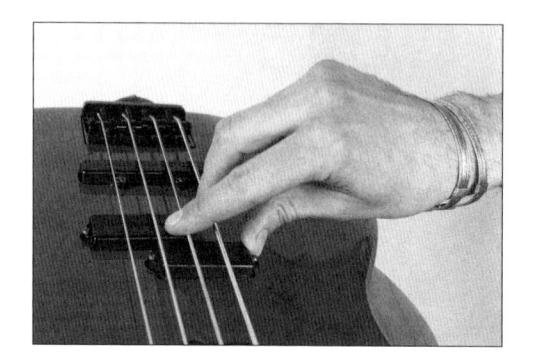

Abbildung 4.2: Schlagabfolge auf einer Saite

Kontrolle über die Stärke der Schlaghand: Die Betonung

Dieser Abschnitt bringt Sie wieder einen Schritt näher ans Bass-Spiel, indem Sie lernen, wie man die *Betonung* ins Spiel einfließen lässt.

Einen Ton zu betonen bedeutet, diesen ein wenig lauter zu spielen als die anderen Töne. Dazu müssen Sie die entsprechende Saite etwas härter anschlagen. Auf diese Weise können Sie die Lautstärke jedes einzelnen Tons steuern, den Sie spielen, und damit Ihre Basslinien interessanter machen.

Betonen Sie einzelne Töne bitte nicht zu stark. Wenn Sie Saiten zu heftig anschlagen, entsteht ein verzerrter Ton, der nicht besonders angenehm klingt. (Außerdem ermüden Ihre Hände sehr schnell.)

Folgen Sie diesen Arbeitsschritten, um einzelne Töne mit einem Schlagfinger zu betonen:

1. **Spielen Sie die E-Saite abwechselnd mit *z* und *m*.**
2. **Betonen Sie jeweils die Schläge, die Sie mit *z* spielen.**
3. **Wenn Sie damit zurecht kommen, üben Sie das Gleiche mit Betonung auf *m*.**

4. **Wiederholen Sie diese Übung auf der A-Saite, dann auf der D-Saite und schließlich auf der G-Saite.**

   Sie müssen sich mit allen Saiten anfreunden, da sich jede Saite anders anfühlt und bespielen lässt.

Wenn Sie mit der Betonung auf beiden Fingern klar kommen, geht es mit der folgenden Übung weiter:

1. **Spielen Sie gleichmäßig abwechselnd mit *z* und *m*.**

   Stellen Sie sich das Ganze als Abfolge von vier Noten vor, bei der Sie *z m z m* spielen.

2. **Betonen Sie den ersten Ton der Abfolge (das unterstrichene *z*), also z̲ *m z m*, z̲ *m z m*, z̲ *m z m* usw.**

3. **Wenn Sie die Abfolge *z m z m* im Griff haben, fangen Sie die Abfolge mit *m* an, also *m z m z*.**

4. **Betonen Sie wieder den ersten Ton der Abfolge (diesmal das unterstrichene *m*), also m̲ *z m z*, m̲ *z m z*, m̲ *z m z* usw.**

5. **Wiederholen Sie diese Übung auf allen Saiten.**

Schauen Sie sich auch die Notierung dieser Übung in Abbildung 4.3 an.

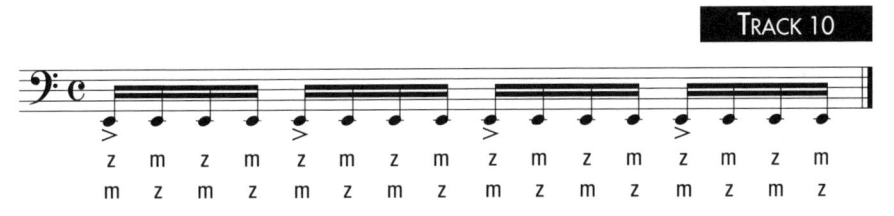

Abbildung 4.3: Betonungen für die Schlaghand

Achten Sie darauf, dass die Töne aus Abbildung 4.3 immer in einem bestimmten Lautstärkebereich gespielt werden und niemals verzerrt. Ihre Basstöne sollten sich immer klar und kontrolliert anhören. Die Übung hört sich für jeden der beiden Finger gleich an – was natürlich auch der Sinn dieser Übung ist.

Von einer Saite zur nächsten wechseln

Der letzte Teil des Aufwärmtrainings für die rechte Hand heißt *Saitenwechsel* (nicht neue Saiten aufziehen, sondern von einer zur nächsten wechseln). Wie wechselt man von einer zur nächsten Saite? Das ist eigentlich ganz einfach. Behalten Sie einfach die folgenden drei Regeln im Kopf:

✔ Spielen Sie, wenn Sie die gleiche Saite anschlagen, immer abwechselnd mit Mittel- und Zeigefinger (siehe »Die gleiche Saite anschlagen« in diesem Kapitel.)

✔ Wechseln Sie zwischen Mittel- und Zeigefinger ab, wenn Sie von einer tieferen zu einer höheren Saite wechseln.

✔ Verwenden Sie den gleichen Finger für den letzten Schlag auf der alten und den ersten auf der neuen Saite, wenn Sie von einer höheren auf eine tiefere Saite wechseln.

Schauen Sie sich mal auf die Finger, wenn Sie von einer tieferen zu einer höheren Saite wechseln. Denken Sie daran, dass die tiefste Saite ganz oben liegt. Ein normaler Vier-Saiten-Bass ist (von tief nach hoch) E, A, D und G gestimmt. Probieren Sie die folgende Übung aus, um die Koordination der rechten Hand zu schulen:

1. **Schlagen Sie die E-Saite mit *z* an (Zeigefinger).**
2. **Schlagen Sie die A-Saite mit *m* an (Mittelfinger).**
3. **Schlagen Sie die D-Saite mit *z* an.**
4. **Schlagen Sei die G-Saite mit *m* an.**

Nun schlagen Sie die G-Seite erneut an, nur diesmal mit *z*, und harken Sie mit diesem Finger über die D-, A- und E-Saiten. Versuchen Sie dabei, den Rhythmus und die Lautstärke gleichmäßig zu halten.

Nachdem Sie auf der E-Saite mit *z* angefangen haben, starten Sie die zweite Trainingshälfte mit *m*.

1. **Schlagen Sie die E-Saite mit *m* an (Mittelfinger).**
2. **Schlagen Sie die A-Saite mit *z* an (Zeigefinger).**
3. **Schlagen Sie die D-Saite mit *m* an.**
4. **Schlagen Sie die G-Saite mit *z* an.**

Nun schlagen Sie die G-Seite erneut an, nur diesmal mit *m*, und harken Sie mit diesem Finger über die D-, A- und E-Saiten. Versuchen Sie dabei wieder, Rhythmus und Lautstärke gleichmäßig zu halten.

Hören Sie sich diese Übung auf Track 11 der CD an. Sie werden keinen Unterschied im Klang der Saiten feststellen können, während die Finger sich abwechseln. Hören Sie auch auf die gleichmäßige Lautstärke und Rhythmik. Das Timing ist immer identisch, unabhängig davon, ob die Saiten herauf oder herunter gewechselt werden. Achten Sie also darauf, dass Ihre Finger die Saiten gleichmäßig anschlagen.

Linke und rechte Hand koordinieren

Die Aufgabe Ihrer linken Hand ist es, Saiten auf entsprechende Bünde herunterzudrücken, um die gewünschte Tonhöhe festzulegen, während die rechte Hand zur gleichen Zeit die richtige Saite anschlägt und dadurch Klang erzeugt. Man sieht bei Bassisten alle möglichen Techniken für die linke Hand. Die ökonomischste ist jedoch ohne Zweifel jene, bei der alle vier Finger auf dem Griffbrett eingesetzt werden (der Daumen liegt ja auf der Halsrückseite). In diesem Abschnitt zeige ich Ihnen, wie Sie Ihre linke Hand auf mehr Unabhängigkeit der einzelnen Finger trainieren können.

Die Finger der linken Hand werden in den Abbildungen folgendermaßen nummeriert:

- ✔ Zeigefinger = 1
- ✔ Mittelfinger = 2
- ✔ Ringfinger = 3
- ✔ Kleiner Finger = 4

Finger-Permutationen

Machen Sie sich für eine der besten Übungen bereit, die es überhaupt für Bassisten gibt: die Finger-Permutationen. Finger-Permutationen trainieren jede mögliche Kombination von Fingerabfolgen der linken Hand. Und so funktioniert es:

1. **Platzieren Sie Ihre linke Hand so auf dem Hals, dass Ihr Zeigefinger (1) auf dem tiefen G liegt (dritter Bund auf der E-Saite).**
2. **Spreizen Sie Ihre Finger so, dass jeder Finger einen Bund abdeckt.**
3. **Drücken Sie die Saite in folgender Reihenfolge nacheinander auf die Bünde herunter: 1 2 3 4. (Dabei schlägt die rechte Hand jedes Mal an, damit man den entsprechenden Ton hören kann).**
4. **Wiederholen Sie diesen Vorgang auf der A-Saite, D-Saite und G-Saite.**
5. **Wenn Sie diese Fingerabfolge auf jeder Saite geübt haben, fangen Sie wieder bei der E-Saite an, nur mit einer neuen Kombination.**

In Tabelle 4.1 sehen Sie eine vollständige Liste aller Permutationen. Üben Sie immer nur eine Spalte auf einmal, und wiederholen Sie die Übungen, bis Sie alle (und ich meine wirklich alle) Kombinationen gelernt haben. Diese Übungen verleihen Ihrer linken Hand die gewünschte

Koordination (und Kraft), damit Sie all die hippen Basslinien spielen können, die ich Ihnen in Teil IV zeigen werde.

Zeigefinger	Mittelfinger	Ringfinger	Kleiner Finger
1 2 3 4	2 1 3 4	3 1 2 4	4 1 2 3
1 2 4 3	2 1 4 3	3 1 4 2	4 1 3 2
1 3 2 4	2 3 1 4	3 2 1 4	4 2 1 3
1 3 4 2	2 3 4 1	3 2 4 1	4 2 3 1
1 4 2 3	2 4 1 3	3 4 1 2	4 3 1 2
1 4 3 2	2 4 3 1	3 4 2 1	4 3 2 1

Tabelle 4.1: Permutationen für die linke Hand

Schauen Sie sich die erste Zeile der Permutationen in Abbildung 4.4 an. Sie können diese Übungen auch an jeder anderen Stelle auf dem Hals Ihres Basses beginnen. Auf der CD fangen die Übungen mit dem tiefen G an. Lassen Sie sich jedoch nicht davon abbringen, auch mit anderen Lagen zu experimentieren.

Linke Hand:
1 = Zeigefinger
2 = Mittelfinger
3 = Ringfinger
4 = Kleiner Finger

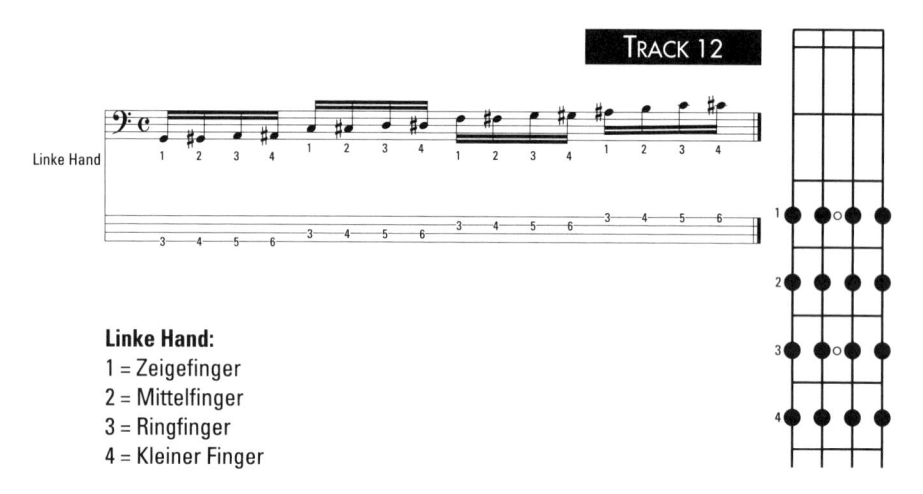

Abbildung 4.4: Die erste Zeile (1234) der Permutationen auf allen vier Saiten

Ich möchte Ihnen dringend ans Herz legen, sowohl die Übungen für die linke als auch für die rechte Hand in diesem Kapitel jeden Tag vor dem Spielen auszuführen. Je mehr Sie diese Übungen verinnerlichen, umso schneller werden Sie sie durchspielen können. Nichts wärmt Sie besser auf.

Was brummt denn da? Saiten abdecken

Während des Spielens kann es manchmal vorkommen, dass einige Saiten in Schwingung versetzt werden, obwohl man sie gar nicht anschlägt. Die *mitschwingende* Saite ist ein natürliches Phänomen. Sei können jede Saite abdecken, indem Sie sie entweder ganz leicht mit der linken Hand (möglichst mit mehreren Fingern), der rechten Hand oder beiden berühren. Üben Sie diese Technik, und Sie werden das Problem der mitschwingenden Saiten in den Griff bekommen.

Wenn Sie beispielsweise ein tiefes G auf der E-Saite anschlagen, wird die offene G-Saite mit in Schwingung versetzt. Legen Sie einfach die Finger der linken Hand ganz leicht auf die Saiten, die Sie nicht spielen, um dies zu vermeiden. In Abbildung 4.5 können Sie sich anschauen, wie ich die Saiten mit der linken Hand entsprechend abdecke. Beachten Sie, wie die Unterseiten der Finger die anderen Saiten berühren und somit mögliche Schwingungen unterdrücken.

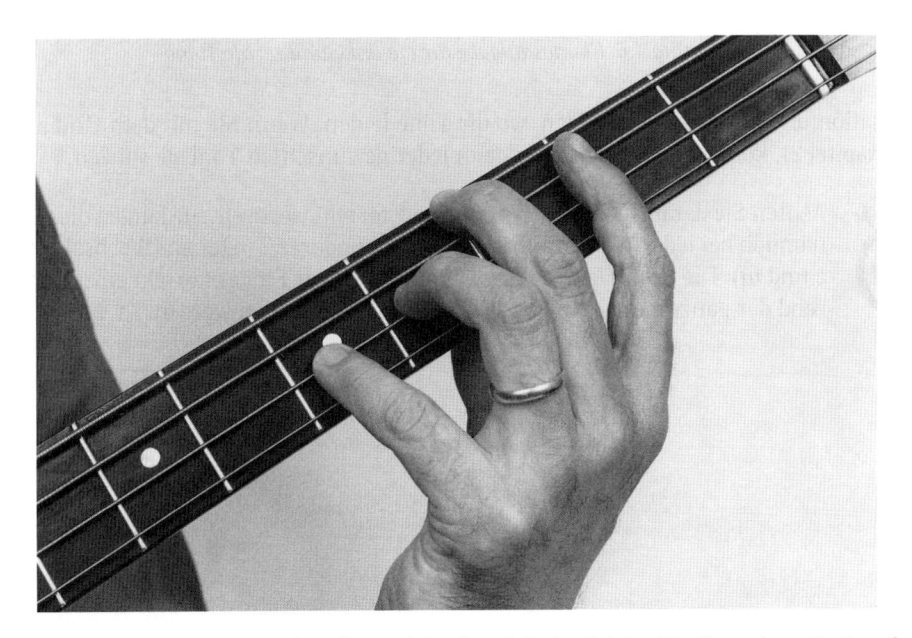

Abbildung 4.5: Die linke Hand spielt ein tiefes G und deckt gleichzeitig die anderen Saiten ab.

Jetzt alle zusammen

Probieren Sie die einfache Übung in Abbildung 4.6, mit der die Fingersätze der linken und die Schlagabfolgen der rechten Hand kombiniert werden.

Linke Hand:
1 = Zeigefinger
2 = Mittelfinger
3 = Ringfinger
4 = Kleiner Finger

Rechte Hand:
z = Zeigefinger
m = Mittelfinger

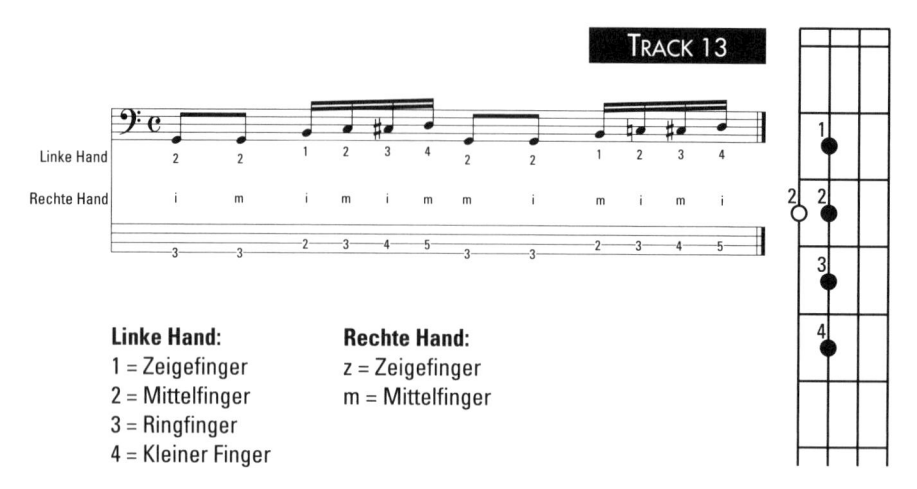

Abbildung 4.6: Übungsaufgabe für die linke und rechte Hand

Die Notation und die Tabulatur zeigen, wo die Töne liegen. Wenn Sie mit dem Grid arbeiten (siehe Kapitel 2), können Sie die Tonabfolge in jeder gewünschten Tonlage spielen.

Achten Sie darauf, dass Ihre rechte Hand korrekt wechselt. Sie fangen diese Übung nämlich bei jeder Wiederholung mit einem anderen Finger an (Wechsel zwischen *z* und *m*). Die linke Hand sollte, wenn Sie alle vier Finger korrekt einsetzen, während der ganzen Übung nicht auf dem Hals verschoben werden.

Moll- und Dur-Tonarten

In diesem Kapitel

- Skalen spielen
- Akkorde strukturieren
- Die sieben Tonarten
- Chromatische Töne spielen
- Grooves aufbauen

Singen Sie einen Ton. Na los. »Laaa!« Nehmen Sie diesen Ton nun als Ausgangston für das Schlaflied »La, Le, Lu …«. Sie haben soeben das *tonale Zentrum* gebildet. Das tonale Zentrum ist der wichtigste Ton in einem Lied. Viele Lieder beginnen mit dem tonalen Zentrum (so wie »La, Le, Lu …«), jedoch nicht alle (so wie »Happy Birthday to you«). Doch fast alle Lieder, Songs oder sonstige Stücke hören auf das tonale Zentrum auf. Singen Sie einfach beide Lieder bis zu deren Ende durch, und Sie stoßen auf das tonale Zentrum.

Alle anderen Töne im Stück sind mit dem tonalen Zentrum verwandt und klingen, als würden sie davon angezogen. Die anderen Töne werden vom Zentrum auf zwei mögliche Arten angezogen: über die Dur-Skala oder die Moll-Skala. Diese zwei *Tonarten* beherrschen die Welt der Musik. Dur klingt fröhlich und hell, während Moll dunkel und traurig klingt. Ohne den Gegensatz von Moll und Dur wäre Musik ungefähr so langweilig wie ein Gemälde mit weißen Wolken vor weißem Hintergrund.

Es existieren zwar minimale Variationen innerhalb der Dur- und Moll-Tonarten, doch die Grundlagen bleiben immer die gleichen: Im ersten Teil dieses Kapitels erläutere ich einige theoretische Themen wie Akkorde und Skalen (Tonleitern). Keine Angst, ich werde Sie schon nicht langweilen. Die Informationen in diesem Kapitel werden Sie beim Bass-Spiel immer und immer wieder benötigen. Im hinteren Teil dieses Kapitels kommen Sie sogar dazu, diese Skalen und Akkorde wie im echten (Bassisten-)Leben in einem Song anzuwenden.

Dur- und Moll-Skalen

Eine *Tonleiter* (oder Skala) ist eine Kombination aus normalerweise sieben unterschiedlichen Tönen, die bei dem tonalen Zentrum (Grundton) beginnt und mit dessen Oktave aufhört. So können Sie zum Beispiel die C-Skala zur Oktave darüber oder darunter spielen. In Abbildung 5.1 sehen Sie ein Beispiel einer Skala.

Als *Intervall* bezeichnet man den Abstand zwischen zwei Tönen. Die Töne der Intervalle liegen auf dem Griffbrett des Basses immer in der gleichen Anordnung zueinander. Sie können eine Oktave immer mit dem gleichen Fingersatz spielen, unabhängig davon, wo der erste Ton der Oktave liegt. In Kapitel 2 finden Sie eine Auflistung aller Intervalle und deren Umsetzung auf dem Griffbrett.

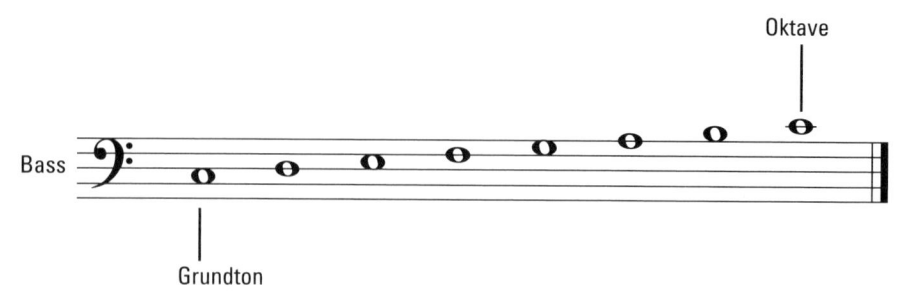

Abbildung 5.1: Notation einer Skala

Ein Halbtonschritt ist ein Intervall, dessen Töne auf dem Griffbrett auf benachbarten Bünden liegen. Ein Ganztonschritt hat auf dem Griffbrett einen Abstand von zwei Bünden (siehe Kapitel 1 für mehr Informationen über Bünde). Eine Oktave besteht aus zwölf Halbtonschritten.

Die meisten Skalen setzen sich aus Abfolgen von Halbton- und Ganztonschritten zusammen. Genau wie bei den Intervallen bleiben auch bei den Skalen die Griffmuster unabhängig von der Position auf dem Hals identisch. Wenn Sie eine Skala an einer Position spielen können, dann können Sie sie überall spielen. Ein kleiner Hinweis: Verraten Sie bloß nicht Ihren Mitmusikern, dass Sie keine Mühe mit unterschiedlichen Tonlagen haben – sie werden bestimmt neidisch und hinterher bezahlen sie auch noch weniger.

Dur-Skalen

Die Dur-Skala besteht aus sieben Tönen, die in einer Oktave in Halb- und Ganztonschritten angeordnet sind.

- ✔ Der erste Ton wird *Grundton* (tonales Zentrum) genannt. Man nennt ihn auch lateinisch Prim.
- ✔ Alle Töne zwischen der Prim und der Oktave werden durchnummeriert. Die Dur-Skala besteht also aus dem Grundton (1), 2, 3, 4, 5, 6 und 7.
- ✔ Der Ton nach der 7 ist die *Oktave*. Die Oktave ist der gleiche Ton wie die 1, nur höher. Sie können die Oktave wiederum als Grundton verwenden, um die Skala eine Oktave höher zu spielen.

5 ➤ Moll- und Dur-Tonarten

Wenn man über die Töne der Dur-Skala spricht, nennt man diese: Grundton, 2., 3., 4., 5., 6., 7. und Oktave. In der klassischen Musiklehre werden meist die lateinischen Bezeichnungen benutzt: Prim, Sekund, Terz, Quart, Quint, Sext, Septim und Oktav. Ich werde diese lateinischen Begriffe hin und wieder in Klammern hinzufügen, nur damit Sie wissen, was gemeint ist, wenn Sie mal von Musikern auf Lateinisch angesprochen werden.

Nun kommen wir zur Struktur der Dur-Skala. (Ich beschrifte Ganztonschritte mit »G« und Halbtonschritte mit »H«, damit Sie die Intervalle zwischen den einzelnen Tönen lesen können.)

Grundton | G | 2. | G | 3. | H | 4. | G | 5. | G | 6. | W | 7. | H | Oktave

Abbildung 5.2 zeigt Ihnen diese Struktur anhand des Grids. (Weitere Informationen über Grids finden Sie in Kapitel 2.) Der Ring steht für den Grundton (1), und die schwarzen Punkte stehen für die anderen Töne der Skala.

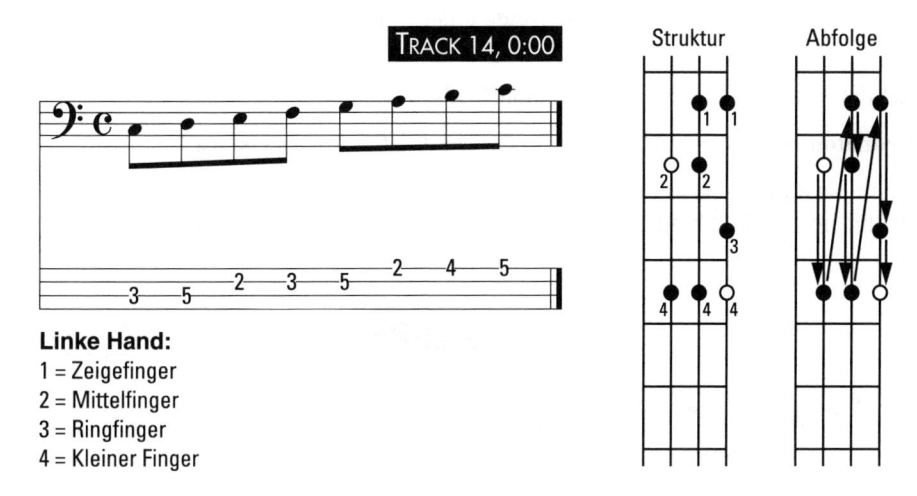

Linke Hand:
1 = Zeigefinger
2 = Mittelfinger
3 = Ringfinger
4 = Kleiner Finger

Abbildung 5.2: Die Struktur der Dur-Skala auf dem Grid

Sie können die Dur-Skala an jeder Position auf dem Griffbrett spielen, solange Sie nur drei Saiten und mindestens vier Bünde übrig haben. Wenn Sie die Skala hinauf spielen und mit dem Mittelfinger beginnen, müssen Sie die Hand nicht einmal auf dem Hals verschieben. (Mehr über die Verschiebung der Bundhand finden Sie im Abschnitt »Chromatische Töne spielen« weiter hinten in diesem Kapitel.) Wenn Sie die Skala hinunter spielen, müssen Sie mit dem kleinen Finger anfangen.

Die Dur-Skala bildet die Basis für alle anderen Skalen und deren Intervalle. Das heißt, dass die Intervalle der anderen Skalen mit denen der Dur-Skala verglichen werden. Weichen Töne von denen in der Dur-Skala ab, werden sie mit einem ♭ (vermindert) oder ♯ (erhöht) beschriftet.

✔ Wird ein Ton um einen Halbtonschritt tiefer gespielt, ist der Ton *vermindert* (wird durch das Symbol ♭ angezeigt)

✔ Wird ein Ton einen Halbtonschritt höher gespielt, ist er *erhöht* (wir durch das Symbol ♯ angezeigt)

Moll-Skalen

Die Moll-Skalen bestehen wie die Dur-Skalen aus sieben Tönen innerhalb einer Oktave, nur dass die Halb- und Ganztonschritte anders angeordnet sind. Die natürliche Moll-Skala bildet die Grundlage für alle anderen Moll-Skalen.

Grundton (1), 2, ♭3, 4, 5, ♭6, ♭7, Oktave

Beachten Sie, dass 3., 6. und 7. auf der natürlichen Moll-Skala jeweils einen Halbton tiefer gespielt werden als deren Pendants auf der Dur-Skala. Dabei definiert die ♭3. (verminderte Terz) das Tongeschlecht als Moll-Tonart.

Dies ist die Struktur einer natürlichen Moll-Skala:

Grundton | G | 2. | H | ♭3. | G | 4. | G | 5. | H | ♭6. | G | ♭7. | G | Oktave

Beginnen Sie diese Skala mit dem Zeigefinger. Auch bei dieser Skala ist kein Verschieben der Bundhand nötig. Abbildung 5.3 zeigt die Struktur der natürlichen Moll-Skala anhand des Grids.

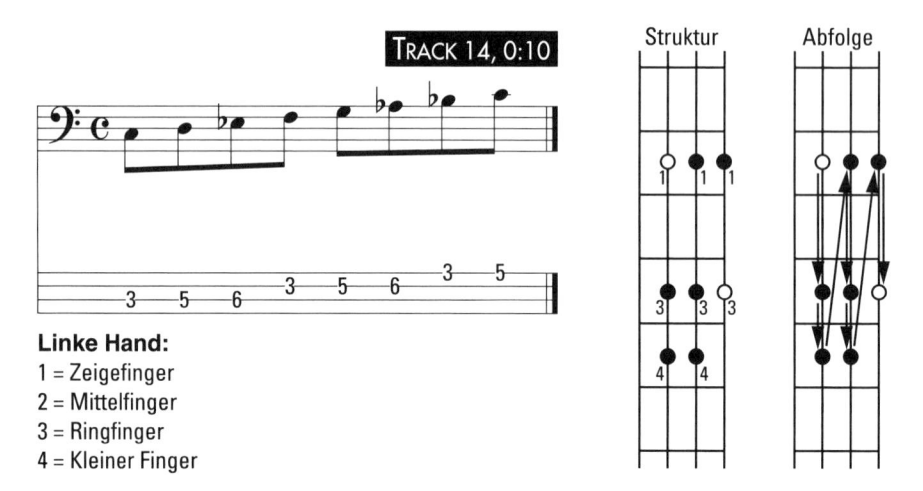

Linke Hand:
1 = Zeigefinger
2 = Mittelfinger
3 = Ringfinger
4 = Kleiner Finger

Abbildung 5.3: Die Struktur der natürlichen Moll-Skala

Akkorde bilden: Nur einen Ton auf einmal, bitte

Ein *Akkord* ist eine Kombination aus drei oder mehr Tönen, die aus einer Skala entnommen sind. Pianisten und Gitarristen spielen diese Töne oft gleichzeitig. Ein Gitarrist würde beispielsweise einen Akkord aus drei Tönen auf den ersten Schlag des Takts anschlagen und dann für den Rest des Takts ausklingen lassen. Bassisten haben beim Akkordspiel jedoch eine andere Herangehensweise. Auf dem Bass werden nämlich die Töne der Akkorde einzeln hintereinander gespielt. Dabei können Sie die Töne auf jede erdenkliche Methode kombinieren und in jedem erdenklichen rhythmischen Muster spielen (siehe Kapitel 3 für mehr Informationen über Rhythmik.)

Dreiklänge: Die drei wichtigsten Töne eines Akkords

Der *Dreiklang* ist die Grundform des Akkords und besteht, wie der Name schon annehmen lässt, aus drei Tönen einer Skala: Grundton, 3. (Terz), 5. (Quint). Man nennt diese Struktur Dreiklang, weil sie aus drei Tönen besteht. Sie finden die Töne des Dreiklangs, indem Sie die gewünschte Skala bis zur 5. hinauf spielen. Dabei überspringen Sie jede zweite Note: Sie spielen den Grundton, überspringen die 2., spielen die 3. (Terz), überspringen die 4. und spielen die 5. (Quint).

Sie können allein am Klang des Dreiklangs feststellen, ob eine Skala Moll oder Dur ist. Ein Dur-Dreiklang hat eine normale 3 (große Terz – 1, 3, 5) und erzeugt einen fröhlichen Klang. Ein Moll-Dreiklang hat eine ♭3 (kleine Terz – 1, ♭3, 5) und erzeugt einen traurigen Klang.

> Viele Musiker nennen Dreiklänge auch einfach Akkorde. Ein Dur-Dreiklang kann beispielsweise als Dur-Akkord bezeichnet werden. Es gibt jedoch auch wesentlich komplexere Akkordgebilde, die man auch als Dur-Akkord bezeichnen würde.

Dur-Dreiklänge

Der *Dur-Dreiklang* ist ein Akkord aus der Dur-Skala. Spielen Sie einfach den Grundton, die 3. und 5. Note der Dur-Skala, und Sie haben einen Dur-Dreiklang. Sie können diese Töne ganz leicht ohne Verschieben der Bundhand spielen. Achten Sie darauf, den Dur-Dreiklang mit dem Mittelfinger zu beginnen.

Schauen Sie sich den Aufbau des Dur-Dreiklangs auch in Abbildung 5.4 an. Der Ring steht für den Grundton und die schwarzen Punkte für die anderen Töne des Akkords.

In Abbildung 5.5 sehen Sie einige Beispiele für *Begleitungen* mit einem Dur-Dreiklang (Basslinien, die Sie zu anderen Instrumenten spielen). Die eigentlich recht einfache Struktur der Dur-Dreiklänge bietet jede Menge Möglichkeiten, hippe Basslinien zu spielen.

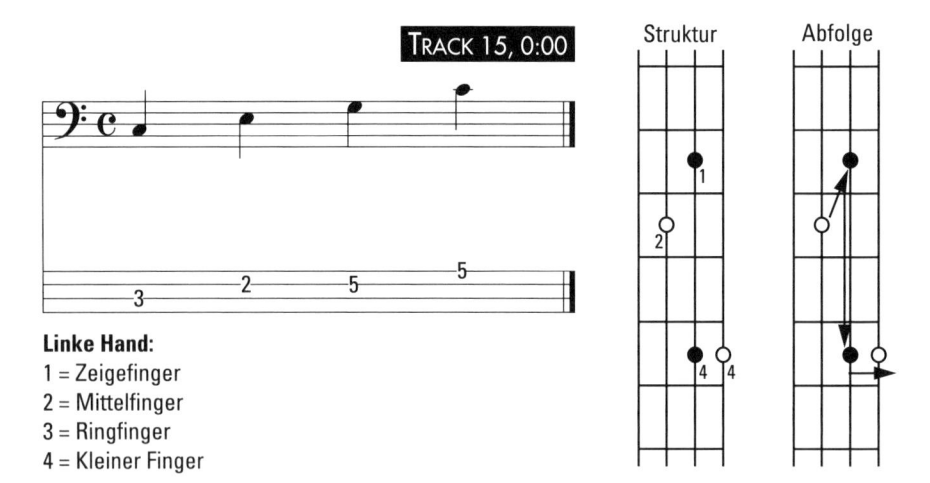

Abbildung 5.4: Struktur und Abfolge des Dur-Dreiklangs

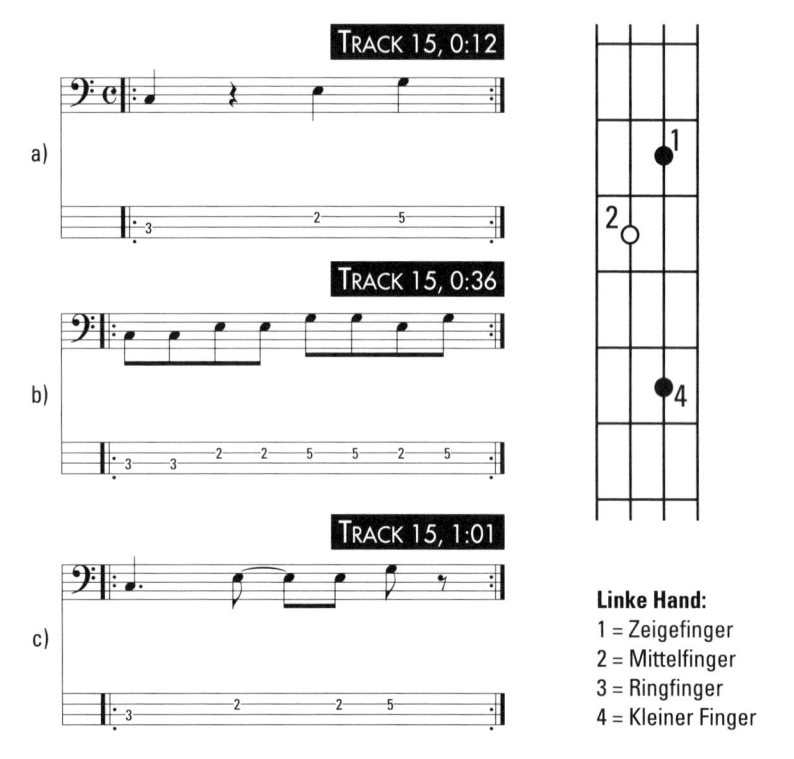

Abbildung 5.5: Begleitungen auf Basis des Dur-Dreiklangs

up ...

... up ... update

Nutzen Sie den UPDATE-SERVICE des Dummies-Teams bei Wiley-VCH.

Registrieren Sie sich jetzt!

Unsere Bücher sind mit großer Sorgfalt erstellt. Wir sind stets darauf bedacht, Sie mit den aktuellsten Inhalten zu versorgen, weil wir wissen, dass Sie gerade darauf großen Wert legen. Unsere Bücher geben den topaktuellen Wissens- und Praxisstand wieder.

Möchten Sie über das gesamte Programm des mitp-Verlags informiert werden? Dafür haben wir einen besonderen Leser-Service eingeführt.

Lassen Sie sich professionell, zuverlässig und fundiert auf den neuesten Stand bringen.

Lassen Sie sich jetzt auf www.wiley-vch.de registrieren und Sie erhalten zukünftig einen E-Mail-Newsletter mit Hinweisen auf Aktivitäten des Verlages wie zum Beispiel unsere aktuellen, kostenlosen Downloads.

Ihr Dummies-Team von Wiley-VCH

Moll-Dreiklänge

Der *Moll-Dreiklang* stammt aus der Moll-Skala. Sie bilden den Moll-Dreiklang, indem Sie Grundton, 3. und 5. Note der Moll-Skala spielen: Grundton, ♭3 (verminderte Terz) und 5 (Quint). Die Bundhand kann dabei auf einer Position liegen bleiben (ohne Verschieben), und Sie beginnen den Akkord mit dem Zeigefinger. In Abbildung 5.6 sehen Sie den Aufbau des Moll-Dreiklangs.

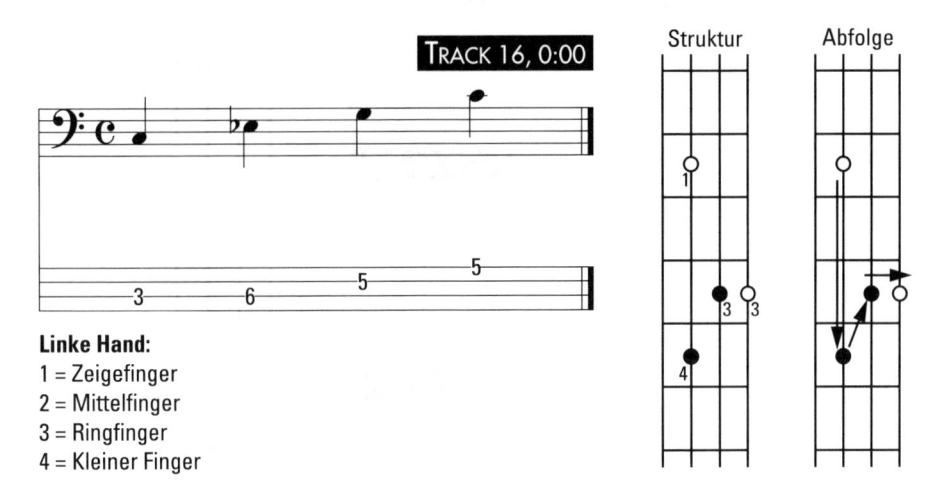

Linke Hand:
1 = Zeigefinger
2 = Mittelfinger
3 = Ringfinger
4 = Kleiner Finger

Abbildung 5.6: Struktur und Abfolge des Moll-Dreiklangs

Genau wie der Dur-Dreiklang bietet auch der Moll-Dreiklang eine Menge Möglichkeiten für Begleitungen in Moll-Tonlagen. In Abbildung 5.7 können Sie sich einige Beispiele anschauen.

> Sie können die Basslinien aus den Abbildungen 5.5 und 5.7 in jeder Tonart spielen (nicht nur in C), ohne das *Griffmuster* (die Anordnung der Töne auf dem Griffbrett) zu ändern. Beginnen Sie einfach auf einem anderen Ton (zum Beispiel D), und spielen Sie die Töne wieder in dem Muster, das in den Grids der Abbildungen gezeigt wird.

Sept-Akkorde: Bereichern Sie den Dreiklang

Der Sept-Akkord besteht aus einem Dreiklang und einem zusätzlichen Ton. Sie haben es bestimmt schon erraten: der 7 (Septim). Der Klang eines Sept-Akkords ist etwas komplexer als der eines reinen Dreiklangs.

In der populären Musik findet die Septim sehr intensive Verwendung, weshalb Sie sehr häufig Sept-Akkorde in Ihren Begleitungen spielen werden. Wie Dreiklänge entstammen auch Sept-Akkorde einer Skala (entweder Moll oder Dur). Sie finden die Töne eines Sept-Akkords, indem

E-Bass für Dummies

Abbildung 5.9 zeigt die sieben Haupttonarten und deren Verwandtschaft zu den vier Haupt-Akkorden (Dur, Moll, dominant, vermindert).

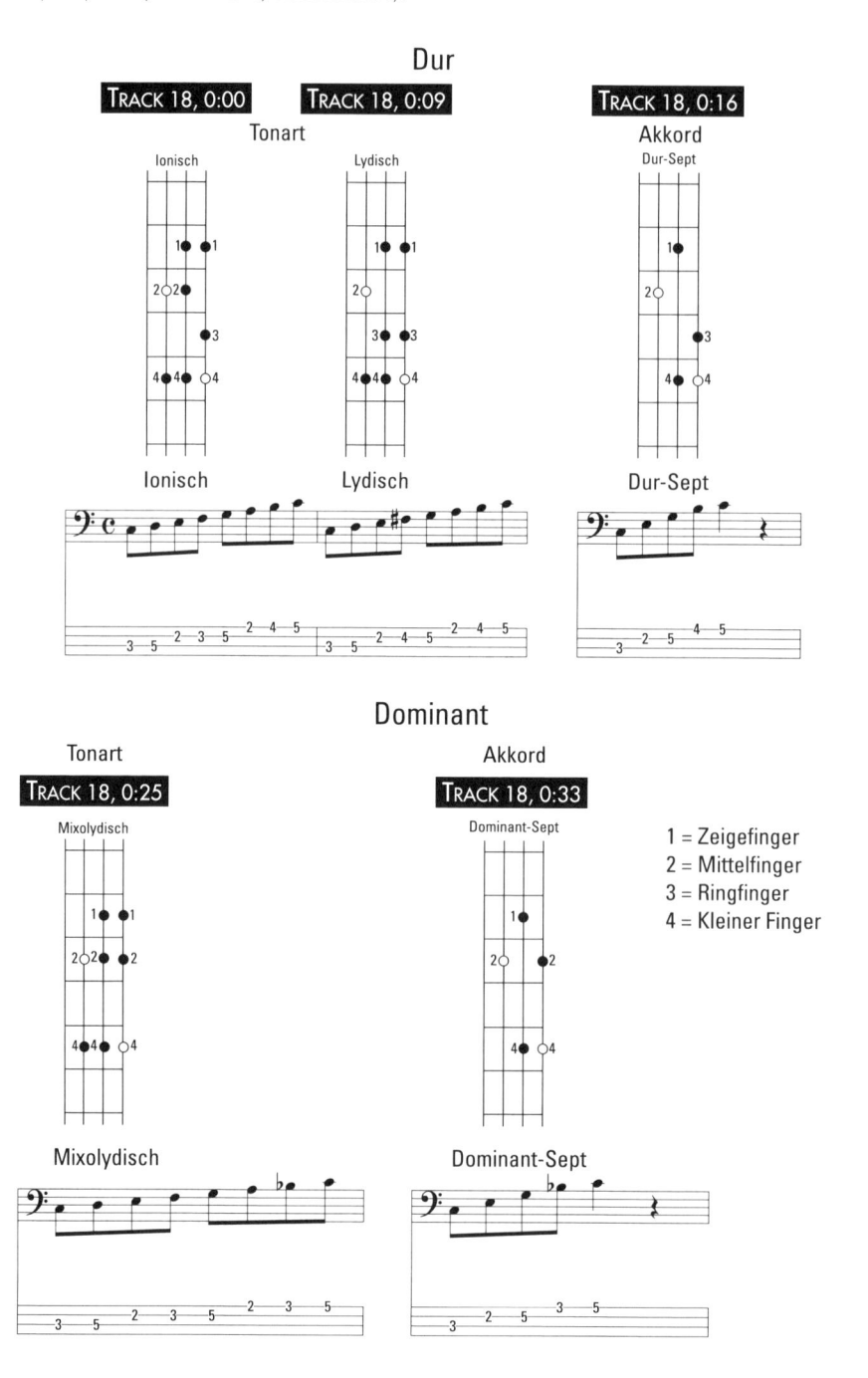

Dur

Dominant

1 = Zeigefinger
2 = Mittelfinger
3 = Ringfinger
4 = Kleiner Finger

5 ➤ Moll- und Dur-Tonarten

Moll

TRACK 18, 0:41 — Tonart — Äolisch

TRACK 18, 0:50 — Tonart — Dorisch

TRACK 18, 0:58 — Tonart — Phrygisch

TRACK 18, 1:06 — Akkord — Moll-Sept

Vermindert

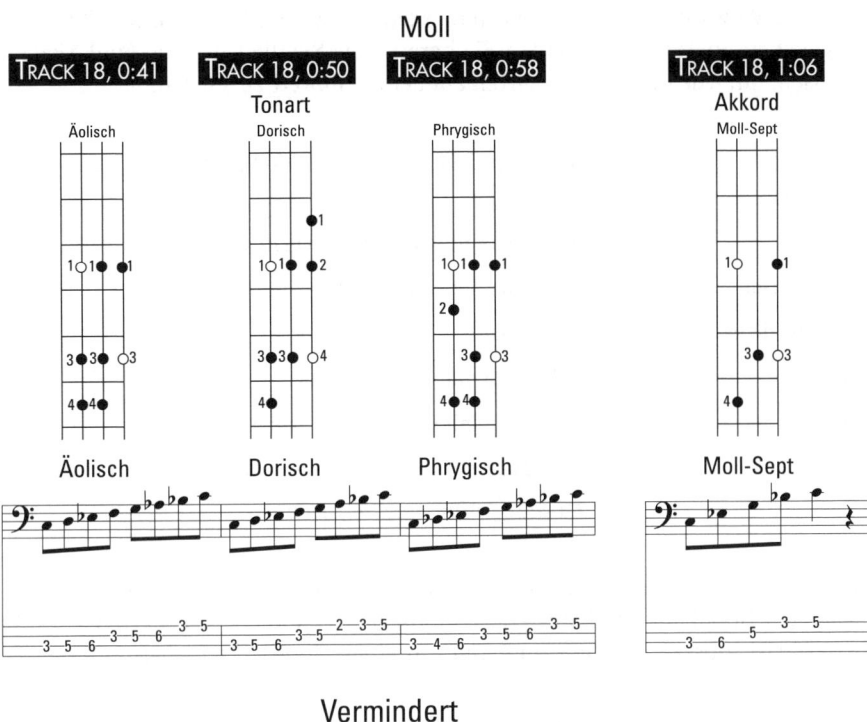

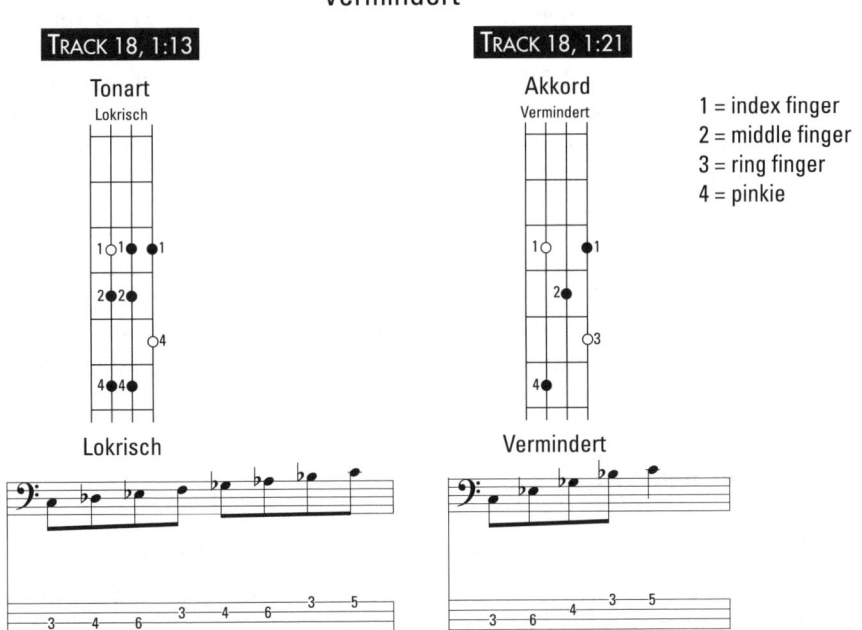

TRACK 18, 1:13 — Tonart — Lokrisch

TRACK 18, 1:21 — Akkord — Vermindert

1 = index finger
2 = middle finger
3 = ring finger
4 = pinkie

Abbildung 5.9: Die Beziehungen zwischen Tonarten und Akkorden

Sie können die Verwandtschaft der Tonarten erkennen, wenn Sie sie mit der Dur- und Moll-Skala vergleichen. In Tabelle 5.2 finden Sie heraus, wie Sie die Dur- und Moll-Skala modifizieren müssen, um jede der Haupttonarten auf dem Griffbrett zu spielen.

Tonart	Verwandtschaft zur Dur- oder Moll-Skala
Ionisch (Dur)	Dur-Skala
Lydisch	Dur-Skala mit übermäßiger Quart (#4)
Mixolydisch (Dominant)	Dur-Skala mit verminderter Septim (♭7)
Äolisch (natürliches Moll)	Moll-Skala
Dorisch	Moll-Skala mit normaler Sext
Phrygisch	Moll-Skala mit verminderter Sekund (♭2)
Lokrisch (vermindert)	Moll-Skala mit verminderter Sekund (♭2) und Quint (♭5)

Tabelle 5.2: Die Haupttonarten

Abgesehen von der dorischen Skala können Sie alle anderen inklusive deren Akkorde ohne Verschieben der Bundhand spielen (siehe Textbox »Das A und O der Tonarten«). Im Fall der dorischen Tonart müssen Sie die Bundhand um einen Bund verschieben, um die Skala zu spielen.

Ich nenne dieses Spiel ohne Verschieben der Bundhand auch »die Box«, da die Töne auf dem Griffbrett in einen quadratischen Bereich aus vier Bünden und vier Saiten passen. Wenn Sie einen Groove spielen (siehe Kapitel 7 für mehr Informationen über den Aufbau von Grooves), sollten Sie das Griffmuster so weit wie möglich innerhalb dieser Box halten, um gleichmäßig und effizient spielen zu können. Üben Sie diese sieben Tonleitern (Skalen) aus Abbildung 5.9, und hören Sie dabei jeweils auf deren unverwechselbaren Klang.

Basslinien (Töne, mit denen Sie Songs begleiten) setzen sich hauptsächlich aus den Tönen der Skalen und Akkorde aus diesem Abschnitt zusammen. Vertiefen Sie sich in die Tabellen 5.1 und 5.2 sowie in Abbildung 5.9, da Sie mit den dort gezeigten Skala/Akkord-Kombinationen großartige Basslinien spielen können. In Teil IV können Sie herausfinden, wie man diese Skala/Akkord-Kombinationen im echten Musikerleben anwendet.

Das A und O der Tonarten

Sie werden die Tonarten leichter verstehen, wenn Sie deren Ursprung kennen.

Die C-Dur-Skala (C, D, E, F, G, A, H, C), auch *C-ionisch* genannt, fängt auf der 1 der Skala an und hört auch dort wieder auf – nämlich auf dem C. Wenn Sie nun genau diese Skala nehmen und einfach auf dem zweiten Ton (D) anfangen, spielen Sie die *dorische D-Skala* (D, E, F, G, A, H, C, D). Obwohl die dorische D-Skala aus den gleichen Tönen besteht wie die ionische C-Skala, hört sie sich doch anders an – irgendwie traurig. Eine Melodie, die auf D-dorisch basiert, hört sich deshalb auch traurig an.

Wenn Sie auf dem dritten Ton der C-Dur-Skala anfangen (E), spielen Sie *E-phrygisch* (E, F, G, A, H, C, D, E). Der Klang unterscheidet sich von den ionischen und dorischen Skalen, obwohl doch die gleichen Töne gespielt werden. Die phrygische Skala klingt irgendwie exotisch.

Wenn Sie auf dem vierten Ton der C-Dur-Skala anfangen (F), spielen Sie *F-lydisch* (F, G, A, H, C, D, E, F). Diese Tonart ähnelt im Klang der ionischen Tonart – sie klingt fröhlich, nach Dur.

Wenn Sie auf dem fünften Ton der C-Dur-Skala anfangen (G), spielen Sie *G-mixolydisch* (G, A, H, C, D, E, F, G). Diese Tonart ist die dominante Skala.

Beginnen und enden Sie auf dem sechsten Ton der C-Dur-Skala (A), spielen Sie *A-äolisch* (A, H, C, D, E, F, G, A), die natürliche Moll-Skala.

Wenn Sie auf dem siebten Ton der C-Dur-Skala anfangen (H), spielen Sie *H-lokrisch* (H, C, D, E, F, G, A, H), was ziemlich hart klingt. Wie Sie sehen, fangen die Skalen aller Tonarten auf einem anderen Ton der C-Dur-Skala an, werden jedoch mit den gleichen Tönen gespielt.

Beachten Sie auch, dass jede dieser Tonarten einen eigenen Sept-Akkord besitzt – die 1, 3, 5 und 7 – und sich diese Sept-Akkorde jeweils genauso einzigartig anhören wie die dazu gehörigen Skalen. Die 1, 3, 5 und 7 in der Tonart C-ionisch sind C, E, G und H. Die 1, 3, 5 und 7 in D-dorisch sind D, F, A und C.

Die gängige Reihenfolge dieser Tonarten ist: ionisch, dorisch, phrygisch, lydisch, mixolydisch, äolisch und lokrisch. Hört sich ziemlich griechisch an, oder? – Ist es auch!

Chromatische Töne spielen

Sie sind beim Spiel einer Basslinie nicht ausschließlich an die Töne der Haupttonarten gebunden. Sie können sie auch mit Tönen außerhalb der Skala ergänzen. Dabei zählen die zusätzlichen Töne, die innerhalb der Box liegen, zu den gängigsten chromatischen Tönen, um Skalen zu ergänzen.

Der Begriff *chromatische Töne* bezeichnet normalerweise jede Abfolge von Tönen, die in Halbtonschritten nach oben oder unten abläuft (ein Bund nach dem anderen). Bei Basslinien möchte ich diesen Begriff jedoch für Töne verwenden, die außerhalb der regulären Skala liegen. Chromatische Töne liegen einen halben Ton neben einem Ton einer Skala.

Melodische und harmonische Moll-Skalen

Die melodischen und harmonischen Moll-Skalen sind Spezialfälle: Beide Skalen sind eine Art Hybrid aus Dur und Moll. Die *melodische Moll-Skala* ist eine natürliche Moll-Skala mit einer regulären 7 statt einer ♭7 und einer regulären 6 statt einer ♭6 (siehe Abbildung unten). Die *harmonische Moll-Skala* ist eine natürliche Moll-Skala mit einer regulären 7 statt einer ♭7. Sie werden diesen melodischen und harmonischen Moll-Skalen sehr wahrscheinlich begegnen, wenn Sie Moll-Tonarten spielen.

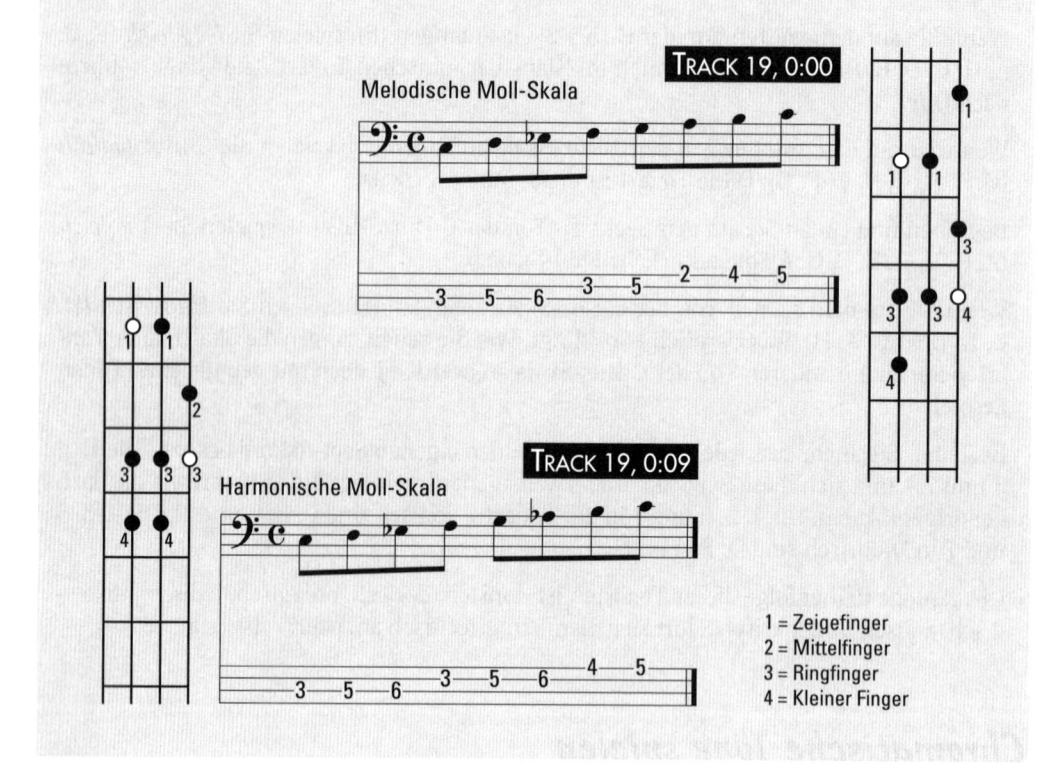

1 = Zeigefinger
2 = Mittelfinger
3 = Ringfinger
4 = Kleiner Finger

Chromatische Töne innerhalb der Box

Abbildung 5.10 zeigt eine Basslinie in einer Dur-Tonlage, bei der chromatische Töne verwendet werden. Sie müssen auch hier Ihre Bundhand nicht verschieben, da die chromatischen Töne in der Box liegen. Sie können diese Töne als schnelle Verbindungsstücke zwischen den Akkord-Tönen spielen (Grundton, 3, 5, 7).

Abbildung 5.11 zeigt eine Basslinie in einer Moll-Tonlage, bei der chromatische Töne verwendet werden.

5 ➤ Moll- und Dur-Tonarten

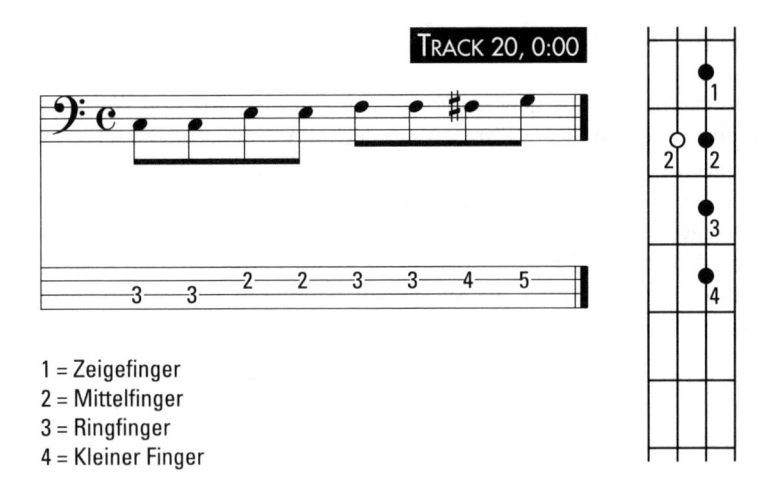

Abbildung 5.10: Eine Dur-Basslinie mit chromatischen Tönen

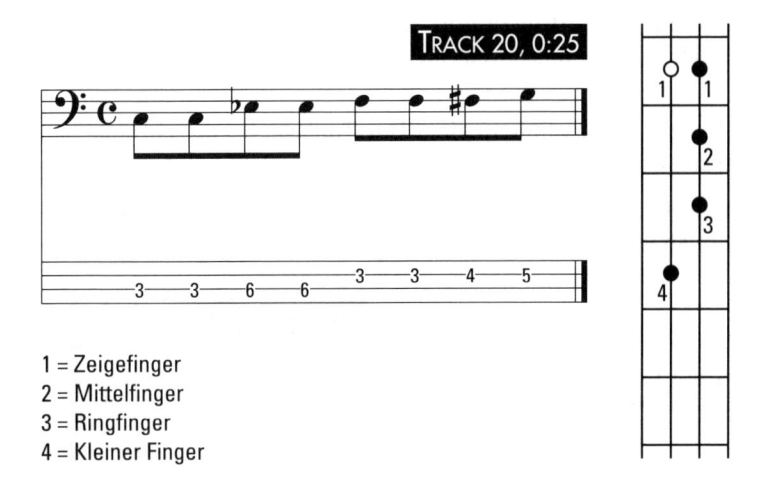

1 = Zeigefinger
2 = Mittelfinger
3 = Ringfinger
4 = Kleiner Finger

Abbildung 5.11: Eine Moll-Basslinie mit chromatischen Tönen

1 = Zeigefinger
2 = Mittelfinger
3 = Ringfinger
4 = Kleiner Finger

Der chromatische Ton in den Abbildungen 5.10 und 5.11 verleiht den Basslinien eine gewisse Spannung. Diese Spannung wird prompt mit dem nächsten Ton aufgelöst. Achten Sie darauf, wie sich der chromatische Ton zum nächsten Ton auflöst und die Basslinie so interessanter macht.

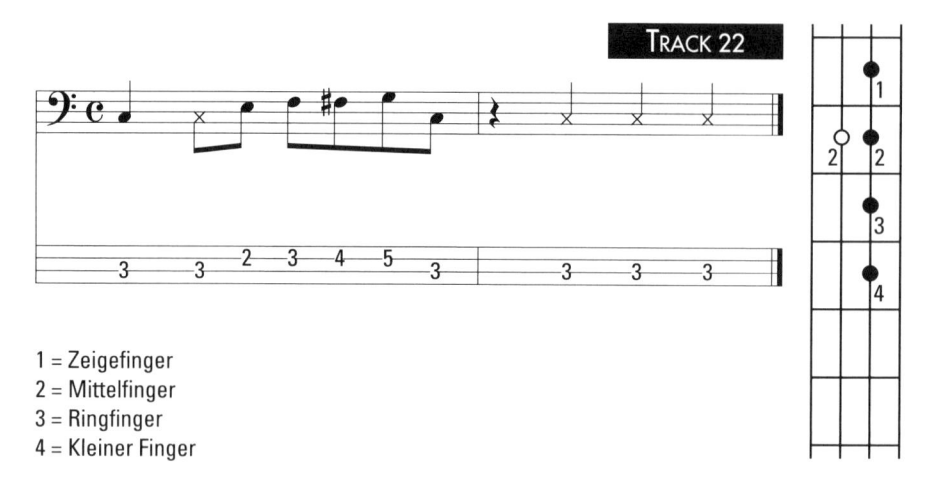

1 = Zeigefinger
2 = Mittelfinger
3 = Ringfinger
4 = Kleiner Finger

Abbildung 5.14: Verwendung von Dead Notes in einer Basslinie

Beispiele für Bassbegleitung

Wenn Sie sich durch die vorangegangenen Abschnitte dieses Kapitels gearbeitet haben, können Sie es wahrscheinlich gar nicht mehr abwarten, Ihr Wissen in die Tat umzusetzen. Schnallen Sie sich also Ihren Bass um, und lassen Sie sich von mir einige Basslinien zeigen.

Das Wort *Groove* wird auf zwei Arten verwendet: Es kann eine *Basslinie* bezeichnen, also die gesamte Begleitung eines Stücks, oder es kann eine *Phrase* bezeichnen (normalerweise ein, zwei oder vier Takte lang), die ein Bassist während des Stücks ständig wiederholt und mit der er Rhythmus und Harmonien festlegt.

Die folgenden Grooves basieren auf einem Dominant-Akkord (Grundton, 3, 5, ♭7) und stammen daher aus einer mixolydischen Skala (Grundton, 2, 3, 4, 5, 6, ♭7). Das tonale Zentrum (der Grundton) ist bei allen Beispielen das gleiche, damit Sie die Grooves miteinander vergleichen können. Jedes der folgenden Beispiele baut auf dem gleichen Akkord auf. Wenn Sie einen Groove um weitere Akkord- oder Skalentönen, chromatische Töne und Dead Notes bereichern, entwickelt sich eine sehr interessante und spannende Basslinie.

Abbildung 5.15 zeigt einen Groove, der ausschließlich auf einem Akkord aufbaut – einem Dreiklang (Grundton, 3, 5). Dieser Groove ist nicht besonders spannend, doch reicht er, um die Harmonie und den Rhythmus zu definieren.

Abbildung 5.16 zeigt den Groove mit einer zusätzlich zum Dreiklang gespielten Septim. Die ♭7 definiert den Groove klar als Dominant-Akkord (1, 3, 5, ♭7).

5 ➤ Moll- und Dur-Tonarten

Abbildung 5.17 zeigt den gleichen Groove, bloß mit allen Tönen der Skala (Grundton, 2, 3, 4, 5, 6, 7). Der harmonische Inhalt des Grooves wird komplett von der Tonart ausgefüllt. Sie sind nun fest in der mixolydischen Tonart verankert, und die Box ist ziemlich ausgefüllt. Denken Sie daran, dass Ihre Bundhand innerhalb der Box nicht verschoben werden muss.

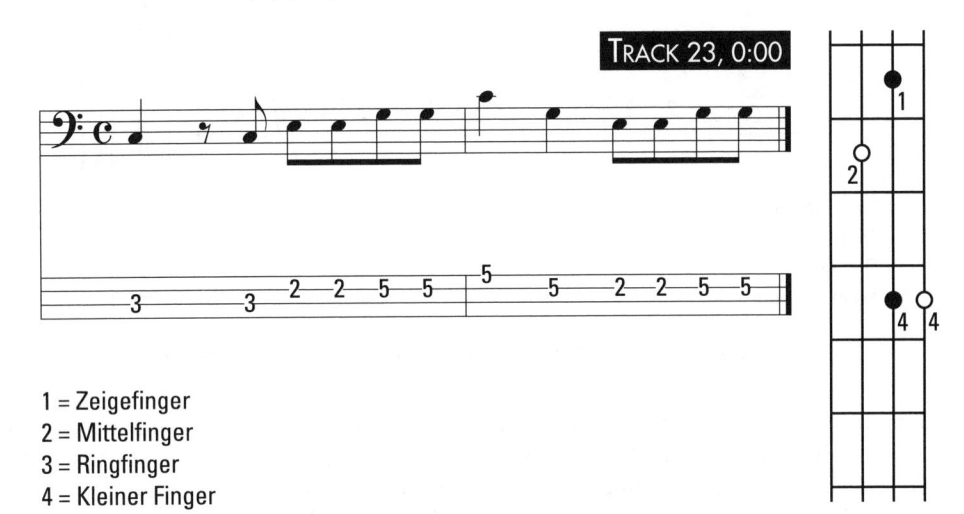

TRACK 23, 0:00

1 = Zeigefinger
2 = Mittelfinger
3 = Ringfinger
4 = Kleiner Finger

Abbildung 5.15: Bass-Groove aus Akkord-Tönen

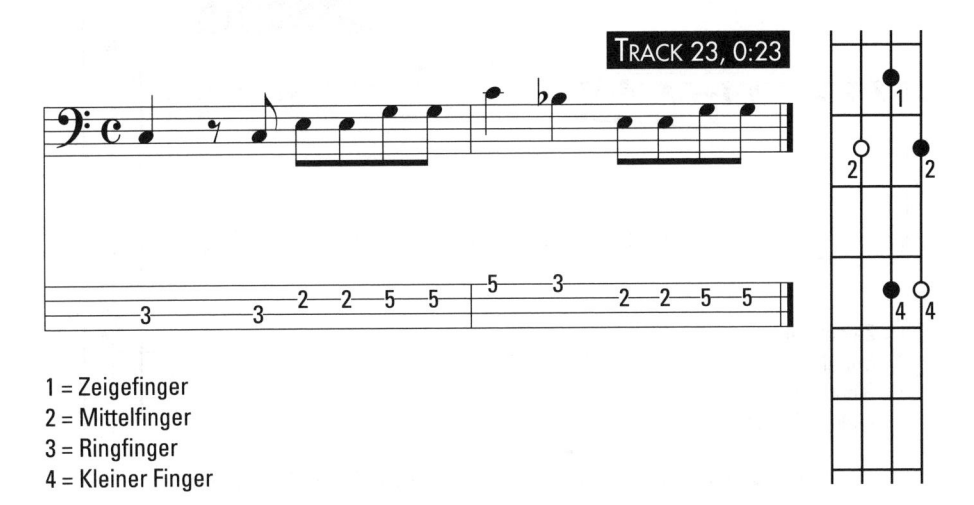

TRACK 23, 0:23

1 = Zeigefinger
2 = Mittelfinger
3 = Ringfinger
4 = Kleiner Finger

Abbildung 5.16: Bass-Groove mit zusätzlicher Septim

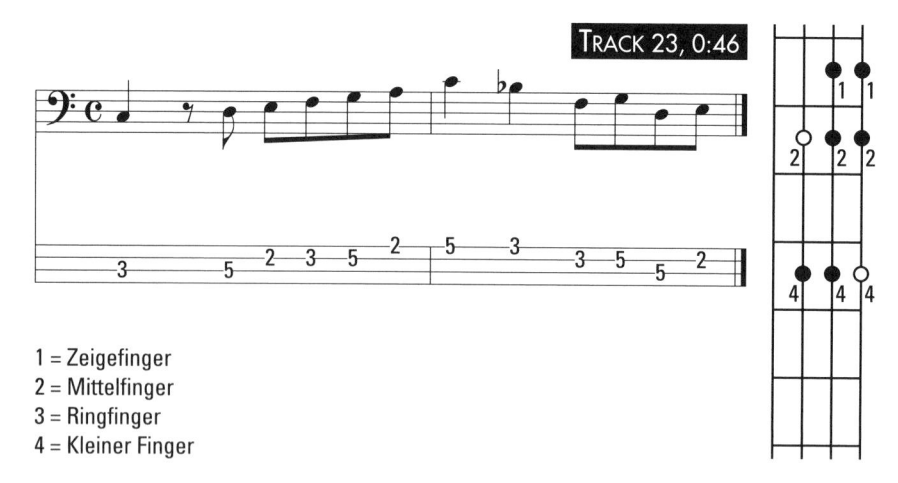

Abbildung 5.17: Bass-Groove mit vollständiger mixolydischer Skala

Abbildung 5.18 zeigt den Groove mit einigen zusätzlichen chromatischen Tönen außerhalb und innerhalb der Box. Dieser Groove entwickelt nun langsam einen eigenen Charakter. Gleichzeitig wird er aber auch immer schwieriger zu spielen. Die linke Hand muß verschoben werden, um den chromatischen Ton außerhalb der Box zu spielen.

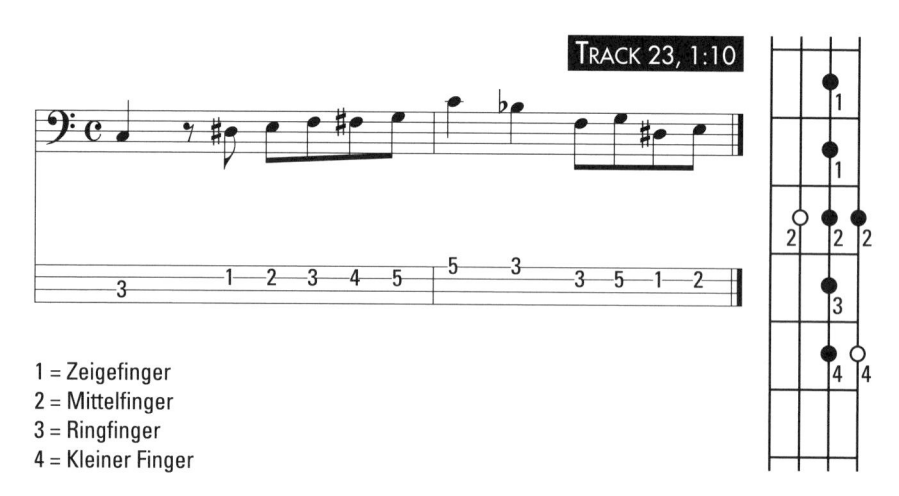

Abbildung 5.18: Bass-Groove mit zusätzlichen chromatischen Tönen

Abbildung 5.19 zeigt den Groove mit zusätzlichen Dead Notes als letztem Schliff. Hier spielen Sie die Dead Notes, um leere Stellen zu füllen und den Rhythmus zu fundieren. Vergleichen Sie diesen Groove mit allen vorangegangenen, und beachten Sie die Weiterentwicklung der Linie bei jedem neuen Schritt.

5 ➤ Moll- und Dur-Tonarten

Man muss nicht alle diese kompositorischen Möglichkeiten in jedem Groove verwenden. Sie sollten vielmehr jedes dieser Mittel zur Hand haben, wenn Sie mal das Gefühl haben, eine Basslinie sei noch verbesserungswürdig.

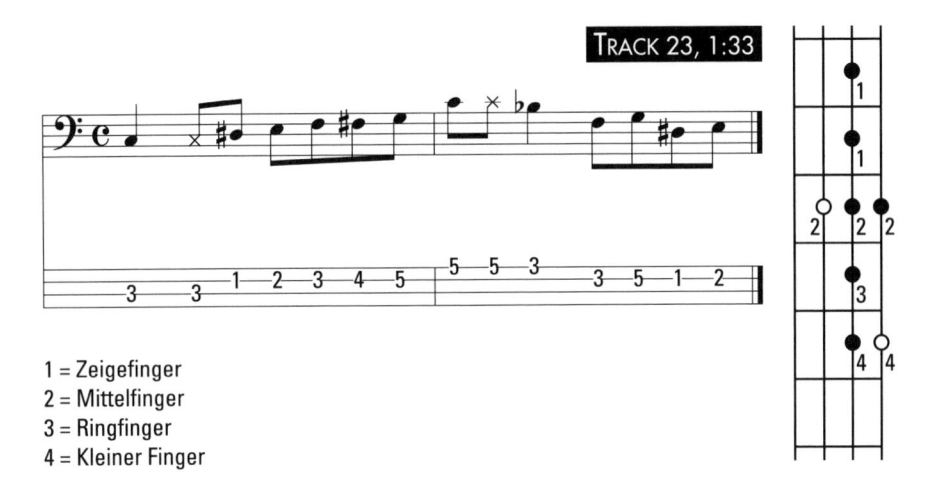

TRACK 23, 1:33

1 = Zeigefinger
2 = Mittelfinger
3 = Ringfinger
4 = Kleiner Finger

Abbildung 5.19: Bass-Groove mit zusätzlichen Dead Notes

Teil III

Den Bass navigieren, Grooves komponieren

In diesem Teil ...

Willkommen im Club der oberen Zehntausend (Bassisten). Dieser Teil hilft Ihnen, die tiefsten Geheimnisse des Bass-Spiels zu lüften. Kapitel 6 erklärt Ihnen, wie Sie mühelos zu den höheren Lagen des Basshalses kommen, und Kapitel 7 erläutert, wie man eigene Bass-Grooves komponiert. Kapitel 8 ist das Sahnehäubchen mit coolen Solo-Licks und Fills.

Erweitern Sie das Spektrum: Ab in die zweite Oktave

In diesem Kapitel

▶ Moll- und Dur-Skalen über zwei Oktaven spielen
▶ Töne in jeder Oktave wiederfinden
▶ Akkorde umkehren

Die Bassgitarre ist ein nahezu perfektes Instrument. Alle Saiten sind symmetrisch gestimmt. Abgesehen von einer kleinen Ausnahme können Sie alle Töne jeder beliebigen einoktavigen Skala ohne Verschieben der Bundhand erreichen. Jedoch wird Ihnen beim Anblick des Basses wahrscheinlich schon eines aufgefallen sein: Er ist lang! Es ist zwar einfach, die Töne einer Oktave in einer Skala ohne Verschieben der linken Hand zu spielen, jedoch ist es etwas ganz anderes, wenn Sie Ihr Spiel von einer Oktave in die nächste ausweiten wollen (die gleichen Töne, jedoch eine Oktave höher oder tiefer). Dieses Kapitel hilft Ihnen, Methoden zu erlernen, um die höheren bzw. tieferen Töne der zweiten Oktave mühelos zu erreichen (die höhere bzw. tiefere Stimmlage).

Wenn eine nicht reicht: Zwei Oktaven spielen

Um zwei Oktaven zu spielen (siehe Kapitel 5 für eine umfassende Erläuterung der Oktave), müssen Sie die Bundhand verschieben, damit Sie an alle Töne herankommen.

Damit sich Ihre Bundhand immer schön fließend bewegt, müssen Sie jederzeit wissen, was sie als Nächstes tun soll. Mit anderen Worten: Sie müssen voraussehen, was in den nächsten paar Tönen (nicht nur beim nächsten Ton) passieren wird, damit die musikalische Phrase oder die Skala gleichmäßig fließt, obwohl Ihre linke Hand verschoben wird. Sie wollen ja nicht, dass die Zuhörer unerwünschte Stolperer hören, wenn Sie sich gerade mit Mühe und Not zur nächsten Note hangeln.

In den nächsten Abschnitten erkläre ich, wie Sie durch Übungen mit Tonleitern (Skalen) und Akkorden über zwei Oktaven eine perfekte und nahtlose Verschiebetechnik entwickeln können.

Dur-Skalen über zwei Oktaven

Abbildung 6.1 zeigt die Struktur, die für jede Dur-Skala über zwei Oktaven funktioniert – abgesehen von der E-Dur-Skala, die mit der offenen E-Saite beginnt. In Abbildung 6.2 sehen Sie die Struktur der E-Dur-Skala, mit der offenen E-Saite als Ausgangspunkt.

Die folgenden Anweisungen erläutern Schritt für Schritt, wie man die Dur-Skala über zwei Oktaven spielt. Richten Sie sich für diese Übungen bitte genau nach Abbildung 6.1. (Falls Sie Linkshänder sind, tauschen Sie einfach die Begriffe »linke Hand« und »rechte Hand«.)

1. **Drücken Sie die E-Saite (die dickste Saite) mit dem Zeigefinger der linken Hand an irgendeinem Bund herunter.**

    Schlagen Sie die Saite mit der rechten Hand an, damit der Ton erklingt. Dieser Ton ist nun Ihr Grundton (der erste Ton der Skala).

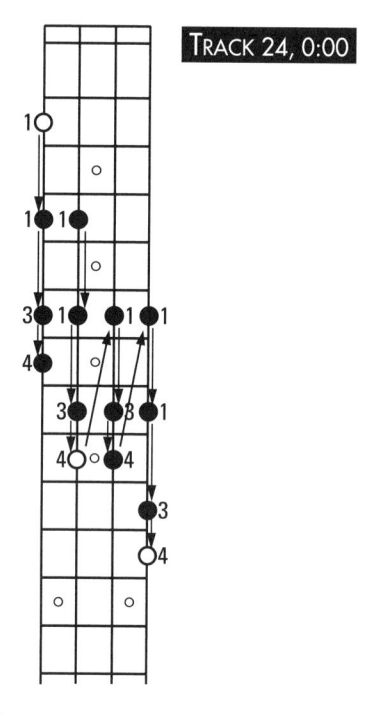

Abbildung 6.1: Die Struktur der Dur-Skala über zwei Oktaven

2. **Verschieben Sie die linke Hand um zwei Bünde in Richtung Brücke, und drücken Sie die Saite wieder mit dem Zeigefinger herunter.**

    Sie befinden sich nun zwei Bünde über dem vorangegangenen Ton. Schlagen Sie die Saite mit der rechten Hand an.

3. **Bleiben Sie in dieser Position (nichts verschieben), und drücken Sie die E-Saite mit dem Ringfinger der linken Hand herunter.**

   Schlagen Sie die Saite mit der rechten Hand an.

4. **Bleiben Sie in dieser Position, und drücken Sie die E-Saite mit dem kleinen Finger der linken Hand herunter.**

   Schlagen Sie die Saite mit der rechten Hand an.

5. **Bleiben Sie in dieser Position, und legen Sie den Zeigefinger der linken Hand auf die nächste Saite, nämlich die A-Saite.**

   Drücken Sie die Saite mit dem Zeigefinger herunter, und schlagen Sie sie mit der rechten Hand an.

6. **Verschieben Sie die linke Hand um zwei Bünde auf der A-Saite in Richtung Brücke, und drücken Sie die Saite mit dem Zeigefinger herunter.**

   Dieser Ton liegt zwei Bünde über dem vorangegangenen Ton. Schlagen Sie die Saite mit der rechten Hand an.

7. **Bleiben Sie in dieser Position, und drücken Sie den Ringfinger Ihrer linken Hand auf die A-Saite.**

   Schlagen Sie die Saite mit der rechten Hand an.

8. **Bleiben Sie in dieser Position, und drücken Sie den kleinen Finger der linken Hand auf die A-Saite.**

   Schlagen Sie die Saite mit der rechten Hand an. Sie befinden sich nun exakt eine Oktave über dem Ausgangston aus Schritt 1.

9. **Bleiben Sie in dieser Position, und legen Sie den Zeigefinger der linken Hand auf die nächste Saite, nämlich die D-Saite.**

   Drücken Sie die Saite mit dem Zeigefinger herunter, und schlagen Sie sie mit der rechten Hand an.

10. **Bleiben Sie in dieser Position, und drücken Sie den Ringfinger der linken Hand auf die D-Saite.**

    Schlagen Sie die Saite mit der rechten Hand an.

11. **Bleiben Sie in dieser Position, und drücken Sie den kleinen Finger Ihrer linken Hand auf die D-Saite.**

    Schlagen Sie die Saite mit der rechten Hand an.

12. **Bleiben Sie in dieser Position, und drücken Sie den Zeigefinger der linken Hand auf die G-Saite (die dünnste Saite).**

    Schlagen Sie die Saite mit der rechten Hand an.

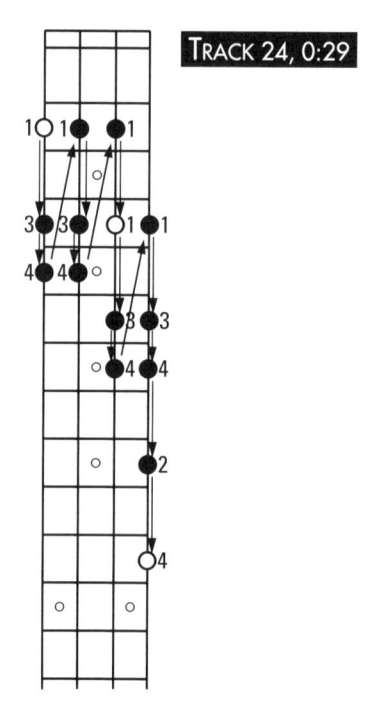

Abbildung 6.3: Die Struktur der Moll-Skala über zwei Oktaven

3. **Bleiben Sie in dieser Position, und drücken Sie die E-Saite mit dem kleinen Finger herunter.**

   Schlagen Sie die Saite mit der rechten Hand an.

4. **Bleiben Sie in dieser Position, und legen Sie den Zeigefinger der linken Hand auf die nächste Saite, nämlich die A-Saite.**

   Drücken Sie die Saite mit dem Zeigefinger herunter, und schlagen Sie sie mit der rechten Hand an.

5. **Bleiben Sie in dieser Position, und drücken Sie den Ringfinger Ihrer linken Hand auf die A-Saite.**

   Schlagen Sie die Saite mit der rechten Hand an.

6. **Bleiben Sie in dieser Position, und drücken Sie den kleinen Finger der linken Hand auf die A-Saite.**

   Schlagen Sie die Saite mit der rechten Hand an.

7. **Bleiben Sie in dieser Position, und legen Sie den Zeigefinger der linken Hand auf die nächste Saite, nämlich die D-Saite.**

   Drücken Sie den Zeigefinger herunter, und schlagen Sie die Saite mit der rechten Hand an.

6 ➤ Erweitern Sie das Spektrum: Ab in die zweite Oktave

8. **Verschieben Sie die linke Hand um zwei Bünde auf der D-Saite in Richtung Brücke, und drücken Sie die Saite mit dem Zeigefinger herunter.**

   Dieser Ton liegt zwei Bünde über dem vorangegangenen. Schlagen Sie die Saite mit der rechten Hand an. Sie befinden sich nun exakt eine Oktave über dem Ausgangston aus Schritt 1.

9. **Bleiben Sie in dieser Position, und drücken Sie den Ringfinger der linken Hand auf die D-Saite.**

   Schlagen Sie die Saite mit der rechten Hand an.

10. **Bleiben Sie in dieser Position, und drücken Sie den kleinen Finger der linken Hand auf die D-Saite.**

    Schlagen Sie die Saite mit der rechten Hand an.

11. **Bleiben Sie in dieser Position, und legen Sie den Zeigefinger der linken Hand auf die nächste Saite, nämlich die G-Saite.**

    Drücken Sie den Zeigefinger herunter, und schlagen Sie die Saite mit der rechten Hand an.

12. **Bleiben Sie in dieser Position, und drücken Sie den Ringfinger der linken Hand auf die G-Saite herunter.**

    Schlagen Sie die Saite mit der rechten Hand an.

13. **Bleiben Sie in dieser Position, und drücken Sie den kleinen Finger der linken Hand auf die G-Saite herunter.**

    Schlagen Sie die Saite mit der rechten Hand an.

Schauen Sie auf den Bund, den Sie gerade mit dem kleinen Finger gespielt haben. Der nächste Ton, der mit dem Mittelfinger gespielt wird, liegt zwei Bünde über dem letzten Ton. Ihre Hand muss also um vier Bünde verschoben werden, damit Sie Ihren Mittelfinger auf den richtigen Bund legen können (wie im nächsten Schritt beschrieben).

14. **Verschieben Sie Ihre linke Hand um vier Bünde auf der G-Saite, und legen Sie den Mittelfinger zwei Bünde über den zuletzt gespielten Bund (den Sie mit dem kleinen Finger gespielt haben).**

    Drücken Sie den Mittelfinger herunter, und schlagen Sie die Saite mit der rechten Hand an.

15. **Bleiben Sie in dieser Position, und drücken Sie den kleinen Finger der linken Hand auf die G-Saite.**

    Schlagen Sie die Saite mit der rechten Hand an. Sie befinden sich nun exakt zwei Oktaven über dem Ausgangston aus Schritt 1.

E-Bass für Dummies

Die E-Moll-Skala bildet wieder die Ausnahme, da man ein abgewandeltes Griffmuster benötigt. Abbildung 6.4 zeigt die Struktur der E-Moll-Skala über zwei Oktaven.

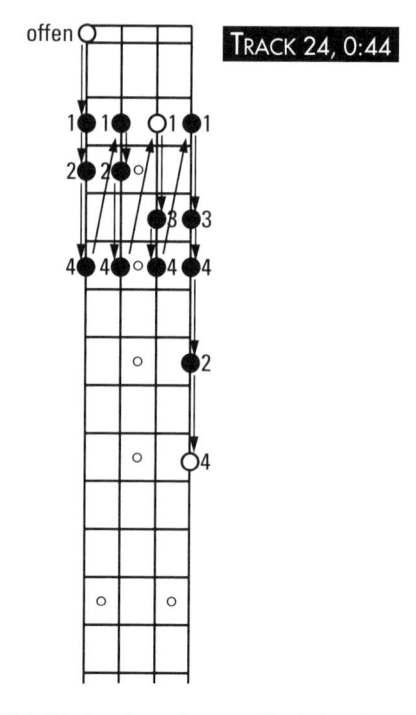

Abbildung 6.4: Die Struktur der E-Moll-Skala über zwei Oktaven

Folgen Sie diesen Arbeitsschritten, um die E-Moll-Skala zu spielen (und schauen Sie sich dazu Abbildung 6.4 an):

1. **Schlagen Sie die offene E-Saite mit der rechten Hand an (also ohne sie auf einen Bund zu drücken).**

2. **Drücken Sie den Zeigefinger der linken Hand am zweiten Bund auf die E-Saite.**

   Schlagen Sie die Saite mit der rechten Hand an.

3. **Bleiben Sie in dieser Position, und drücken Sie den Mittelfinger der linken Hand auf die E-Saite.**

   Schlagen Sie die Saite mit der rechten Hand an.

4. **Bleiben Sie in dieser Position, und drücken Sie den kleinen Finger der linken Hand auf die E-Saite.**

   Schlagen Sie die Saite mit der rechten Hand an.

5. **Bleiben Sie in dieser Position, und legen Sie den Zeigefinger der linken Hand auf die nächste Saite, nämlich die A-Saite.**

   Drücken Sie den Zeigefinger herunter, und schlagen Sie die Saite mit der rechten Hand an.

6. **Bleiben Sie in dieser Position, und drücken Sie den Mittelfinger der linken Hand auf die A-Saite.**

   Schlagen Sie die Saite mit der rechten Hand an.

7. **Bleiben Sie in dieser Position, und drücken Sie den kleinen Finger der linken Hand auf die A-Saite.**

   Schlagen Sie die Saite mit der rechten Hand an.

8. **Bleiben Sie in dieser Position, und legen Sie den Zeigefinger der linken Hand auf die nächste Saite, nämlich die D-Saite.**

   Drücken Sie den Zeigefinger herunter, und schlagen Sie die Saite mit der rechten Hand an. Sie befinden sich nun exakt eine Oktave über dem Ausgangston E aus Schritt 1. An diesem Punkt können Sie mit den Schritten 9 bis 15 aus der vorherigen Anleitung weitermachen, um die zweite Oktave zu spielen.

Um die Moll-Skala wieder herunter zu spielen, kehren Sie einfach die Reihenfolge der Anleitungen um und spielen in Richtung Sattel anstatt in Richtung Brücke.

Dur-Arpeggien über zwei Oktaven

Bei so genannten *Arpeggien* spielt man die Akkord-Töne hintereinander (Grundton, 3, 5, Oktave) und mit der nächsten 3 und 5 bis in die nächste Oktave (mehr über Akkord-Töne finden Sie in Kapitel 5). Arpeggien sind also hintereinander entweder auf- oder abwärts gespielte Töne eines Akkords. Wenn Sie ein Arpeggio spielen, können Sie einige der Töne erreichen, ohne die Bundhand zu verschieben. Arpeggien bestehen zwar aus viel weniger Tönen als eine normale Skala, lassen sich jedoch wesentlich schwieriger spielen. Da die Töne eines Arpeggios ziemlich weit auseinander liegen, eignen sie sich perfekt dazu, die Verschiebung der Bundhand zu üben.

Wenn Sie Ihre Bundhand beim Spiel von Arpeggien verschieben, wird immer nur um zwei Bünde verschoben. Diese Aufgabe wird vereinfacht, wenn Sie Ihren Blick fest auf den Zeigefinger der linken Hand gerichtet halten. Auf diese Weise können Sie genau nachmessen, wie weit Sie verschieben müssen, ohne den Blick umständlich auf den Ton richten zu müssen, den Sie gerade spielen wollen. Bei einem ansteigenden Arpeggio drücken Sie den Zeigefinger herunter, spielen den Ton und verschieben dann den Zeigefinger um zwei Bünde in Richtung Brücke. Nun drücken Sie statt des Zeigefingers den Ringfinger herunter (der schon an der richtigen Position liegt) und spielen diesen Ton. Ihr Blick hat sich nur um zwei Bünde verschoben, doch spielen Sie einen Ton, der vier Bünde über dem vorangegangenen Ton liegt.

Abbildung 6.5 zeigt das Griffmuster für alle Dur-Arpeggien über zwei Oktaven, abgesehen von E-Dur.

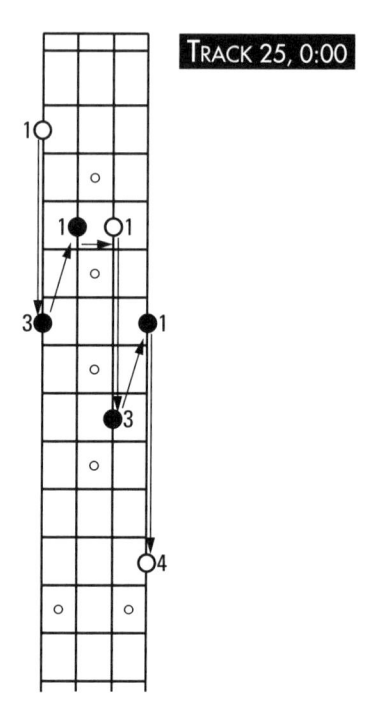

Abbildung 6.5: Die Struktur von Dur-Arpeggien über zwei Oktaven

Die folgenden Schritte erläutern die Spielweise von Dur-Arpeggien über zwei Oktaven für alle Tonarten außer E. Schauen Sie sich dazu auch Abbildung 6.5 an.

1. **Drücken Sie die E-Saite mit dem Zeigefinger der linken Hand herunter.**

    Schlagen Sie die Saite mit der rechten Hand an. Dieser Ton ist nun Ihr Grundton.

2. **Verschieben Sie die linke Hand um zwei Bünde in Richtung Brücke (zählen Sie anhand des Zeigefingers, aber drücken Sie ihn nicht herunter). Drücken Sie den Ringfinger (nun vier Bünde vom vorangegangenen Ton entfernt) auf die E-Saite.**

    Schlagen Sie die Saite mit der rechten Hand an.

3. **Bleiben Sie in dieser Position, und wechseln Sie mit dem Zeigefinger der linken Hand zur benachbarten A-Saite.**

    Drücken Sie den Zeigefinger herunter, und schlagen Sie die Saite mit der rechten Hand an.

6 ➤ Erweitern Sie das Spektrum: Ab in die zweite Oktave

4. **Bleiben Sie in dieser Position, und wechseln Sie mit dem Zeigefinger der linken Hand zur benachbarten D-Saite.**

   Drücken Sie den Zeigefinger herunter, und schlagen Sie die D-Saite mit der rechten Hand an. Sie befinden sich nun eine Oktave über dem Ausgangston aus Schritt 1.

5. **Verschieben Sie die linke Hand um zwei Bünde entlang der D-Saite in Richtung Brücke, und drücken Sie den Ringfinger auf die D-Saite.**

   Schlagen Sie die Saite mit der rechten Hand an.

6. **Bleiben Sie in dieser Position, und wechseln Sie mit dem Zeigefinger der linken Hand zur benachbarten G-Saite.**

   Drücken Sie den Zeigefinger herunter, und schlagen Sie die Saite mit der rechten Hand an.

7. **Verschieben Sie die linke Hand um zwei Bünde auf der G-Saite in Richtung Brücke, und drücken Sie den kleinen Finger auf die G-Saite herunter.**

Schlagen Sie die Saite mit der rechten Hand an. Sie befinden sich nun exakt zwei Oktaven über dem Ausgangston aus Schritt 1. Um dieses Arpeggio wieder hinunter zu spielen, kehren Sie Reihenfolge der Arbeitsschritte um und verschieben in Richtung Sattel.

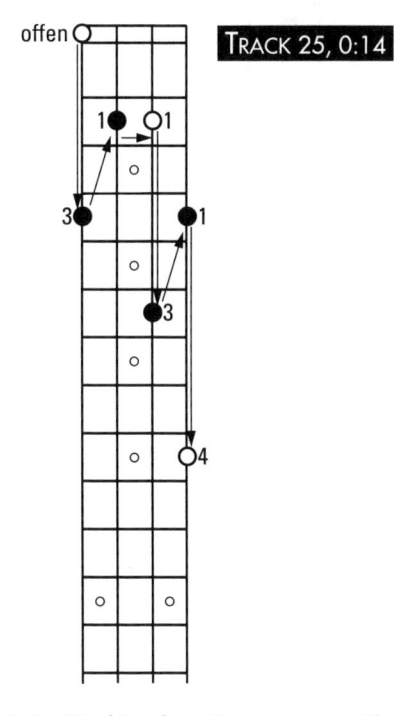

Abbildung 6.6: Die Struktur des E-Dur-Arpeggios über zwei Oktaven

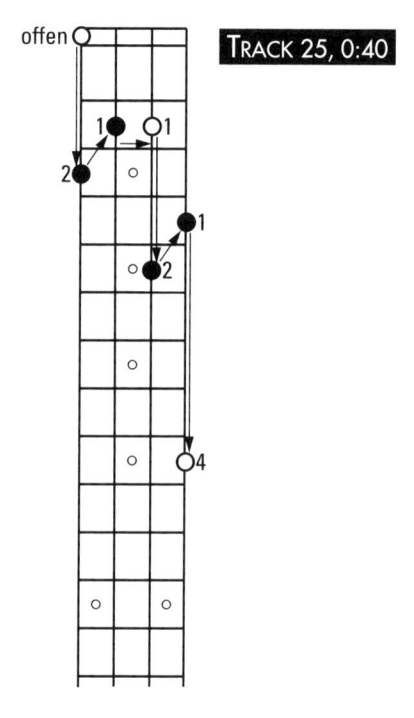

Abbildung 6.8: Die Struktur des E-Moll-Arpeggios über zwei Oktaven

Jeden Ton in jeder Oktave finden

Töne in zwei Oktaven zu spielen, kann eine echte Herausforderung sein. Alle Töne kommen nämlich mindestens zweimal auf dem Hals des Basses vor. Wenn Sie wissen, wo die alternativen Töne auf dem Hals liegen, können Sie zweioktavige Skalen und Arpeggien sehr effizient und mühelos an jeder Stelle des Griffbretts spielen. Schauen Sie in Kapitel 3 nach, wo sich die einzelnen Töne auf dem Hals befinden. Die folgenden Arbeitsschritte erläutern drei Methoden, mit denen Sie sich die Position der gewünschten Töne an jeder Stelle des Halses merken können.

✔ **Die Oktav-Methode (auch Zwei-Bünde-zwei-Saiten-Methode)**

Dies ist eine sehr weit verbreitete Methode, um den gleichen Ton an einer anderen Stelle des Griffbretts zu finden. So wird's gemacht:

1. **Drücken Sie den Zeigefinger der linken Hand irgendwo auf der E-Saite herunter.**

    Sie finden den gleichen Ton eine Oktave höher, indem Sie mit dem Ringfinger der linken Hand zur übernächsten Saite, nämlich zur D-Saite wechseln. Der Ringfinger liegt wie von selbst auf der Oktave zum Ausgangston, zwei Bünde über dem Zeigefinger.

6 ➤ Erweitern Sie das Spektrum: Ab in die zweite Oktave

2. Drücken Sie den Ringfinger auf die Oktave herunter.

Die Oktave ist also zwei Bünde und zwei Saiten vom Ausgangston entfernt. Diese Methode funktioniert auch von der A-Saite zur G-Saite, Sie können alternativ auch Ihren Mittelfinger und den kleinen Finger verwenden. Wenn Sie die tiefere Oktave von Tönen auf der G- oder D-Saite suchen, kehren Sie die Methode einfach um.

Abbildung 6.9 zeigt die Beziehungen der Töne bei der Oktav-Methode.

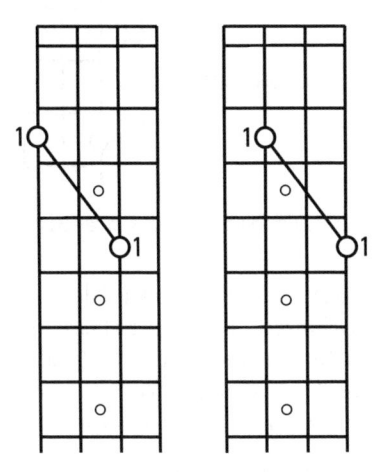

Abbildung 6.9: Die Oktav-Methode (auch Zwei-Saiten-zwei-Bünde-Methode)

✔ **Die Griffweite-plus-zwei-Bünde-Methode.** Statt wie bei der vorangegangenen Methode die Oktave auf der übernächsten Saite zu finden, hilft Ihnen diese Methode dabei, den gleichen Ton auf der darunter liegenden Saite zu finden.

1. **Drücken Sie die A-Saite mit dem Zeigefinger der linken Hand herunter, und schlagen Sie sie mit der rechten Hand an.**

2. **Verschieben Sie Ihre linke Hand nun um zwei Bünde in Richtung Brücke, und wechseln Sie mit dem kleinen Finger von der A-Saite zur E-Saite.**

3. **Drücken Sie den kleinen Finger auf die E-Saite, und spielen Sie den Ton.**

Sie spielen nun den gleichen Ton in der gleichen Oktave wie der Ausgangston auf der A-Saite. Sie können diese Methode auch von der D- zur A-Saite und von der G- zur D-Saite verwenden. Die Methode funktioniert auch umgekehrt.

Abbildung 6.10 zeigt die Beziehung der Töne bei der Griffweite-plus-zwei-Bünde-Methode.

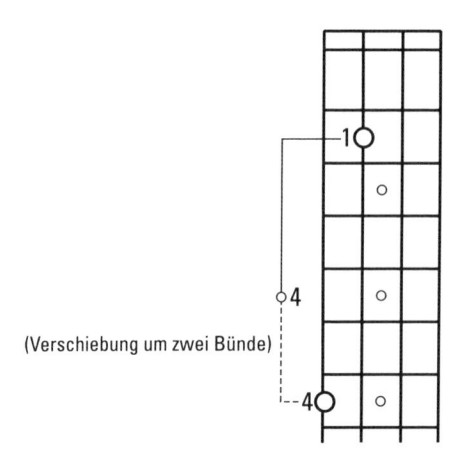

Abbildung 6.10: Die Griffweite-plus-zwei-Bünde-Methode

✔ **Die Markierungs-Methode.** Wenn Sie einen Ton auf der gleichen Saite suchen, können Sie die Markierungen auf dem Griffbrett oder an der Halsseite des Basses verwenden. Werfen Sie einen Blick auf den Hals. Dort befindet sich ein Bund, der mit zwei Punkten markiert ist. Dieser zwölfte Bund liegt genau eine Oktave höher als die jeweilige offene Saite. Hier können Sie also die Oktaven für alle offenen Saiten spielen (E, A, D, G).

So liegt beispielsweise die Oktave des offenen E genau am zwölften Bund (mit doppelter Markierung) der gleichen Saite. Wenn Sie die Oktave des tiefen F auf der E-Saite spielen wollen (der Ton auf dem ersten Bund der E-Saite), finden Sie diese genau einen Bund über der Doppelmarkierung (Bund 13). Wenn Sie die Oktave des tiefen G auf der E-Saite suchen (die erste Markierung der E-Saite), finden Sie diese an der ersten Markierung nach der Doppelmarkierung auf der E-Saite (Bund 15). Diese Methode funktioniert selbstverständlich auch bei den anderen Saiten. In Kapitel 3 finden Sie weitere Informationen über die Lage der Töne.

Sie können die Notensuche üben, indem Sie zufällig einen Ausgangston auswählen (beispielsweise C), und alle Oktaven dieses Tons auf dem Hals des Basses ausfindig machen. Wenn Sie damit fertig sind, nehmen Sie sich den nächsten Ton vor (beispielsweise A♭). Wiederholen Sie die Übung, bis Sie alle zwölf Töne durch haben: C, C♯/D♭, D, D♯/E♭, E, F, F♯/G♭, G, G♯/A♭, A, A♯/H♭, H. (Das ♯ erhöht eine Note um einen halben Ton, ein ♭ verringert die Note um einen halben Ton.)

Umkehrungen spielen

Es kann vorkommen, dass sich ein Akkord wie beispielsweise ein Dreiklang (1, 3, 5) besser anhört, wenn man nicht mit dem Grundton, sondern mit der Terz (3) oder Quint (5) beginnt (lesen Sie in Kapitel 5 Weiteres zum Thema Akkorde und Dreiklänge). Dazu müssen Sie lernen, wie man die Grund-Moll- und Dur-Akkorde umkehrt (die Tonreihenfolge ändert).

6 ➤ *Erweitern Sie das Spektrum: Ab in die zweite Oktave*

Nehmen Sie beispielsweise den C-Dur-Dreiklang (C, E, G). Statt nun C-E-G zu spielen, können Sie auch das E zuerst, das G als Nächstes und den Grundton C als Letztes spielen, also E-G-C. Oder Sie spielen das G zuerst, dann den Grundton C und als Letztes das E, also G-C-E. Diese Veränderung der Spielreihenfolge von Akkord-Tönen nennt man *Umkehrung*. Alle Umkehrungen in diesem Abschnitt können in einer Position ohne Verschieben der linken Hand gespielt werden.

Verlieren Sie bloß niemals Ihren Grundton aus dem Auge (Ohr). Alles, was Sie als Bassist tun, basiert auf dem Grundton. Wenn Sie wissen, wo Ihr Grundton liegt, finden Sie auch die anderen Töne, die damit in Beziehung stehen.

Dur-Akkorde umkehren

Versuchen Sie mal, die Umkehrungen für den C-Dur-Akkord zu spielen. Wenn Sie die Oktave zum C-Dur-Dreiklang dazunehmen, haben Sie Grundton, 3, 5 und Oktave (oder C-E-G-C).

Abbildung 6.11 zeigt den Dur-Akkord mit C als Grundton. In diesem Akkord liegt das C gleichzeitig im *Bass*. Damit ist gemeint, dass der Ton in diesem Akkord am tiefsten klingt. Fangen Sie den Akkord mit dem C auf dem achten Bund der E-Saite an. Achten Sie darauf, dass Ihre Hand an der gleichen Position bleibt, und spielen Sie den Grundton mit dem Mittelfinger.

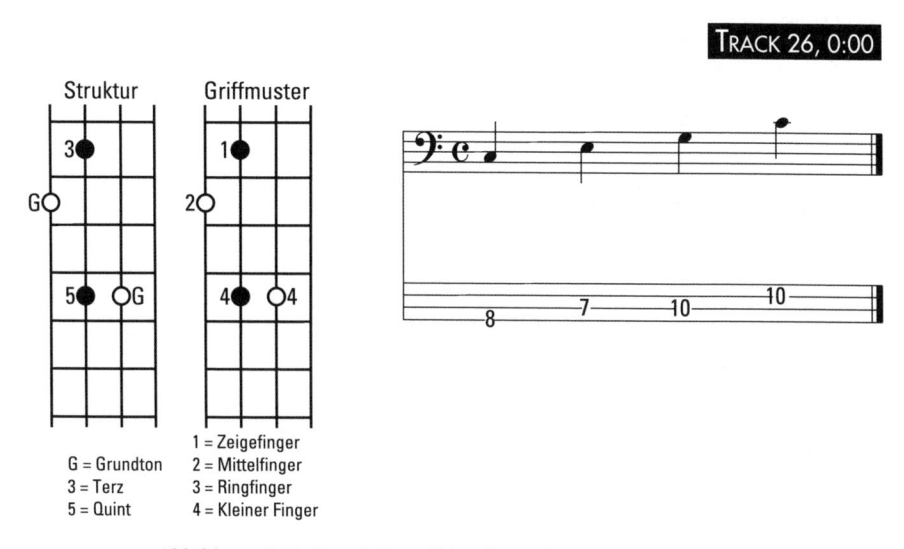

TRACK 26, 0:00

Abbildung 6.11: Der C-Dur-Akkord mit dem Grundton im Bass

Suchen Sie nun die Terz auf den Grundton C (es ist das E auf dem siebten Bund der A-Saite). Schauen Sie sich dazu auch Abbildung 6.12 an, und spielen Sie den C-Dur-Akkord jetzt mit der 3 im Bass, wie im Grid gezeigt wird. Der Akkord ist nun E-G-C-E. E liegt nun im Bass, doch C ist immer noch der Grundton.

Als Nächstes suchen Sie die Quint auf den Grundton C, also das G. Sie finden das G auf dem zehnten Bund der A-Saite. Folgen Sie dem Grid aus Abbildung 6.13, und lassen Sie die linke Hand schön an einer Position. Der Akkord ist nun G-C-E-G. G liegt jetzt im Bass, doch C ist immer noch der Grundton.

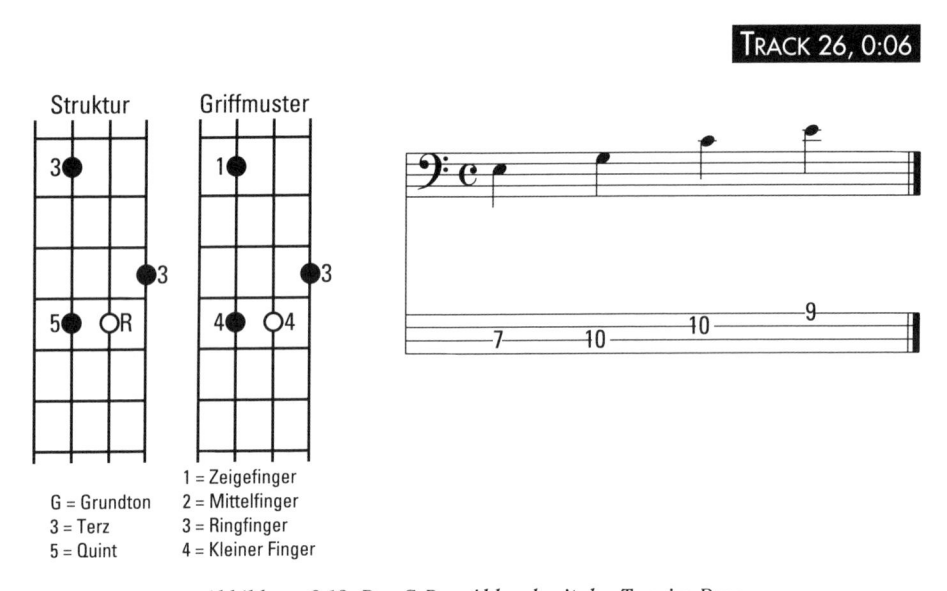

TRACK 26, 0:06

Abbildung 6.12: Der C-Dur-Akkord mit der Terz im Bass

Moll-Akkorde umkehren

Abbildung 6.14 zeigt den C-Moll-Akkord mit dem Grundton C im Bass. Dieser Akkord ist also C-E♭-G-C. Beginnen Sie mit dem C auf dem achten Bund der E-Saite, und behalten Sie die linke Hand immer an der gleichen Position. (Behalten Sie immer den Grundton im Auge, egal welche Tonart oder welchen Akkord Sie spielen.)

Suchen Sie nun die Terz des C-Moll-Akkords, das E♭. Legen Sie den Mittelfinger auf das E♭, den sechsten Bund auf der A-Saite. Folgen Sie dem Grid aus Abbildung 6.15, und spielen Sie den C-Moll-Akkord mit der Terz im Bass. Der Akkord lautet nun E♭-G-C-E♭. E♭ liegt nun im Bass, doch C ist immer noch der Grundton.

Schließlich suchen Sie noch die Quint des C-Moll-Akkords, das G. Sie finden das G auf dem zehnten Bund der A-Saite. Folgen Sie dem Grid in Abbildung 6.16, und behalten Sie die Bundhand immer an der gleichen Position. Ihr Akkord lautet nun G-C-E♭-G. G liegt im Bass, doch C ist immer noch der Grundton.

6 ► Erweitern Sie das Spektrum: Ab in die zweite Oktave

TRACK 26, 0:13

Struktur — Griffmuster

G = Grundton
3 = Terz
5 = Quint

1 = Zeigefinger
2 = Mittelfinger
3 = Ringfinger
4 = Kleiner Finger

Abbildung 6.13: C-Dur-Akkord mit der Quint im Bass

TRACK 27, 0:00

Struktur — Griffmuster

G = Grundton
3 = Terz
5 = Quint

1 = Zeigefinger
2 = Mittelfinger
3 = Ringfinger
4 = Kleiner Finger

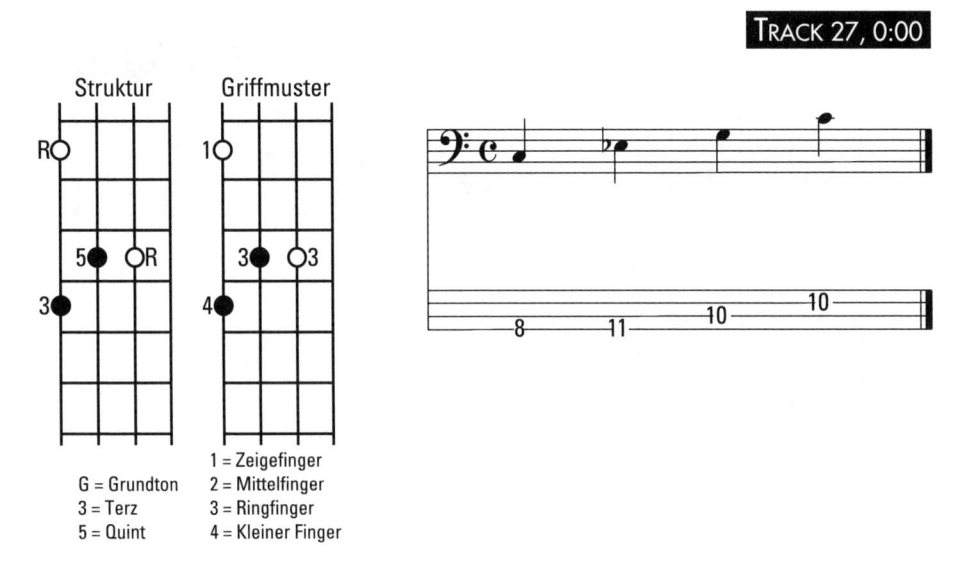

Abbildung 6.14: C-Moll-Akkord mit dem Grundton im Bass

Mit dem gleichen Muster können Sie jeden beliebigen Moll- oder Dur-Akkord invertieren.

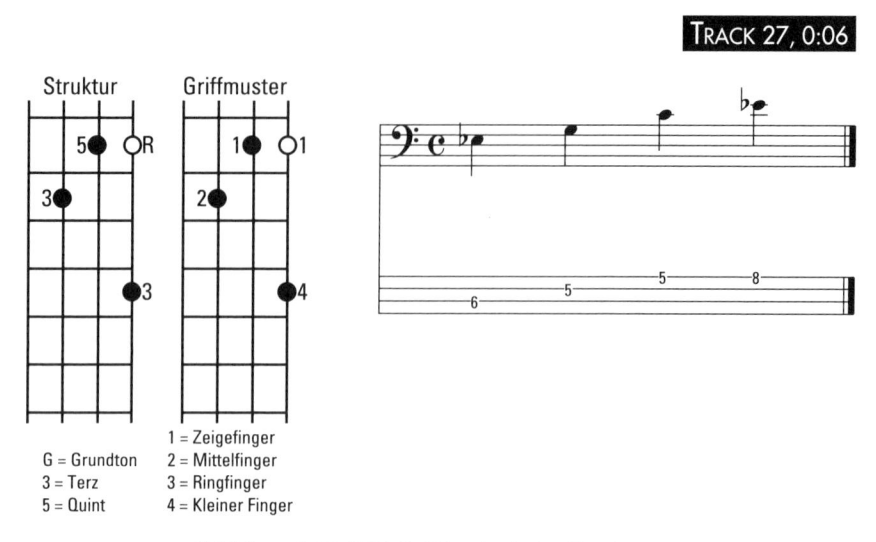

Abbildung 6.15: C-Moll-Akkord mit der Terz im Bass

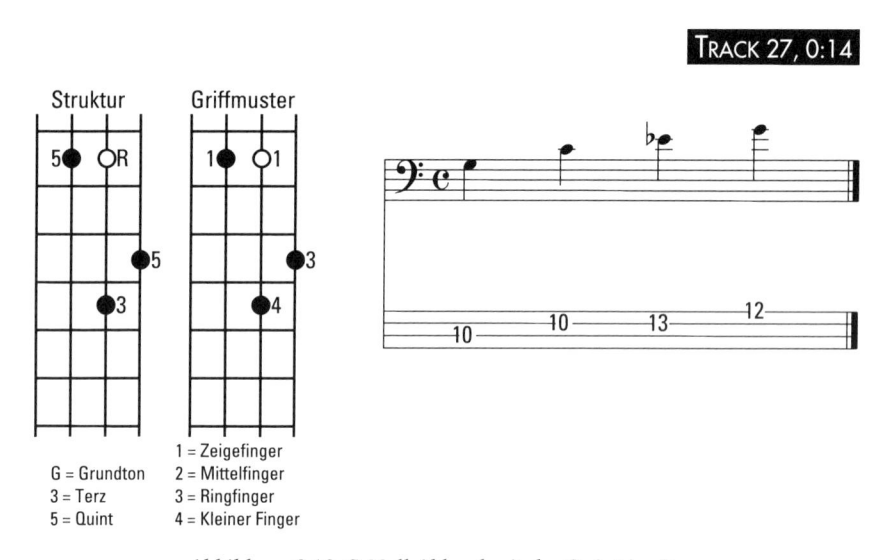

Abbildung 6.16: C-Moll-Akkord mit der Quint im Bass

Grooves komponieren

In diesem Kapitel

▷ Den Groove analysieren

▷ Grooves kreieren

▷ Grooves zusammen mit dem Schlagzeuger entwickeln

*W*as haben Rock, Funk, Blues, Reggae und all die anderen musikalischen Stilrichtungen gemeinsam? Jede Stilrichtung hat einen unverwechselbaren Groove. Ein *Groove* ist eine kurze musikalische Phrase (Gruppe von Tönen), die der Bassist im Song ständig wiederholt. Grooves bilden das rhythmische und harmonische Fundament (Akkorde und Skalen) für die Band und den Zuhörer. Die Fähigkeit, Grooves in unterschiedlichen Stilen zu komponieren, ist für einen Bassisten absolut essenziell – ganz abgesehen davon macht es auch noch eine Menge Spaß.

Dieses Kapitel bietet eine Einführung in die wundervolle Welt der Grooves. Um das Meiste aus diesem Kapitel herausholen zu können, müssen Sie sich mit zwei grundlegenden Konzepten auskennen. Hmmm, wenn der Groove die Grundlage für Rhythmus und Harmonien bildet, könnte es sich dabei vielleicht um … Rhythmus und Harmonien handeln? Genau! Der Rhythmus lässt das Publikum wippen, und die Harmonien bringen den Zuhörer zum Mitsingen. (Mehr über Rhythmus erfahren Sie in Kapitel 3, und weitere Informationen zu Harmonien warten in Kapitel 5 auf Sie.)

Sind Sie so weit? Get into the Groove!

Die Anatomie eines Grooves: Die nötigen Elemente zusammenfügen

Ein guter Groove kann den Zuhörer dazu bringen, mit dem Fuß zu wippen, mit dem Kopf zu nicken und mit den Fingern zu schnippen. Sie können den gleichen Groove in einem Song von Akkord zu Akkord durchziehen, ohne die zu Grunde liegende Phrase zu verändern. Hört sich primitiv an? Grooves sind jedoch alles andere als primitiv. Einer meiner Lehrer sagte mir vor langer Zeit einmal etwas, das ich niemals vergessen werde: Mit dem richtigen Groove kann ein guter Bassist ganz alleine eine Halle voller Leute zum Tanzen bringen. Ein Groove setzt sich aus unterschiedlichen Elementen zusammen. Sie können diese Elemente dazu verwenden, Ihre eigenen, mitreißenden Grooves zu komponieren. Lesen Sie die Ratschläge im nächsten Abschnitt, um in die Startlöcher zu kommen.

Das Groove-Skelett

Das menschliche Skelett besteht aus 206 Knochen, während das Groove-Skelett nur aus zwei Knochen ... äh, Tönen besteht. Die ersten zwei Töne eines jeden Grooves bilden das, was ich als *Groove-Skelett* bezeichne. Ein Groove kann über diese zwei Töne hinaus noch aus weiteren Tönen bestehen, doch sind diese beiden Töne mit Abstand die wichtigsten, da sie den Grundton des Akkords, das Tempo des Stücks und die rhythmische Ausrichtung festlegen. In der folgenden Liste möchte ich jedes dieser Elemente etwas näher betrachten:

- ✔ **Der Grundton des Akkords.** Normalerweise spielt man den Grundton als ersten Ton eines Grooves. Der Grundton ist der wichtigste Ton eines Akkords (oder einer Tonleiter) – dieser Ton zieht das Gehör sprichwörtlich an. Der zweite Ton bzw. die andere Hälfte des Groove-Skeletts ist meist ein Akkord-Ton (Grundton, 3, 5 oder 7), der den Akkord genauer definiert. Mit diesen zwei Tönen können Sie dem Zuhörer schon einen guten Eindruck vermitteln, welche Harmonien in dem Stück gespielt werden.

- ✔ **Das Tempo des Stücks.** Musik hat immer ein bestimmtes Tempo. Das Tempo wird durch Anzählen (1-2-3-4) oder durch Wippen mit dem Fuß festgelegt. Es kann schnell, langsam oder irgendwo dazwischen sein. Die Zeit, die zwischen dem ersten und dem zweiten Ton des Groove-Skeletts vergeht, definiert das Tempo des Grooves und des Songs. Der Zuhörer erkennt, wie schnell die Musik ist.

- ✔ **Der rhythmische Ausdruck.** Ein Schlag kann in die folgenden Teile zerlegt werden: Vierteltöne, Achteltöne, Sechzehnteltöne oder Triolen (siehe Kapitel 3). Mit der Wahl der Schlagunterteilung Ihres Groove-Skeletts signalisieren Sie dem Zuhörer, welchen rhythmischen Ausdruck der Groove und der Song haben. Dieser Aspekt hat nichts mit dem Tempo zu tun. Unterschiedliche Ausdrücke können mit dem gleichen Tempo gespielt werden. Der Ausdruck kann dem Zuhörer zum Beispiel das Gefühl von Spannung oder Entspannung vermitteln – ganz ohne dass sich das Tempo der Musik verändert.

Abbildung 7.1 zeigt, wie das Groove-Skelett unterschiedliche Ausdrücke erzeugen kann.

Wenn Sie sich die Grooves aus Abbildung 7.1 anhören, wippen Sie bitte mit dem Fuß dazu (Sie hören am Anfang jedes Tracks, wie ich das Tempo durch Anzählen definiere). Achten Sie darauf, dass das Tempo bei allen sechs Grooves immer gleich bleibt. Außerdem werden Sie feststellen, dass alle sechs Grooves aus exakt den gleichen Tönen bestehen. Und dennoch hören sich die einzelnen Grooves ganz unterschiedlich an. Jeder hat eine eigene, einzigartige Charakteristik, die einfach nur dadurch entsteht, dass das Groove-Skelett rhythmisch etwas variiert wird. Hier können Sie die Macht des Groove-Skeletts erfahren: Wenn Sie das Groove-Skelett verändern und den Rest so lassen, wie er ist, entsteht dennoch ein völlig neuer Groove. In diesem Track ändert sich von Groove zu Groove ausschließlich das Groove-Skelett.

7 ➤ Grooves komponieren

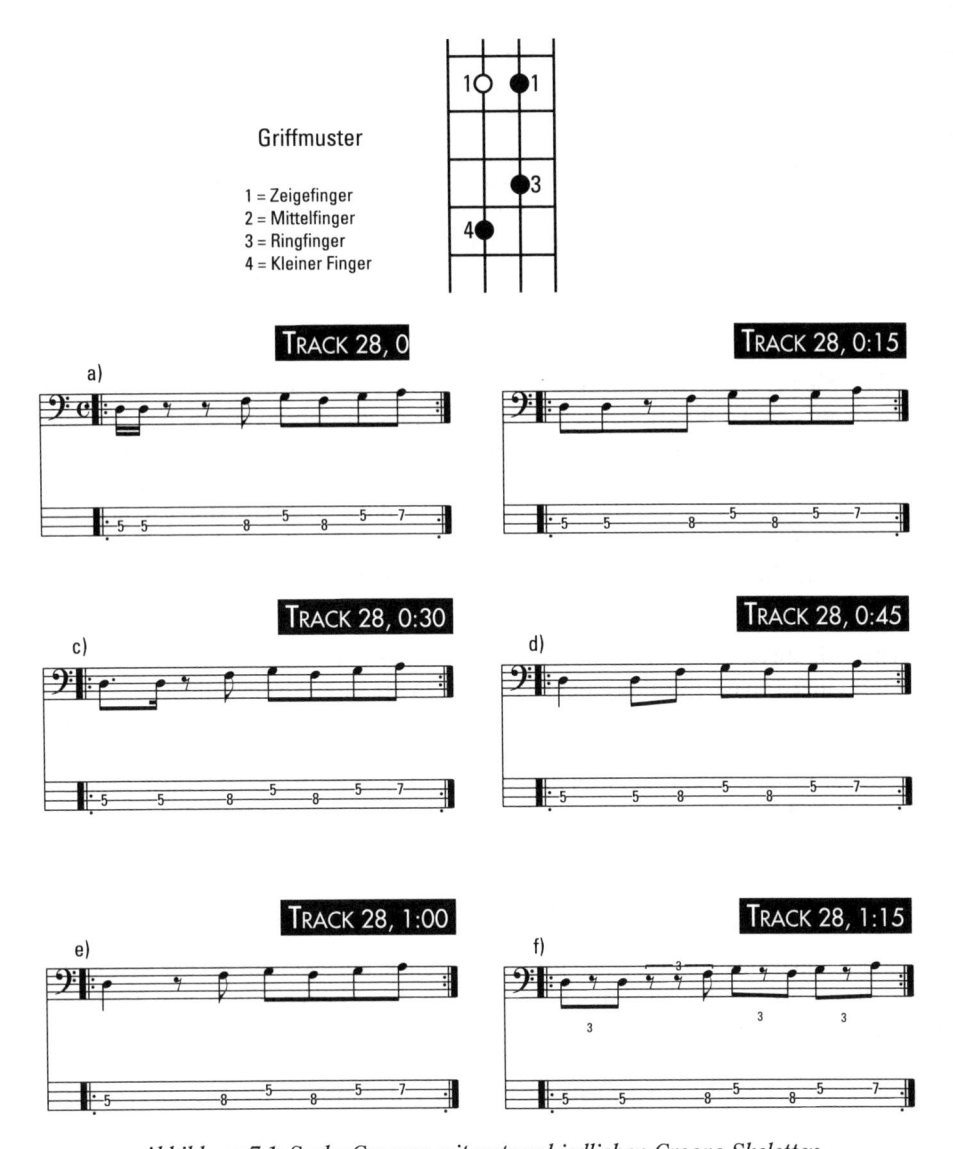

Griffmuster

1 = Zeigefinger
2 = Mittelfinger
3 = Ringfinger
4 = Kleiner Finger

Abbildung 7.1: Sechs Grooves mit unterschiedlichen Groove-Skeletten

Die richtigen Töne für einen Groove

Grooves zu spielen ist eine ziemlich schwer fassbare Sache. Als ich mit der Schule fertig war, konnte ich allerhöchstens die Grooves von anderen Leuten kopieren. Ich hatte überhaupt keine Ahnung, wie ich eigene Grooves kreieren sollte. Schließlich habe ich nun – nach Jahren der Forschung und Analyse – herausgefunden, was einen Groove wirklich ausmacht und … grooven lässt. Ja, es gibt eine Methode dahinter, es steckt Wissenschaft in der Kunst.

4. **Sept (7).** Die Sept ist eine weitere exzellente Besetzung für Ihren Groove, vor allem, wenn es sich um Moll- oder Dominant-Akkorde handelt. Diese Akkorde haben nämlich beide eine verminderte Sept (♭7).

5. **Quart (4).** Die Quart kann man gut als *Übergangston* verwenden, um zum nächsten wichtigen Ton zu kommen. Übergangstöne bringen ein bisschen Leben in den Groove und erzeugen einen interessanten Sound. Achten Sie jedoch darauf, solche Übergangstöne nicht zu betonen, da sie ansonsten mit dem Akkord kollidieren könnten.

6. **Sext (6).** Die Sext ist eine gute Wahl als neutraler Ton. (Unabhängig davon, welchen Akkord Sie spielen – die Sext passt immer.) Wie bei der Quart sollten Sie auch die Sext nicht zu stark betonen. Die Sext eignet sich hervorragend als Übergangston, mit dem man von einem starken Ton zum nächsten überleitet.

7. **Sekund (2).** Die Sekund ist nicht gerade die beste Wahl für Ihren Groove. Sie liegt zu nahe am Grundton (nur zwei Bünde entfernt) und neigt daher dazu, mit dem Akkord zu kollidieren. Als Übergangston kann sich die Sekund jedoch durchaus eignen.

Einen eigenen Groove komponieren

Mit ein wenig Hilfe (von mir) können Sie eigene, selbst gemachte Grooves kreieren. Der Prozess, der dabei in Ihrem Kopf abläuft, ist immer der gleiche – völlig unabhängig davon, ob Sie in Dur-, Moll- oder Dominant-Tonlage spielen.

Falls Sie den Abschnitt »Die richtigen Töne für einen Groove« etwas weiter vorne in diesem Kapitel noch nicht gelesen haben, sollten Sie dies vielleicht jetzt nachholen. Dort erfahren Sie nämlich, welche wichtigen Entscheidungen Sie treffen müssen, bevor Sie den Groove komponieren.

Dominant-, Moll- und Dur-Grooves erstellen

Die Vorbereitungen für das Spiel von Grooves sind eigentlich immer die gleichen, nur müssen Sie ein paar kleine Veränderungen vornehmen, um den Groove an die unterschiedlichen Akkorde anzugleichen: Dominant, Moll und Dur (siehe Kapitel 5).

Der Dominant-Groove

Stellen Sie sich vor, Sie treffen sich mit einigen Musikern, um zusammen zu spielen. Einer von denen ruft: »Lasst uns in D7 jammen!« (Er meint damit, dass D-Dominant gespielt werden soll.) Jetzt bloß nicht in Panik geraten. Die folgende Liste gibt Ihnen ein paar Hilfen an die Hand, mit denen Sie festlegen können, welche Töne Sie in einem D7-Jam spielen können. Abbildung 7.3 zeigt den Prozess.

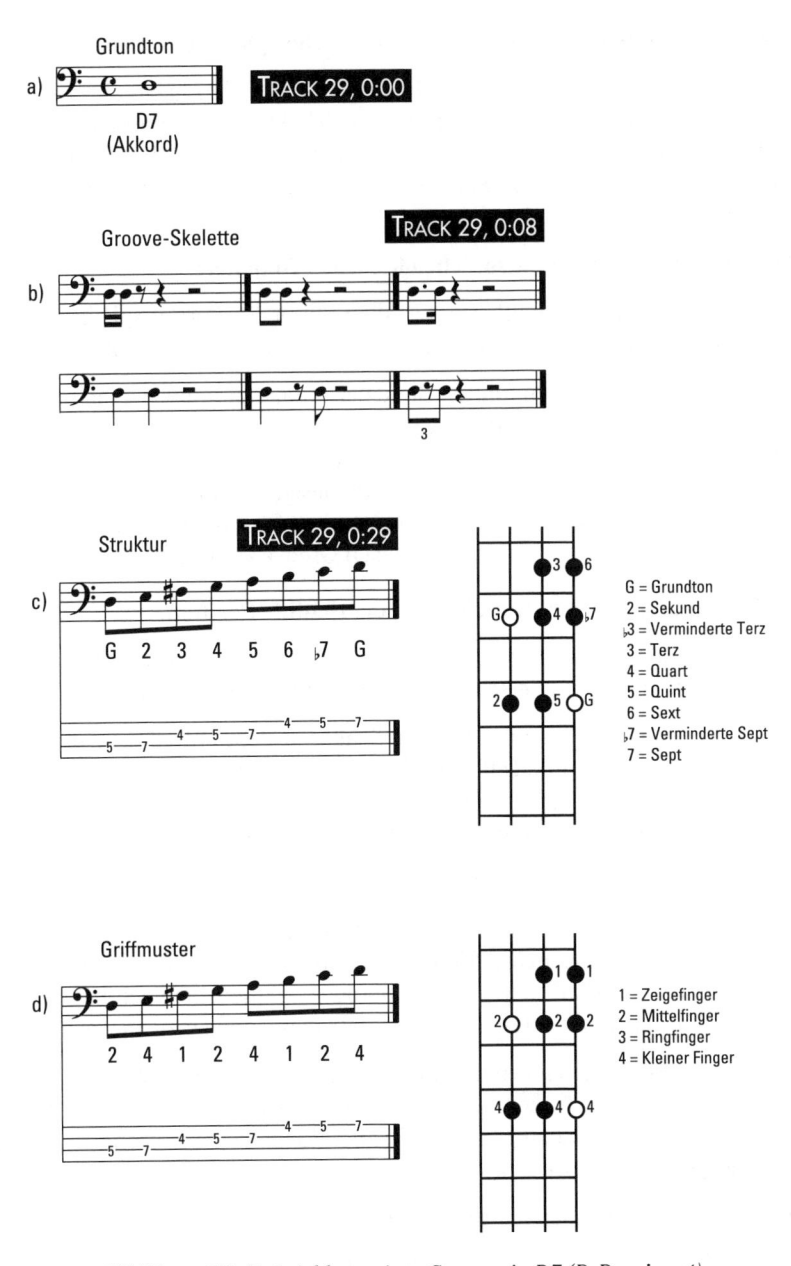

Abbildung 7.3: Entwicklung eines Grooves in D7 (D-Dominant)

1. **Bestimmen Sie den Grundton des Akkords.**

    In diesem Fall handelt es sich um D7, der Grundton des Akkords ist also D (siehe Abbildung 7.3a).

2. **Entscheiden Sie, welche Art von Groove-Skelett Sie spielen möchten.**

   Abbildung 7.3b zeigt eine kleine Auswahl. In den Beispielen habe ich zwei Achtelnoten verwendet, Sie können jedoch auch mit anderen Schlägen experimentieren. Lassen Sie am besten Ihr Gehör entscheiden, welcher Rhythmus für die entsprechende Situation am besten passt. (Mehr über das Groove-Skelett erfahren Sie im Abschnitt »Das Groove-Skelett« weiter vorne in diesem Kapitel.)

3. **Wählen Sie die dem Akkord entsprechende Skala (Tonleiter).**

   Für den D7-Akkord aus diesem Beispiel ist die richtige Skala D-mixolydisch (siehe Abbildung 7.3c). In Kapitel 5 erfahren Sie, welche Skalen zu welchen Akkorden gehören.

   Sie spielen D-mixolydisch vom fünften Bund der A-Saite bis zum siebten Bund der G-Saite. Entnehmen Sie die Töne für Ihren Groove dieser Skala. Wählen Sie die Töne aus den Intervallen, die ich in Abbildung 7.3c markiert habe (siehe auch »Die Guten ins Töpfchen, die Schlechten ins Kröpfchen« weiter vorne in diesem Kapitel). Ich habe den Grundton, die Quint und die verminderte Sept für den einfachen Groove, und Grundton, Terz, Quart, Quint und verminderte Sept für den komplexen Groove verwendet (siehe Abbildung 7.4).

4. **Bringen Sie Ihre Bundhand in die richtige Position.**

   Um den Groove mit dem geringsten Aufwand zu spielen, müssen Sie versuchen, unnötiges Verschieben der Bundhand vermeiden.

   Beginnen Sie die mixolydische Skala mit dem Mittelfinger der linken Hand auf dem Grundton D (fünfter Bund auf der A-Saite). Sie können alle Töne der Skala von dieser Position aus erreichen, ohne die linke Hand zu verschieben. Schauen Sie sich auch das Griffmuster der Skala in Abbildung 7.3d an.

5. **Überlegen Sie, wie mobil Ihr Groove sein muss.**

   Besteht das Stück aus unterschiedlichen Akkorden (der Grundton wechselt also), muss Ihr Groove *mobil* sein. Das heißt, Sie müssen ihn von Akkord zu Akkord transponieren können. In solch einem Fall sollten Sie den Groove möglichst einfach halten. Wählen Sie nur wenige Töne aus, und achten Sie darauf, dass diese einfach zu spielen sind.

   Wenn Sie im Großen und Ganzen nur auf einem Akkord bleiben (was bei einem Jam über D7 sehr wahrscheinlich ist), können Sie Ihren Groove etwas komplexer gestalten, damit er nicht langweilig wird. Schauen Sie sich in Abbildung 7.4 die einfache und die komplexe Variante des gleichen Grooves an.

6. **Und jetzt viel Spaß beim Spielen Ihres Grooves.**

   Sie haben richtig gelesen. Viel Spaß! Welchen Groove Sie auch immer erfinden, denken Sie daran: Es heißt nicht »Musik arbeiten«, sondern »Musik spielen« – es geht also um Spaß an der Sache.

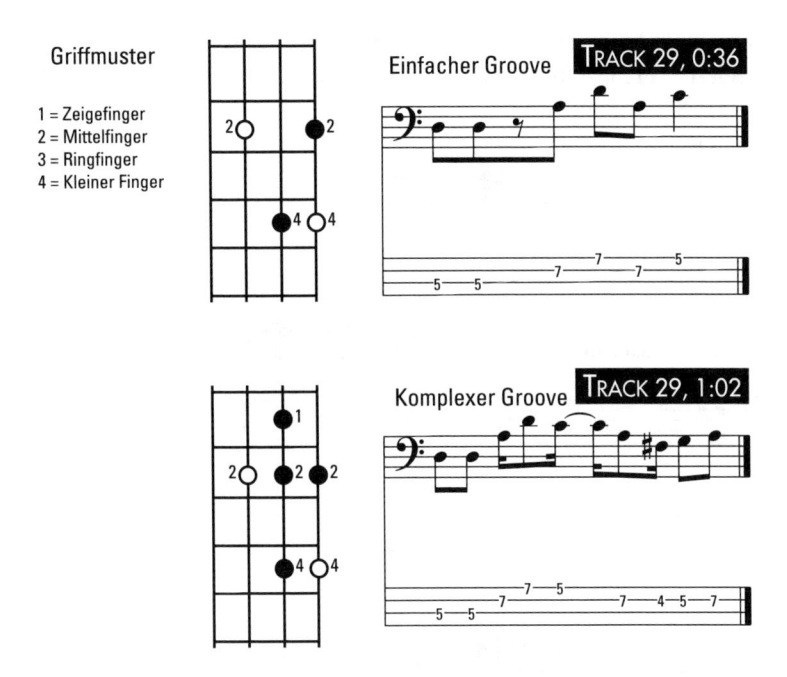

Abbildung 7.4: Ein einfacher und ein komplexer Groove für D7

Der Moll-Groove

Sie spielen wieder mit der Band und jammen auf einem Dominant-Groove ... Doch Moment, einer der Musiker ruft plötzlich:»Jetzt jammen wir mal in D-Moll!« Jetzt müssen Sie einige Veränderungen vornehmen, aber entspannen Sie sich: Die folgende Liste und Abbildung 7.5 zeigen Ihnen, wie es geht.

1. **Bestimmen Sie den Grundton des Akkords.**

    In diesem Fall handelt es sich um D-Moll (auch Dm oder Dm7 geschrieben), also ist der Grundton D (siehe Abbildung 7.5a).

2. **Entscheiden Sie sich für ein Groove-Skelett.**

    Ich zeigen Ihnen in Abbildung 7.5b die grundlegenden Möglichkeiten. Ich habe die punktierte Achtelnote und die Sechzehntelnote als Groove-Skelett gewählt, doch Sie können auch andere Varianten probieren.

3. **Wählen Sie die entsprechende Skala für den Akkord.**

    Die entsprechende Skala für den D-Moll-Akkord ist D-dorisch (siehe Abbildung 7.5c). Mehr über dorische Tonleitern finden Sie in Kapitel 5.

    Die dorische Skala in D beginnt auf dem fünften Bund der A-Saite und endet auf dem siebten Bund der G-Saite. Wählen Sie die Töne für Ihren Groove aus dieser Skala. Nehmen Sie dazu die ausgewählten Töne aus den Intervallen in Abbildung 7.5c. Ich habe Grundton,

Quint und verminderte Sept (♭7) für den einfachen Groove und zusätzlich die Quart und die verminderte Terz (♭3) für den komplexen Groove verwendet (siehe Abbildung 7.6).

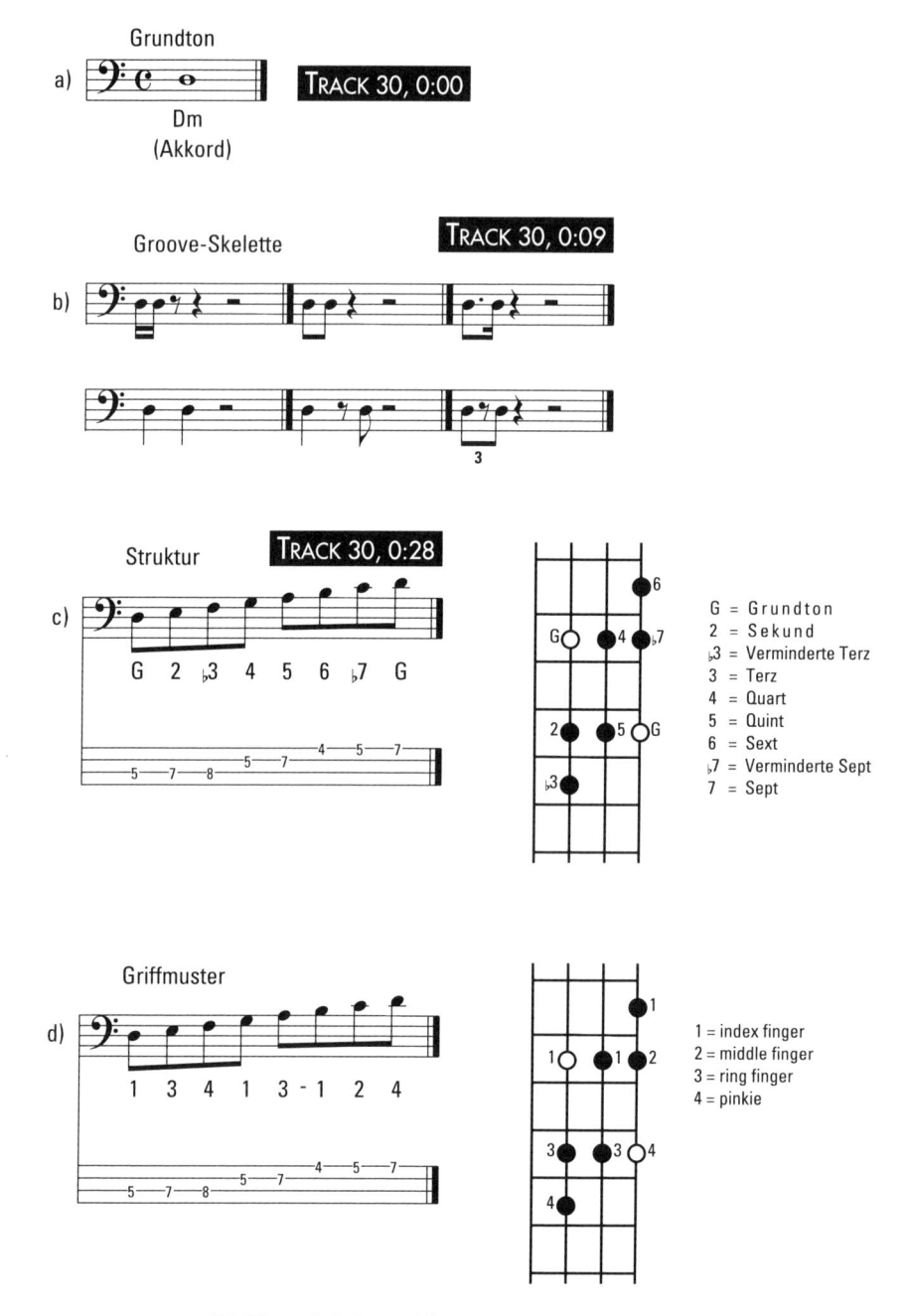

Abbildung 7.5: Entwicklung eines Grooves in D-Moll

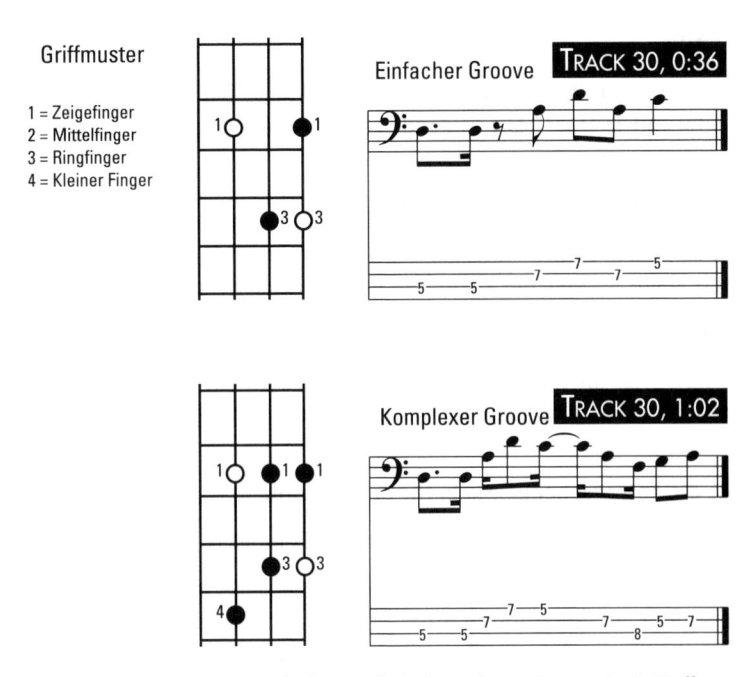

Abbildung 7.6: Ein einfacher und ein komplexer Groove in D-Moll

4. **Bringen Sie Ihre linke Hand in die richtige Position.**

   Sie sollten normalerweise unnötiges Verschieben der Bundhand vermeiden. Die dorische D-Tonleiter lässt sich jedoch nicht ohne eine kleine Verschiebung spielen.

   Beginnen Sie die dorische D-Skala mit dem Zeigefinger der linken Hand auf dem Grundton D (fünfter Bund auf der A-Saite). Von dieser Position aus können Sie alle Töne erreichen, bis Sie zur G-Saite gelangen. An diesem Punkt müssen Sie Ihre Hand um einen Bund in Richtung Sattel verschieben, um die restlichen drei Töne zu spielen. Schauen Sie sich dazu auch das Griffmuster in Abbildung 7.5d an.

5. **Überlegen Sie, wie mobil Ihr Groove sein muss.**

   Ihr Groove muss mobil sein, wenn der Song aus unterschiedlichen Akkorden besteht. In solch einem Fall sollten Sie darauf achten, einen einfachen Groove zu spielen. Wählen Sie nur wenige Töne, die sich leicht spielen lassen. Zwar muss man bei der dorischen D-Skala einmal die Bundhand verschieben, doch niemand zwingt Sie, alle Töne der Skala zu spielen. Spielen Sie doch einfach die Töne, die Sie ohne Verschiebung erreichen können.

   Falls Sie für längere Zeit auf einem Akkord bleiben (was Jam-Sessions oft an sich haben), können Sie Ihren Groove ein wenig komplexer gestalten, damit er nicht langweilig wird. Abbildung 7.6 zeigt eine einfache und eine komplexere Version des gleichen Grooves. Beachten Sie, dass Sie bei keinem der beiden Grooves die Bundhand verschieben müssen.

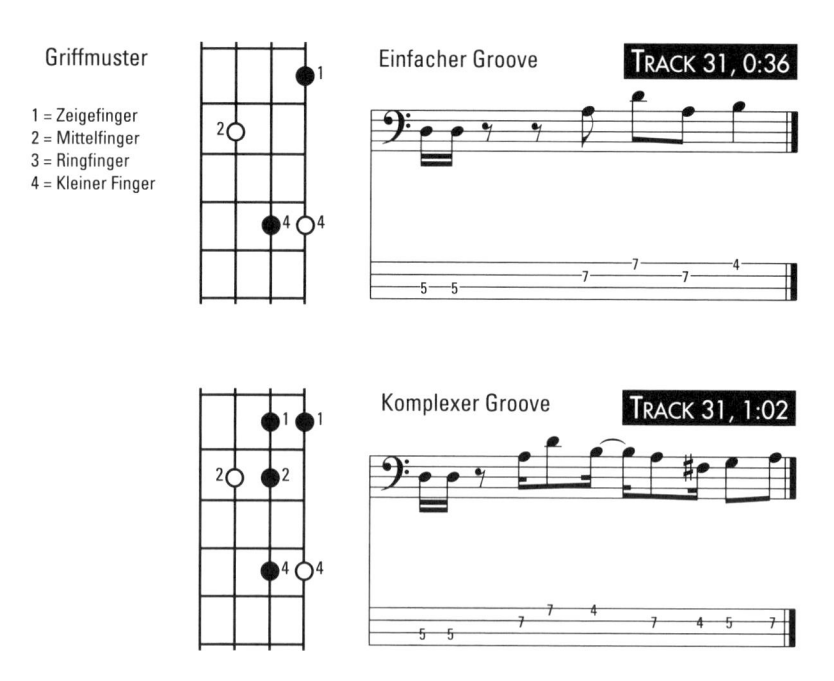

Abbildung 7.8: Ein einfacher und ein komplexer Groove in D-Dur

Von Akkord zu Akkord grooven

Stellen Sie sich vor, Sie jammen auf D7, D-Moll und D-Dur (wie in den vorangegangenen Abschnitten erläutert), und die Grooves fließen Ihnen geradezu aus den Händen. Der ganze Proberaum rockt wie wild. Alles läuft sogar so gut, dass der Bandleader plötzlich Akkord-Charts eines selbst geschriebenen Stücks verteilt.

Das Stück besteht aus reichlich Akkorden, und diese wechseln auch extrem häufig zwischen Dur, Moll und Dominant. Bekommen Sie nun das große Zittern? Es gibt eigentlich keinen Grund. Schauen Sie sich einfach das Akkord-Chart in Abbildung 7.9 an, und finden Sie heraus, wo die Grundtöne liegen. Mit den Methoden aus den vorangegangenen Abschnitten können Sie einen einfachen Groove entwickeln, den Sie von Akkord zu Akkord transponieren können.

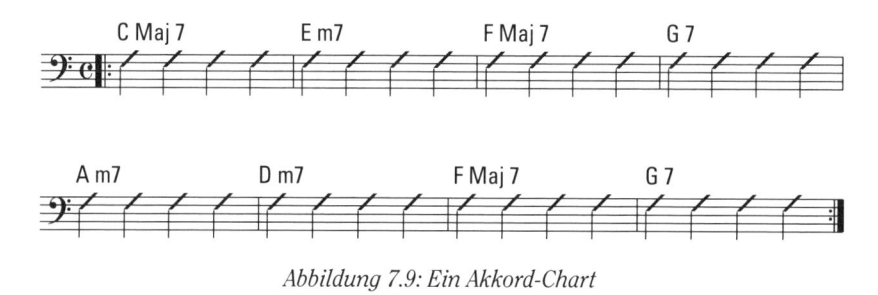

Abbildung 7.9: Ein Akkord-Chart

Konstante Strukturen verwenden

Konstante Strukturen bieten eine einfache Möglichkeit, einen Groove ohne Probleme auf unterschiedlichen Akkorde in verschiedenen Tonalitäten (Moll, Dur, Dominant) anzuwenden. Eine konstante Struktur besteht aus einer Gruppe von Tönen innerhalb eines Grooves, die man unverändert von Akkord zu Akkord transponieren kann, auch wenn die Tonalität von Dur zu Moll oder zu Dominant wechselt. Der Grundton und die Quint lassen sich sehr einfach von Akkord zu Akkord verschieben und sind deshalb die gebräuchlichsten konstanten Strukturen. Grooves aus Grundton und Quint sind zwar einfach, aber auch kraftvoll. Letztlich bestehen die meisten Songs aus Grundton-Quint-Grooves. Schauen Sie sich, während Sie die folgende Liste lesen, auch Abbildung 7.10 mit Tipps für die Erstellung von mobilen Grooves an.

1. **Komponieren Sie einen Groove.** Lesen Sie dazu den Abschnitt »Dominant-, Moll- und Dur-Grooves erstellen« weiter vorne in diesem Kapitel. Halten Sie den Groove einfach, da Sie ihn auf unterschiedliche Akkorde anwenden müssen. Ich habe einen Groove gewählt, bei dem man alle Töne ohne Verschieben der Bundhand erreichen kann (siehe Abbildung 7.10a).

   Für diesen Groove benötigen Sie zwei weitere Saiten, die über dem Grundton liegen – wählen Sie also Ihren Grundton entweder auf der E- oder auf der A-Saite. Wenn Sie den Groove auf der D- oder G-Saite beginnen, bleiben nicht genügend Saiten übrig.

2. **Suchen Sie die Grundtöne der Akkorde heraus.** Schauen Sie sich Ihr Akkord-Chart an (wie in Abbildung 7.9), und suchen Sie die Grundtöne der Akkorde auf dem Griffbrett Ihres Basses heraus. Achten Sie dabei darauf, dass Sie bei diesem Groove alle Grundtöne auf die E- bzw. A-Saite legen müssen. Abbildung 7.10b zeigt Ihnen, wo die Grundtöne für die Akkorde des Akkord-Charts auf Ihrem Bass zu finden sind.

3. **Üben Sie, den Groove fließend von einem Akkord zum nächsten zu transponieren.** Sie müssen die Verschiebungen ohne jede Verzögerung ausführen. Abbildung 7.10c zeigt die Verschiebungen der Akkorde auf dem Griffbrett.

Akkord-Töne verwenden

Eine andere Methode, einen Groove auf Akkorde mit unterschiedlichen Tonalitäten anzuwenden, funktioniert über die *Akkord-Töne*. Unter Akkord-Tönen versteht man die Töne eines Akkords, die den Akkord definieren (Grundton, Terz, Quint und Sept).

Wenn Sie einen Song spielen, der viele unterschiedliche Tonalitäten wie Dur, Moll und Dominant beinhaltet, müssen Sie Ihren Groove immer wieder geringfügig anpassen, um die jeweiligen Akkord-Töne zu spielen. Ihre Griffmuster verändern sich darum, wenn Sie von einem Akkord zum nächsten wechseln. Halten Sie den Groove auch hier einfach, da Sie schon genug damit zu tun haben, den Groove von Akkord zu Akkord anzupassen.

Schauen Sie sich, während Sie die folgende Liste lesen, auch Abbildung 7.11 für einen mobilen Groove mit Akkord-Tönen an.

E-Bass für Dummies

TRACK 32, 0:00

a)

Griffmuster

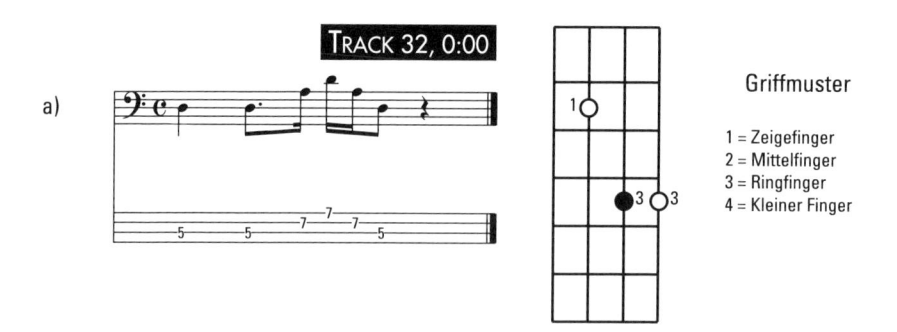

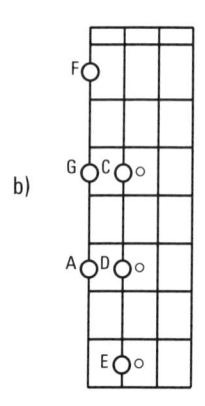

1 = Zeigefinger
2 = Mittelfinger
3 = Ringfinger
4 = Kleiner Finger

b)

TRACK 32, 0:09

c) C Maj7   E m7   F Maj 7   G 7

A m7   D m7   F Maj7   G 7

Abbildung 7.10: Ein mobiler Groove mit konstanter Struktur

156

7 ➤ Grooves komponieren

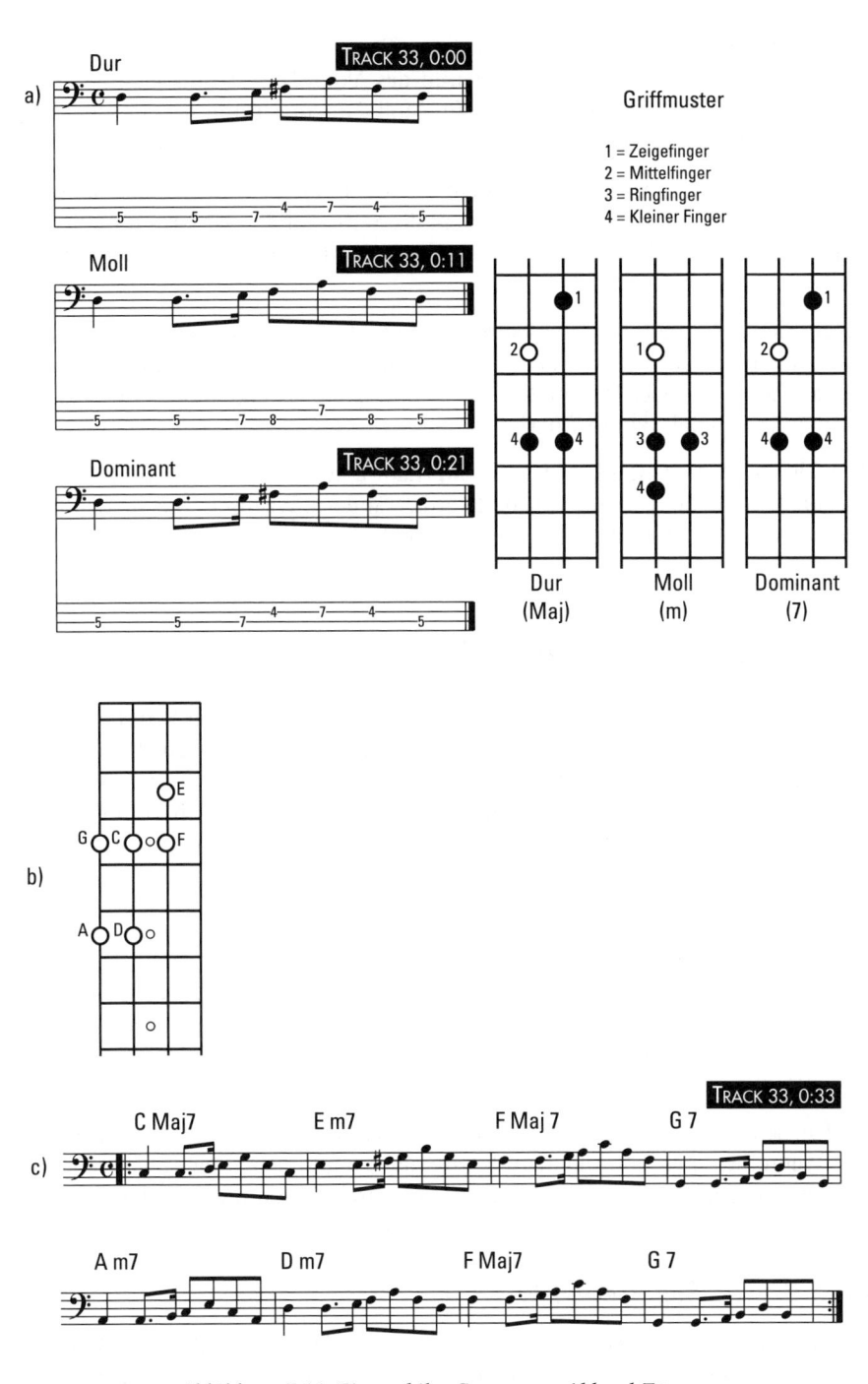

Abbildung 7.11: Ein mobiler Groove aus Akkord-Tönen

1. **Erstellen Sie einen Groove.** Machen Sie Ihren Groove nicht zu kompliziert. Ich habe meinen Groove aus Grundton, Terz und Quint des Akkords zusammengesetzt. Sie können sich die unterschiedlichen Griffmuster für Moll, Dur und Dominant in Abbildung 7.11a anschauen. (Zur besseren Vergleichbarkeit starten alle Beispiele bei D.)

   Üben Sie diesen Groove zunächst mit ein und demselben Grundton, bis Sie ihn im Griff haben. Dieser Groove benötigt zwei Saiten: die Saite, auf der der Grundton liegt, und die darüber liegende. Sie können den Groove also entweder auf der E-, A- oder D-Saite beginnen.

2. **Finden Sie die Grundtöne der Akkorde heraus.** Mit Hilfe des Akkord-Charts suchen Sie die Grundtöne der Akkorde auf dem Griffbrett Ihres Basses heraus. Die Grundtöne können dabei auf der E-, A- oder D-Saite liegen. Abbildung 7.11b zeigt die Positionen der Grundtöne für das Beispiel-Akkord-Chart.

3. **Üben Sie, den Groove fließend von einem Akkord zum nächsten zu führen.** Sie müssen dabei die Griffmuster von Akkord zu Akkord verändern. Wechseln Sie die Griffmuster ohne Verzögerungen. Abbildung 7.11c zeigt den Aufbau des Grooves für die verschiedenen Akkorde.

Perfekter Sitz: Der Designer-Groove

Hin und wieder hört man einen Bass-Groove, der einem einfach die Schuhe auszieht. Ein Groove, der einfach auf den Song passt wie angegossen. Ich nenne solche Grooves *Designer-Grooves* – sie werden nämlich sprichwörtlich darauf hin designt, dass sie perfekt in die rhythmischen und harmonischen Vorgänge eines Stücks passen. Zusätzlich zum Groove-Skelett (siehe auch »Das Groove-Skelett« weiter vorne in diesem Kapitel), haben Designer-Grooves nämlich einen so genannten Groove-Scheitelpunkt.

Der Groove-Scheitelpunkt

Der *Groove-Scheitelpunkt* bildet eine Art Höhepunkt des Grooves. Jeder Groove hat einen Scheitelpunkt. Der Groove-Scheitelpunkt wird entweder vom höchsten oder tiefsten Ton des Grooves gebildet. Auf jeden Fall ist es meist der Ton, der am weitesten vom Grundton des Grooves entfernt liegt.

Welcher Ton den Scheitelpunkt bildet, bleibt natürlich Ihrer persönlichen Interpretation vorbehalten. Wenn Sie einen Ton in einem Bass-Groove hören, der Ihnen regelrecht entgegenspringt, dann ist das der Groove-Scheitelpunkt. Durch Akzentuierung des Scheitelpunkts können Sie den Groove besser in die Musik des Songs einpassen.

Der hohe Groove-Scheitelpunkt

Der *hohe Groove-Scheitelpunkt* wird vom höchsten Ton des Grooves gebildet. Abbildung 7.12 zeigt einen Groove mit einem deutlichen hohen Scheitelpunkt. Beachten Sie, wie das Groove-Skelett den Scheitelpunkt vorbereitet.

Mit der Übung aus Abbildung 7.13 können Sie den hohen Groove-Scheitelpunkt praktisch anwenden. Diese Übung konzentriert sich ausschließlich auf den hohen Groove-Scheitelpunkt und wird Ihnen sehr dabei helfen, den Scheitelpunkt auf jedem gewünschten Ton zu spielen.

Griffmuster

1 = Zeigefinger
2 = Mittelfinger
3 = Ringfinger
4 = Kleiner Finger

TRACK 34, 0:00

Hoher Groove-Scheitelpunkt

Abbildung 7.12: Ein Groove mit hohem Groove-Scheitelpunkt

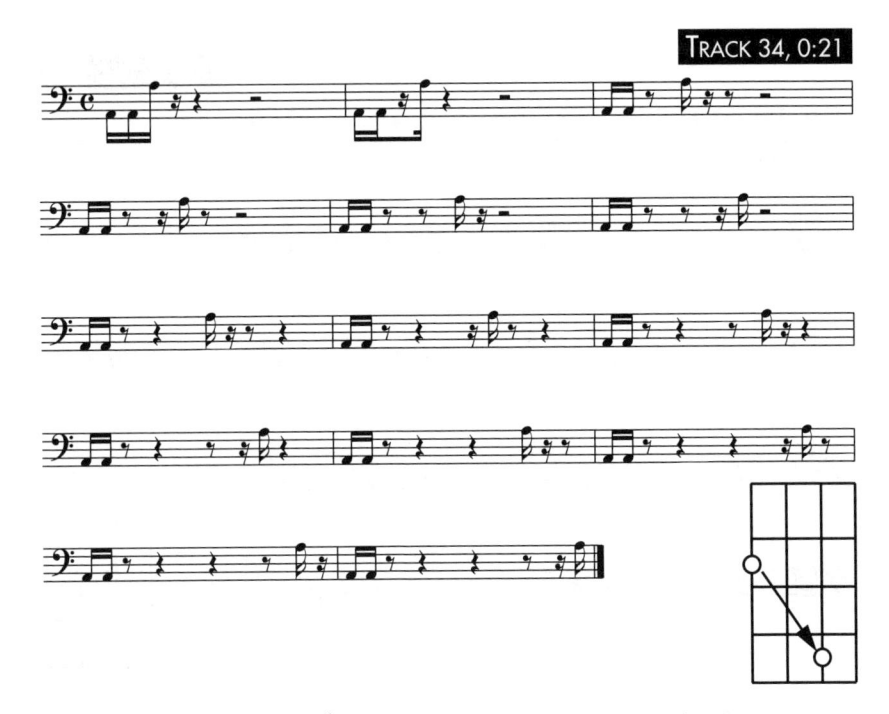

TRACK 34, 0:21

Abbildung 7.13: Übung für den hohen Groove-Scheitelpunkt

Der tiefe Groove-Scheitelpunkt

Der *tiefe Groove-Scheitelpunkt* wird vom tiefsten Ton eines Grooves gebildet. Abbildung 7.14 zeigt einen Groove mit einem tiefen Scheitelpunkt. Beachten Sie, wie das Groove-Skelett den Scheitelpunkt vorbereitet.

Mit der Übung aus Abbildung 7.15 können Sie den tiefen Groove-Scheitelpunkt praktisch anwenden. Diese Übung zeigt Ihnen, wie Sie den tiefen Groove-Scheitelpunkt auf jedem gewünschten Ton spielen können.

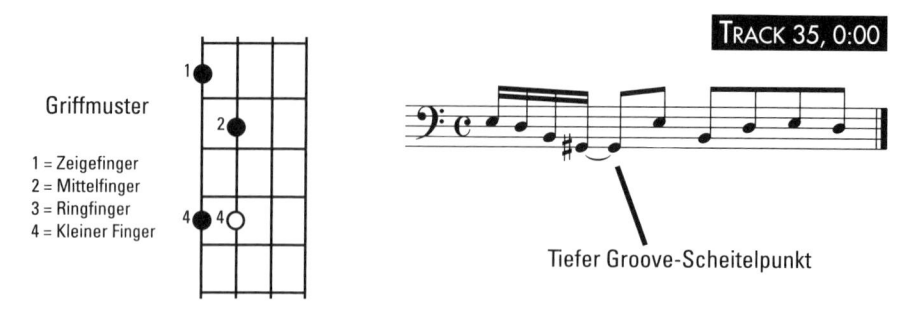

Abbildung 7.14: Ein Groove mit tiefem Groove-Scheitelpunkt

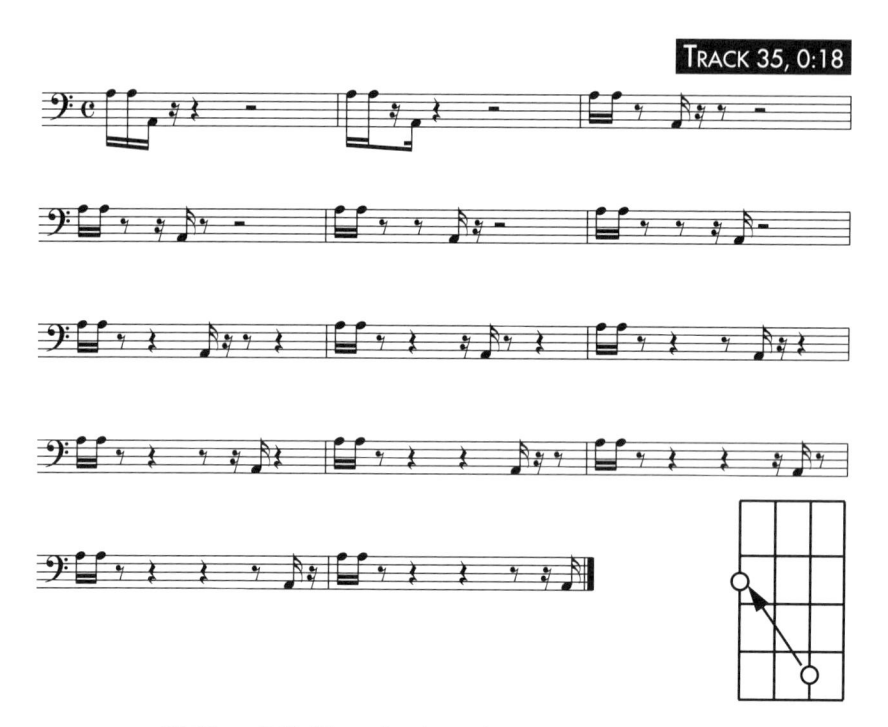

Abbildung 7.15: Übung für den tiefen Groove-Scheitelpunkt

Sowohl bei der Übung für den hohen Groove-Scheitelpunkt wie auch bei der für den tiefen Scheitelpunkt folgt der Scheitelpunkt direkt nach dem Groove-Skelett (den ersten zwei Tönen). Mit diesen Übungen können Sie nicht nur Ihre Grooves, sondern auch das rhythmische Spiel verbessern.

7 ➤ Grooves komponieren

> Wenn Sie die Übungen so gut beherrschen, dass Sie zusammen mit der CD spielen können, sollten Sie mal statt zur CD zum Metronom in unterschiedlichen Geschwindigkeiten spielen (in Kapitel 3 erfahren Sie mehr über Metronome).

Mit einem Drummer grooven

Es gibt wohl kein Instrument, das für Ihr Wohlergehen als Bassist wichtiger ist als das Schlagzeug (ganz nebenbei ist der Bass genauso wichtig für das Wohlergehen eines jeden Schlagzeugers). Bassisten und Schlagzeuger arbeiten beim Aufbau von Grooves Hand in Hand. Wenn Sie also großartige Grooves in Zusammenarbeit mit Schlagzeugern entwickeln wollen, müssen Sie wissen, wie die Einzelteile eines Schlagzeugs klingen und wofür Sie normalerweise eingesetzt werden. Dieser Abschnitt gibt Ihnen einen kleinen Überblick über die wichtigsten Elemente eines Schlagzeugs. Wenn Sie mehr darüber wissen wollen, lesen Sie *Schlagzeug für Dummies* aus dem gleichen Verlag.

Die Bass-Drum

Die Bass-Drum ist die Trommel mit dem tiefsten Klang des Schlagzeugs. Diese Trommel hat sehr viel mit Ihrer Aufgabe als Bassist zu tun. Allgemein kann man sagen, dass Schlagzeuger die Bass-Drum auf dem ersten Schlag eines Taktes spielen, um den Groove zu starten, und dann mindestens noch einmal innerhalb des Taktes. Wenn Ihre Töne auf den Rhythmus der Bass-Drum passen, liegen Sie genau richtig.

Abbildung 7.16 zeigt, wie Sie den Rhythmus der Bass-Drum treffen. Sie können sich den Klang der Bass-Drum auf Track 36 der CD anhören.

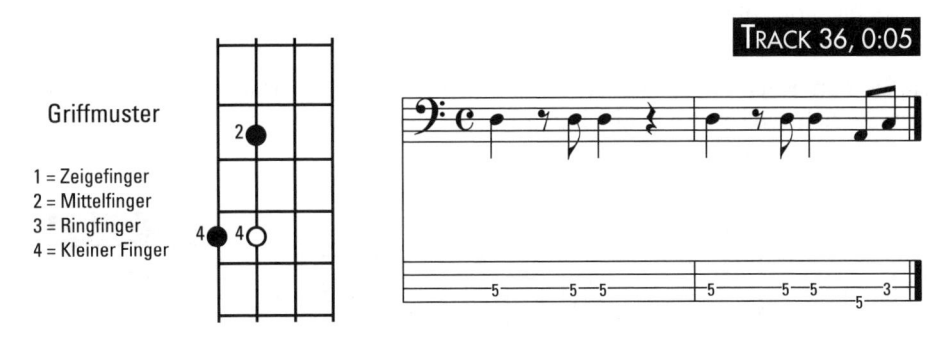

Abbildung 7.16: Mit der Bass-Drum grooven

Die Snare-Drum

Die Snare-Drum ist die lauteste Trommel des Schlagzeugs. Diese Trommel wird normalerweise auf die *Off-Beats* (auch *Synkopen* genannt – Schläge 2 und 4) des Taktes gespielt. Sie können einen Ihrer Töne auf die Snare legen, oder etwas akustischen Raum für die Snare bilden (einfach an diesem Moment nicht spielen). (Gute Idee: Statt verwirrt dreinzublicken, wenn Sie im Song nicht mehr weiter wissen, können Sie dem Bandleader mit dem Brustton der Überzeugung sagen: »Ich experimentiere gerade mit akustischem Raum.«)

Hören Sie sich den Klang einer Snare-Drum auf Track 36 der CD an, und werfen Sie einen Blick auf Abbildung 7.17, um zu sehen, wie man mit Snare- und Bass-Drum zusammenspielt.

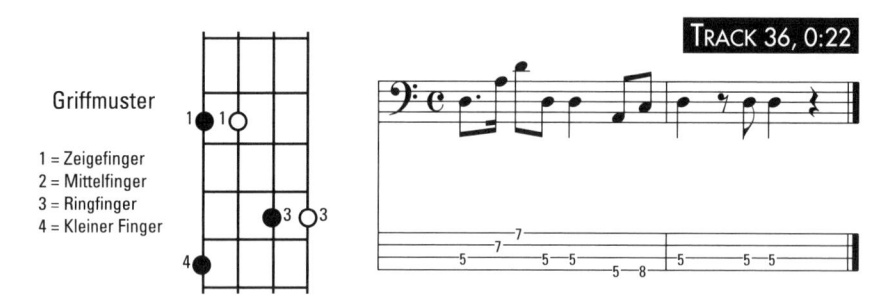

Abbildung 7.17: Mit Snare- und Bass-Drum zusammenspielen

Die Hi-Hat

Die Hi-Hat besteht aus zwei Becken, die sich gegenüber liegen und geöffnet und geschlossen werden können. Sie bildet Ihr Metronom. Der Schlagzeuger spielt die Hi-Hat durchgängig während des gesamten Grooves, um die Unterteilungen des Takts zu definieren (meistens Achtel- oder Sechzehntelnoten).

Manchmal spielen Schlagzeuger auch statt der Hi-Hat eines der Becken. Anfangs kann es etwas schwierig sein, die Hi-Hat herauszuhören, doch nach einiger Zeit wird Ihnen die Hi-Hat das Bass-Spiel erleichtern, da der Rhythmus fast aller Töne, die Sie auf dem Bass spielen, mit dem der Hi-Hat übereinstimmt.

Hören Sie sich Track 36 auf der CD an, um den Klang der Hi-Hat kennen zu lernen, und schauen Sie sich den Groove in Abbildung 7.18 an, den Sie zu Hi-Hat, Snare-Drum und Bass-Drum spielen können.

Abbildung 7.18: Grooven Sie zu Hi-Hat, Snare-Drum und Bass-Drum.

Im Alleingang: Soli und Fills spielen

In diesem Kapitel

▶ Skalen für das Solo auswählen

▶ Fills in einem Groove spielen

Stellen Sie sich vor, Sie spielen mit einer Gruppe großartiger Musiker und reiten gerade den absoluten Monster-Groove (siehe Kapitel 7 für weitere Informationen über die Entwicklung eines Grooves), der so gewaltig ist, dass man meint, er hätte ein eigenständiges Leben. Alles klingt so dermaßen gut, dass Ihre Mitmusiker sich dazu entscheiden, Sie mit einem Solo zu belohnen – die Chance, Ihre Skills (Bassistensprache für »Fähigkeiten«) unter Beweis zu stellen. Es scheint also, als ob Sie sich auf diesen Moment vorbereiten müssten, denn wenn der Zeitpunkt für Ihr Solo gekommen ist, müssen Sie das Haus abbrennen (Bassistensprache für »Skills erfolgreich unter Beweis stellen«).

Dieses Kapitel stellt drei Skalen vor, mit denen Sie Soli oder Fills spielen können, die so heiß sind, dass das Publikum richtig ins Schwitzen kommt.

Solo spielen: Ihr großer Moment

Ein *Solo* ist dazu gedacht, einen Musiker der Band herauszustellen. Soli sind traditionellerweise den Harmonie-Instrumenten vorbehalten – wie Gitarre, Saxophon, Trompete oder Klavier –, doch hin und wieder werden auch Bassisten um ein Solo gebeten. Ein gut klingendes Solo ist jedoch für einen Bassisten eine etwas größere Herausforderung, da der Klang des Instruments sehr tief ist und während Ihres Solos kein unterstützender Bass-Groove mehr gespielt wird. (Sie können nicht gleichzeitig einen Groove und ein Solo spielen.) Abgesehen von diesen Herausforderungen können Bass-Soli eines guten Bassisten jedoch äußerst spannend sein. Die nächsten Abschnitte erklären, wie man Soli spielt.

Die Blues-Skala: Eine beliebte Solo-Zutat

Die aus sechs Tönen bestehende *Blues-Skala* ist eine der meist gebrauchten Skalen im Solo-Spiel – und das nicht ohne Grund: Sie ist einfach zu spielen, lässt sich leicht verschieben und klingt hervorragend. Die Blues-Skala ist sozusagen eine Universal-Skala für alle Fälle, die unabhängig von der Akkord-Tonalität gespielt werden kann. Dennoch passt diese Skala – wie alle Universal-Lösungen – nicht wirklich auf alle Situationen. Es kann passieren, dass die Töne der Blues-Skala nicht perfekt zu denen des Akkords passen.

Die Moll-Pentatonik: Nie mehr falsche Töne

Die Struktur der *Moll-Pentatonik* gleicht der Blues-Skala, die in den vorangegangenen Abschnitten erläutert wird. Die Moll-Pentatonik besteht jedoch nur aus fünf Tönen, also aus einem Ton weniger als die Blues-Skala.

Man verwendet die Moll-Pentatonik, wenn man über einen Moll-Akkord spielt. (Mehr über Akkorde finden Sie in Kapitel 5.) Sie benötigen für die komplette Skala drei Saiten, also müssen Sie den Grundton entweder auf der E- oder A-Saite suchen. Die folgenden Schritte erläutern, wie man die Moll-Pentatonik spielt, und in Abbildung 8.3 können Sie sich das Griffmuster der pentatonischen Moll-Skala anschauen.

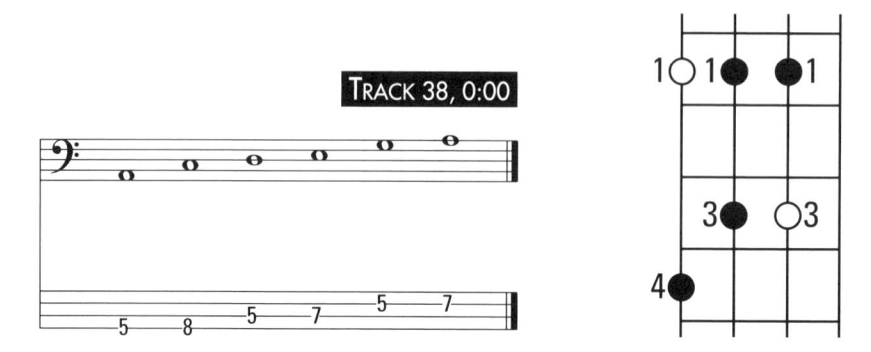

Abbildung 8.3: Die pentatonische Moll-Skala

1. **Drücken Sie den Zeigefinger auf den Grundton des Akkordes (auf der E- oder A-Saite), und spielen Sie den Ton.**

2. **Drücken Sie den kleinen Finger auf der gleichen Saite herunter, und spielen Sie den Ton.**

    Bei diesem Ton handelt es sich um die verminderte Terz (♭3), einem der wichtigsten Bestandteile des Moll-Akkords.

3. **Drücken Sie Ihren Zeigefinger auf die nächsthöhere Saite herunter, und spielen Sie den Ton.**

    Dies ist die Quart, ein Bestandteil der Moll-Skala. (Siehe Kapitel 5 für weitere Informationen zu den Dur-, Moll- und Dominant-Skalen.)

4. **Drücken Sie Ihren Ringfinger auf die gleiche Saite, und spielen Sie den Ton.**

    Dies ist die Quint (5), ein weiterer wichtiger Bestandteil des Moll-Akkords.

8 ➤ Im Alleingang: Soli und Fills spielen

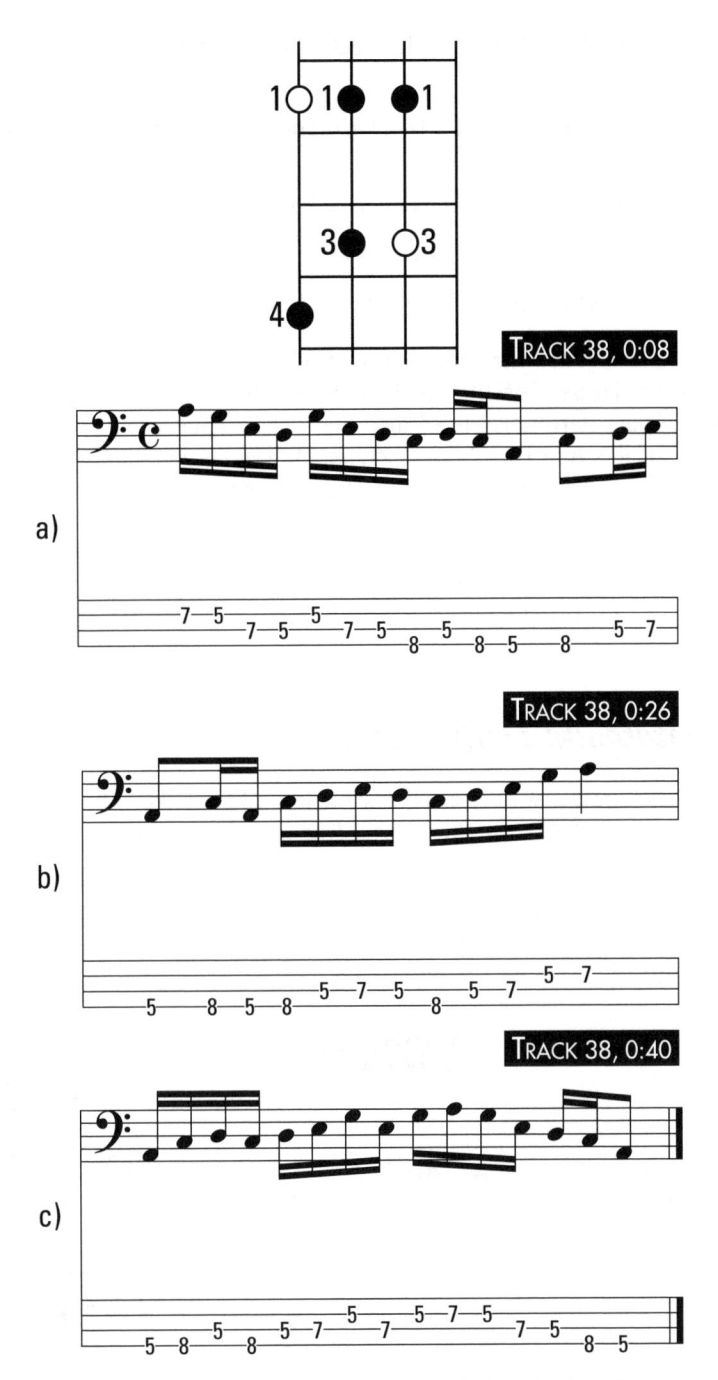

Abbildung 8.4: Licks aus der pentatonischen Moll-Skala

5. **Drücken Sie Ihren Zeigefinger auf der nächsthöheren Saite herunter, und spielen Sie den Ton.**

   Dieser Ton ist die verminderte Sept (♭7), wiederum ein bedeutender Bestandteil des Moll-Akkords.

6. **Drücken Sie den Ringfinger auf derselben Saite herunter, und spielen Sie den Ton.**

   Dieser Ton ist die Oktave – Sie sind wieder beim Grundton angelangt.

Das war's. Drei Saiten, keine Verschiebung, kein Problem!

Wie bei der Blues-Skala können Sie auch hier die Töne der Pentatonik in Ihrem Solo in jeder gewünschten Reihenfolge spielen – nicht nur der Reihenfolge nach herauf oder herunter. Sie können diese Skala über jeden gewünschten Moll-Akkord spielen. Alle Töne hören sich auf Moll-Akkorden hervorragend an, Sie müssen sich also keine weiteren Gedanken machen. Wenn Sie meinen, Ihr Solo benötige noch etwas mehr Würze, versuchen Sie es mal mit der Blues-Skala.

Abbildung 8.4 zeigt einige brauchbare Licks, die Sie in der pentatonischen Moll-Skala spielen können. Diese Skala ist für so gut wie jedes Solo brauchbar – nehmen Sie sie daher in Ihr Repertoire auf.

Die Dur-Pentatonik: Sanfter geht es nicht

Sie können die *Dur-Pentatonik* über zwei verschiedene Akkord-Tonalitäten spielen: den Dur-Akkord und den Dominant-Akkord. (Mehr über Dur- und Dominant-Akkorde erfahren Sie in Kapitel 5.)

Sie benötigen drei Saiten, um die komplette pentatonische Dur-Skala zu spielen, beginnen Sie also auf der E- oder A-Saite. Die folgenden Schritte erläutern, wie man die Dur-Pentatonik spielt, und Abbildung 8.5 zeigt die Struktur der Skala.

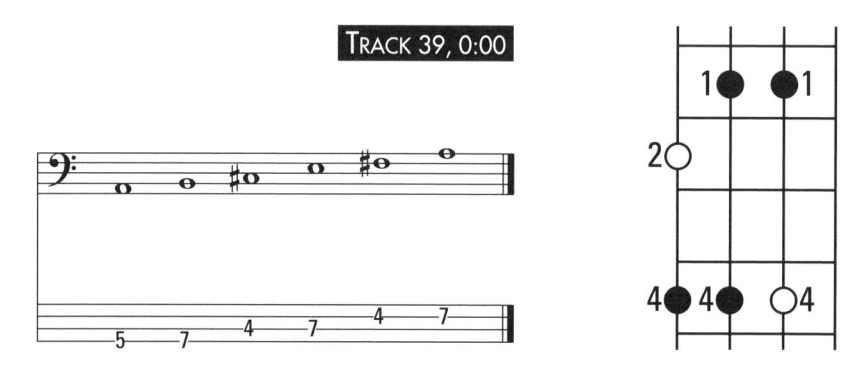

Abbildung 8.5: Die pentatonische Dur-Skala

1. **Drücken Sie den Mittelfinger der linken Hand (auf der E- oder A-Saite) auf den Grundton des Akkords, und spielen Sie den Ton.**
2. **Drücken Sie den kleinen Finger auf die gleiche Saite, und spielen Sie den Ton.**

   Dieser Ton ist die Sekund (2) – ein ziemlich neutraler Ton, der sowohl in der Dur- als auch in der Dominant-Skala vorkommt.
3. **Drücken Sie den Zeigefinger auf die nächsthöhere Saite, und spielen Sie den Ton.**

   Dies ist die Terz, einer der wichtigsten Bestandteile sowohl des Dur- als auch des Dominant-Akkordes.
4. **Drücken Sie den kleinen Finger auf die gleiche Saite, und spielen Sie den Ton.**

   Dies ist die Quint (5), ein weiterer bedeutender Bestandteil des Dur- und Dominant-Akkordes.
5. **Drücken Sie den Zeigefinger auf die nächsthöhere Saite, und spielen Sie den Ton.**

   Dieser Ton ist die Sext (6), ein neutraler Ton aus der Dur- und Dominant-Skala.
6. **Drücken Sie den kleinen Finger auf die gleiche Saite, und spielen Sie den Ton.**

   Dieser Ton ist die Oktave – Sie sind wieder beim Grundton angelangt.

Drei Saiten, keine Verschiebungen. Okay, Sie sind jetzt bereit für das Rampenlicht.

Sie können die Töne der pentatonischen Dur-Skala in jeder beliebigen Reihenfolge spielen – nicht nur der Reihe nach herauf oder herunter. Spielen Sie diese Skala über jeden Dur- oder Dominant-Akkord, und Sie können sicher sein, dass jeder Ton ein Treffer ist. Falls sich das Ganze für Ihre Ohren noch etwas flach anhört, können Sie mit Tönen aus der Blues-Skala nachwürzen (siehe »Die Blues-Skala: Eine beliebte Solo-Zutat« weiter vorne in diesem Kapitel).

Abbildung 8.6 zeigt einige ausgesuchte Licks, die Sie in der Dur-Pentatonik spielen können. Verwenden Sie diese Licks in Ihrem Solo.

Von Akkord zu Akkord gleiten

Wenn Sie nun ein Stück mit Ihrer Band spielen und plötzlich die Stelle kommt, an der Sie Ihr Solo spielen sollen, müssen Sie jetzt keine Panik mehr bekommen. Die Blues-Skala sowie die Moll- und Dur-Pentatonik (die in den vorangegangenen Abschnitten erläutert werden) bieten Ihnen genügend Munition für ein richtig cooles Solo.

Verwenden Sie beim Solospiel die pentatonische Moll-Skala für Moll-Akkorde, die pentatonische Dur-Skala für Dur- oder Dominant-Akkorde und die Blues-Skala für jede Art von Akkord.

- ✔ Zum Anfang des Grooves zurückzuleiten.
- ✔ Ihrer Basslinie etwas Abwechslung zu verleihen.
- ✔ Einen Moment des Stücks zu füllen (daher »Fill«), in dem der Rest der Band nichts spielt.

Ein Fill funktioniert genauso wie ein Solo: Auf einem Moll-Akkord verwenden Sie die pentatonische Moll-Skala, auf einem Dur- oder Dominant-Akkord spielen Sie die pentatonische Dur-Skala, oder Sie spielen die Blues-Skala, die auf jeden Akkord funktioniert. Lesen Sie auch weiter vorne in diesem Kapitel im Abschnitt »Solo spielen: Ihr großer Moment« Weiteres über die Verwendung solcher Skalen bei Soli.

Ein Fill ist normalerweise recht kurz (nur etwa zwei Schläge). Sie müssen die Töne des Fills also in die zwei Schläge hineinbekommen und nahtlos in die anderen Töne des Grooves übergehen lassen.

Fills mit dem Groove verbinden

Rhythmisch gesehen, haben Sie bei einem normalen Solo wesentlich mehr Freiheiten als bei einem Fill. Da Fills einen Bestandteil des Grooves bilden, muss sich der Rhythmus eines Fills nahe an den des Grooves anlehnen.

Wenn Sie in einem Groove ein Fill spielen wollen, müssen Sie genau auf die Anzahl der Schläge achten, die Sie füllen wollen, bevor Sie wieder zum Anfang des Grooves zurückkehren. Sie dürfen auf keinen Fall den Anfang des Grooves verpassen, nicht einmal für das tollste Fill.

Das Timing eines Fills

Ein Fill dauert in einem Groove meist zwei Schläge – die letzten beiden Schläge eines Takts. Sie spielen mit anderen Worten den regulären Groove auf die Schläge eins und zwei (die ersten beiden Schläge des Takts) und ersetzen dann die Schläge drei und vier (die zweite Hälfte des Grooves) mit einem Fill. Spielen Sie jedoch auf keinen Fall bei jedem Durchgang des Grooves ein Fill, da Sie damit den Groove durcheinander bringen und somit auch die Band verwirren, die sich rhythmisch und harmonisch auf Sie verlässt. Fills werden normalerweise nur alle vier oder acht Takte gespielt.

Abbildung 8.8 zeigt Beispiele für Fills über Dur-, Moll- oder Dominant-Akkorde, die mit Achtelnoten, Triolen und Sechzehntelnoten gespielt werden. Die folgende Liste zeigt Ihnen Schritt für Schritt, wie man ein eigenes Fill spielt:

1. **Entwickeln Sie zunächst einen Groove.**

    (In Kapitel 7 finden Sie alles Nötige, um einen Groove zu entwickeln.)

2. **Finden Sie heraus, wo der dritte Schlag in Ihrem Groove liegt.**

   Spielen Sie Ihren Groove bis kurz vor den dritten Schlag, denn dort beginnt der Fill über Schlag drei und vier.

3. **Finden Sie heraus, wie viele Töne Sie in zwei Schlägen (Schläge drei und vier) spielen können und wollen.**

   In die zwei Schläge des Fills passen genau vier Achtelnoten, sechs Triolen oder acht Sechzehntelnoten. (In Kapitel 3 finden Sie weitere Informationen über Rhythmen.) Vieles hängt davon ab, mit welchem Tempo der Groove gespielt wird und wie exakt Sie die Töne in die zwei Schläge spielen können, bevor die nächste Groove-Runde beginnt. Deshalb können Sie in einem Fill über einen langsameren Groove mehr Töne spielen.

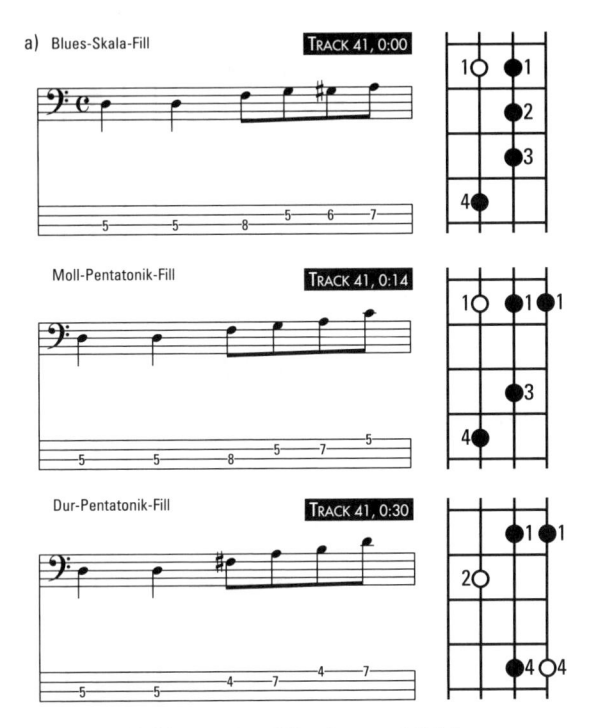

Abbildung 8.8a: Fills über zwei Schläge

Teil IV
Die richtige Begleitung für jeden Stil

The 5th Wave   By Rich Tennant

Erst spielst du einen G7 demoliert, danach einen fragmentierten Dezimen-Akkord, gefolgt von einem pervertierten 32er-Akkord und am Schluss einen gestauchten Elft-Akkord mit genesender Terz.

In diesem Teil ...

Dieser Teil hilft Ihnen dabei, sich mit Ihren Basslinien durch die verschiedensten Musikrichtungen zu manövrieren – sei es nun Rock, Pop, Jazz, Funk, Blues, Country, Reggae oder Weltmusik. Vielseitigkeit ist eine Grundvoraussetzung für jeden Bassisten. Teil IV hilft Ihnen, Ihr eigenes Repertoire mit entsprechenden Grooves aufzubauen.

Rock on! Die Rock-Stile

In diesem Kapitel

- Rock 'n' Roll spielen
- Rock entdecken
- Auf Hard-Rock abgehen
- Einblick in Progressive-Rock
- Pop-Rock verstehen
- Alles über den Blues-Rock
- In den Sattel mit Country-Rock

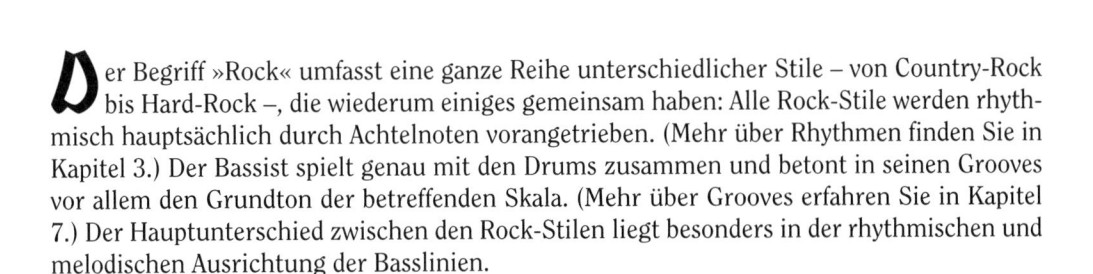

Der Begriff »Rock« umfasst eine ganze Reihe unterschiedlicher Stile – von Country-Rock bis Hard-Rock –, die wiederum einiges gemeinsam haben: Alle Rock-Stile werden rhythmisch hauptsächlich durch Achtelnoten vorangetrieben. (Mehr über Rhythmen finden Sie in Kapitel 3.) Der Bassist spielt genau mit den Drums zusammen und betont in seinen Grooves vor allem den Grundton der betreffenden Skala. (Mehr über Grooves erfahren Sie in Kapitel 7.) Der Hauptunterschied zwischen den Rock-Stilen liegt besonders in der rhythmischen und melodischen Ausrichtung der Basslinien.

Rock 'n' Roll: So fing alles an

Rock 'n' Roll beschreibt den Rock-Stil in seinen Anfangszeiten zwischen 1950 und 1960 (Elvis Presley, Buddy Holly). Der Bassist bleibt durchgängig auf einem Viertel- oder Achtelnoten-Rhythmus und spielt eine melodische Basslinie, die die Harmonien für die Band und den Zuhörer festlegt. In Abbildung 9.1 können Sie sich ein erstes Beispiel für eine Rock 'n' Roll-Begleitung anschauen. In diesem Beispiel wird nur ein Ton (der Grundton) in einem Achtelnoten-Rhythmus gespielt. (Der Ring im Grid zeigt den Grundton an.)

Beachten Sie, wie gleichmäßig der Rhythmus der Noten in Abbildung 9.1 unterteilt ist und wie eng Drummer und Bass zusammenspielen.

Der Groove in Abbildung 9.4 passt gut zu Dominant-Akkorden, die im Rock 'n' Roll häufig gespielt werden. Der Dominant-Akkord besteht aus Grundton, Terz, Quint und verminderter Sept, der mixolydischen Skala. Abbildung 9.5 zeigt die schrittweise Entwicklung dieses Grooves.

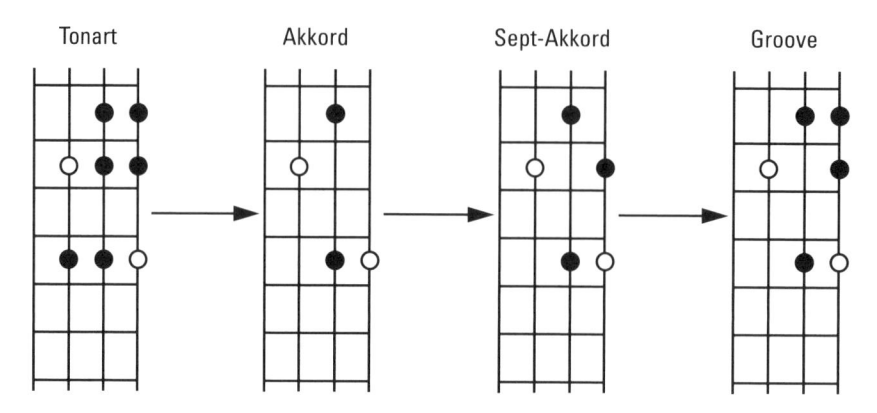

Abbildung 9.5: Entwicklung von Tonart über Akkord zum Groove

Einen noch dichteren Rock 'n' Roll-Groove finden Sie in Abbildung 9.6. Dort werden nicht nur Töne aus dem Akkord und der verwandten Tonart, sondern auch noch *chromatische Töne* (Töne außerhalb der regulären Tonart) gespielt, die zu den Akkord-Tönen überleiten.

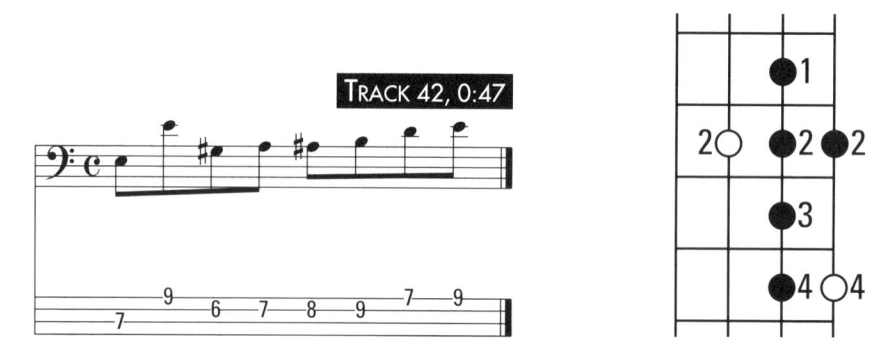

Abbildung 9.6: Rock 'n' Roll-Groove

Die Töne dieses Grooves können ohne Verschieben der Bundhand gespielt werden, wenn man mit dem Mittelfinger auf dem Grundton beginnt. Sie können den Groove aus Abbildung 9.6 auch dahingehend verändern, dass Sie durch Verminderung der Terz statt über einen Dominant- über einen Moll-Akkord spielen können. (In Abbildung 9.7 sehen Sie, wie dieser Groove für Moll-Akkorde gespielt wird.) Beginnen Sie den Groove aus Abbildung 9.7 mit dem Zeigefinger auf dem Grundton, damit Sie die linke Hand nicht verschieben müssen.

9 ➤ Rock on! Die Rock-Stile

Sie können diesen Groove auch in eine Dur-Sept-Tonalität (Major 7) verwandeln (siehe Abbildung 9.8). Dazu müssen Sie die verminderte Sept (♭7) des Original-Grooves aus Abbildung 9.6 auf die reguläre Sept erhöhen und den Groove dann über einen Dur-Sept-Akkord spielen (Grundton, Terz, Quint und Sept). Beginnen Sie diesen Groove mit dem Mittelfinger auf dem Grundton. (In Kapitel 5 erfahren Sie Weiteres über Moll-, Dur- und Dominant-Akkorde.) Die Dur-Sept-Tonalität kommt im Rock 'n' Roll zwar nicht sehr oft vor, doch ist es recht nützlich, wenn man weiß, wie sie sich zusammensetzt – nur für den Fall.

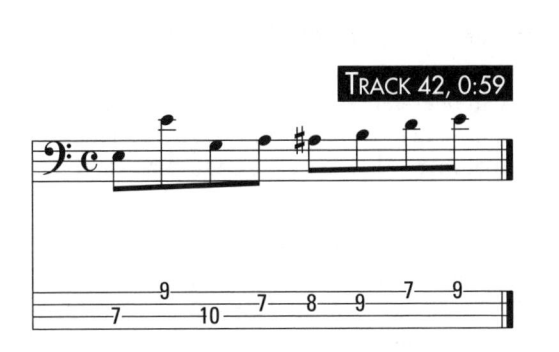

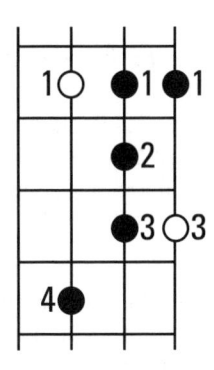

Abbildung 9.7: Rock 'n' Roll-Groove in Moll

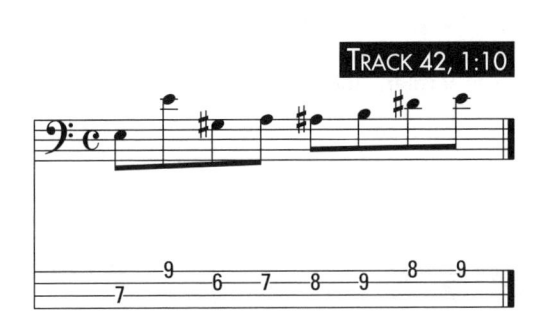

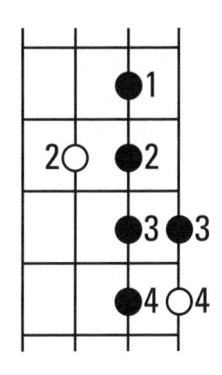

Abbildung 9.8: Rock 'n' Roll-Groove in Dur-Sept (Maj 7)

Bei der Begleitung eines Rock-Stücks in einer Dur-Sept-Tonalität sollten Sie die Sept des Grooves durch die Sext ersetzen. Die Sext hat einen weicheren Klang und macht den Groove angenehmer. Schauen Sie sich in Abbildung 9.9 ein Beispiel für einen Dur-Sept-Groove mit Sext an.

Mit der Sext können Sie den Groove aus Abbildung 9.9 zusätzlich zum Dur-Sept-Akkord auch über einen Dominant-Akkord spielen. Der einzige Unterschied zwischen diesen Tonalitäten ist nämlich die Sept: Der Dur-Sept-Akkord hat eine reguläre Sept, während der Dominant-Akkord eine verminderte Sept hat. Ein Groove mit regulärer Sept würde demnach mit einem Dominant-Akkord unharmonisch klingen – genau wie ein Groove mit verminderter Sept unharmonisch zu einem Dur-Sept-Akkord klingen würde. Der Groove aus Abbildung 9.9 hat statt der Sept jedoch eine Sext und kann daher für beide Akkorde verwendet werden (und hört sich dabei sogar ziemlich gut an). Sie können diesen Groove einsetzen, um den anderen Bandmitgliedern mehr Freiraum bei der Auswahl der Töne zu gewähren. Sie müssen sich dann nicht auf die Sept oder die verminderte Sept festlegen.

Die Geschichte der Rock-Stile aus der Perspektive des Bassisten

Die Wiege des Rocks liegt irgendwo in den 50er-Jahren des vorigen Jahrhunderts, als die Rhythmus-Sektionen (Bass, Gitarre, Schlagzeug und Piano) zum ersten Mal eine entscheidende Rolle in der populären Musik einnahmen. Als 1951 der Fender Precision Bass (der erste E-Bass) herauskam, ersetzte der E-Bass langsam aber sicher den Kontrabass.

Durch verbesserte Aufnahme- und Klangtechnik konnte man den Bass nun auch richtig hören, statt ihn wie vorher meist nur zu spüren. In den Sechzigern war der E-Bass in der populären Musik endgültig etabliert. Die Bassgitarre spielte eine immer wichtigere Rolle in der Rockmusik, und Bassisten entwickelten zunehmend melodischere und komplexere Basslinien. In den Siebzigern kamen dann Hard-Rock und Progressive-Rock mit immer schnelleren und komplexeren Basslinien auf – und auch die Lautstärke des Basses nahm mehr und mehr zu. Vor allem Basslinien mit **treibenden Sechzehntelnoten** (Sechzehntelnoten als kontinuierlicher Strom, meist auf einem Ton) wurden mehr und mehr zum Begleitstandard. Im Rock wechselt jedoch nicht ein Stil den nächsten ab, vielmehr werden immer wieder neue musikalische Trends absorbiert und in den einzigartigen Sound integriert.

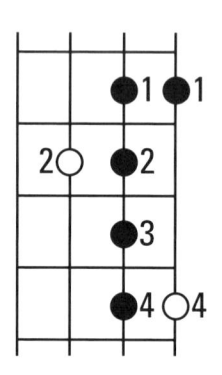

Abbildung 9.9: Rock 'n' Roll-Groove mit einer Sext

9 ➤ Rock on! Die Rock-Stile

Wenn Sie sich die entsprechenden Tracks auf der CD zu den Abbildungen 9.6 bis 9.9 anhören, können Sie sich ein Bild davon machen, wie ein Groove auf die unterschiedlichen Tonalitäten angepasst werden kann: Dominant (Abbildung 9.6), Moll (Abbildung 9.7), Dur-Sept (Abbildung 9.8) und Dur mit einer Sext statt der Sept (Abbildung 9.9).

Sie können einen Groove auf unterschiedliche Tonalitäten anpassen, indem Sie die Terz, die Sept und manchmal auch die Quint verändern. Mehr über Skalen- und Akkord-Verwandtschaften lesen Sie in Kapitel 5.

Rock: Die etwas hektischere Variante

»Rock« bezeichnet neben der Verwendung als Sammelbegriff für alle Rock-Stile auch eine bestimmte Spielweise. Rock ist oft weniger melodisch (für den Bassisten) und wesentlich treibender als Rock 'n' Roll. Die Achtelnoten werden absolut gleichmäßig durchgehalten, und das Tempo ist generell recht schnell. Hören Sie sich Adam Clayton von U2 oder den späten John Entwistle von The Who an, wenn Sie sich mal einen guten Rock-Bassisten antun möchten.

Abbildung 9.10 zeigt einen Rock-Groove, der ausschließlich aus dem Grundton besteht. (Siehe Kapitel 5 für weitere Informationen über Grundtöne.) Die Töne sind die gleichen wie beim Rock 'n' Roll-Groove in Abbildung 9.1.

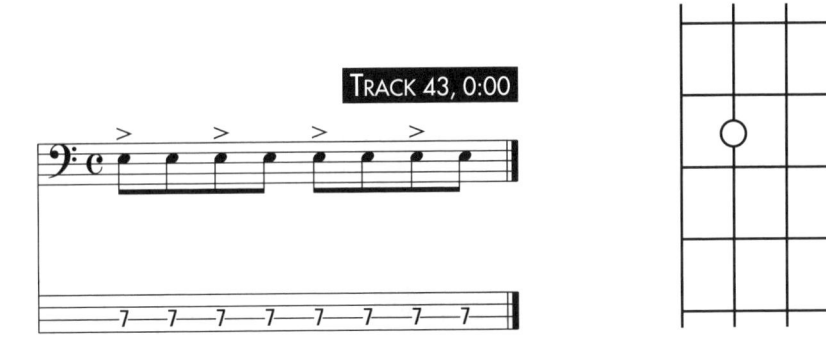

Abbildung 9.10: Ein Rock-Groove, der ausschließlich aus dem Grundton besteht.

Hören Sie sich mal an, wie der Groove von Abbildung 9.10 gespielt ist. Achten Sie darauf, dass ich die Töne in der Rock-Version wesentlich aggressiver angeschlagen habe als in der Rock 'n' Roll-Version. (Siehe vorheriger Abschnitt für weitere Informationen über Rock 'n' Roll.)

E-Bass für Dummies

Hören Sie sich den düsteren Moll-Klang des Grooves aus Abbildung 9.15 an.

Abbildung 9.16 zeigt einen Bass-Groove, bei dem Töne aus dem Moll-Akkord und der Moll-Skala gespielt werden. Dieser Groove geht richtig in die Finger. Achten Sie wieder darauf, den Groove mit dem Zeigefinger auf dem Grundton zu beginnen.

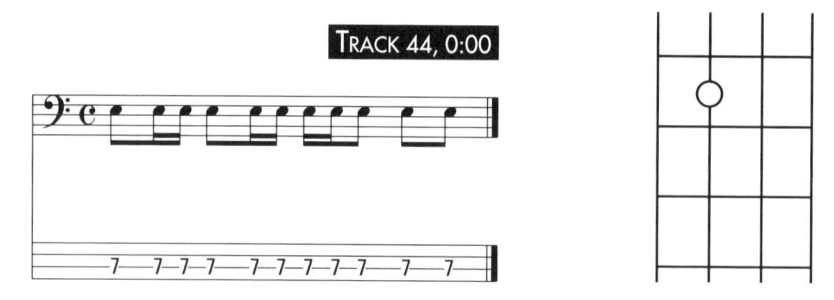

Abbildung 9.14: Ein Hard-Rock-Groove, der ausschließlich aus dem Grundton besteht

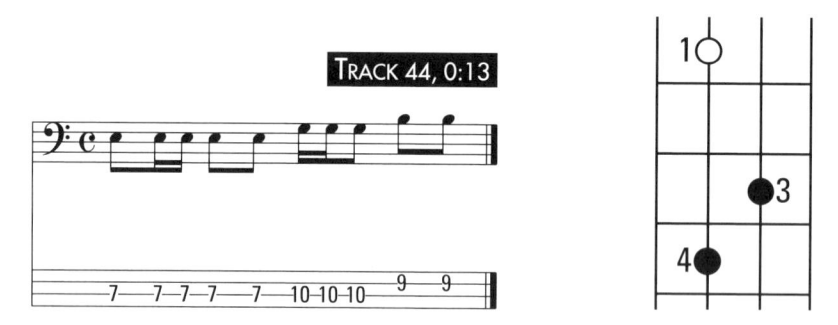

Abbildung 9.15: Ein Hard-Rock-Groove, der aus Moll-Akkord-Tönen besteht

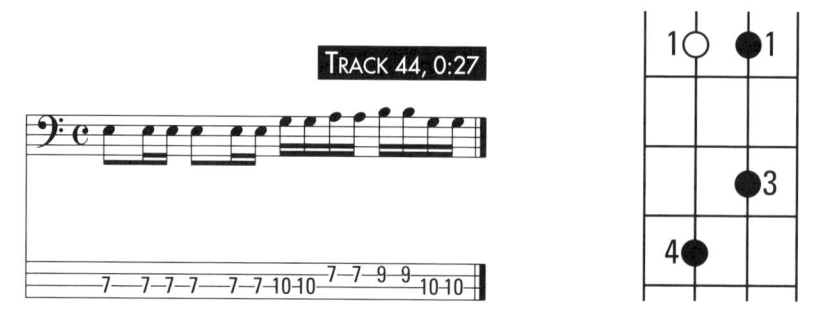

Abbildung 9.16: Ein Hard-Rock-Groove, der sowohl aus Moll-Akkord-Tönen als auch aus Tönen der Skala besteht

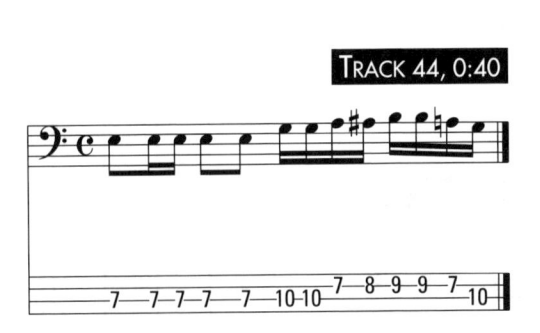

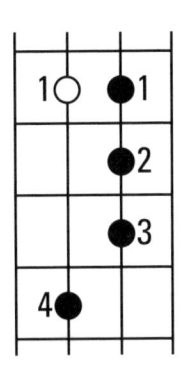

Abbildung 9.17: Ein Hard-Rock-Groove aus Moll-Akkord-Tönen, Skalentönen und chromatischen Tönen

Im Hard-Rock-Groove aus Abbildung 9.17 wird die Basslinie noch um einen chromatischen Ton (einen Ton außerhalb der entsprechenden Skala) bereichert. Dies ist ein gutes Beispiel für einen Groove, der von Bass und Gitarre unisono gespielt wird (natürlich nicht von der gleichen Person).

Hören Sie sich den quirligen und dennoch melodischen Groove aus Abbildung 9.17 an.

Progressive-Rock: Einige (aber nicht alle) Grenzen überschreiten

Mit Progressive-Rock bezeichnet man einen Stil, der über die traditionellen Grenzen des Rock hinausgeht und dennoch die gleichen Akkorde, Skalen und Rhythmen verwendet. Im Progressive-Rock werden die Sechzehntelnoten im Vergleich zu anderen Rock-Stilen außer dem Hard-Rock sehr stark strapaziert; die harmonische Struktur der Grooves ist wesentlich komplexer.

Wie bei den anderen Rock-Stilen werden auch die Takte der Progressive-Rock-Stücke gerade unterteilt. (Siehe Kapitel 3 für weitere Informationen über die Unterteilung von Schlägen.) Jedoch sind die Basslinien melodischer als in vielen anderen Rock-Stilen. Darüber hinaus werden auch hin und wieder ungerade Taktzahlen gespielt. (In Kapitel 13 finden Sie eine detaillierte Erläuterung von ungeraden Takten.) Der Progressive-Rock ist eine musikalische Entdeckungsreise. John Myung vom Dream Theatre und Geddy Lee von Rush sind zwei großartige Progressive-Rock-Bassisten.

Abbildung 9.22 zeigt den essenziellen Singer/Songwriter-Groove, den man in der Pop-Musik sehr häufig hört. Der Takt hat wieder eine gerade Taktzahl – Pop-Basslinien bestehen meist aus Viertel- und Achtelnoten.

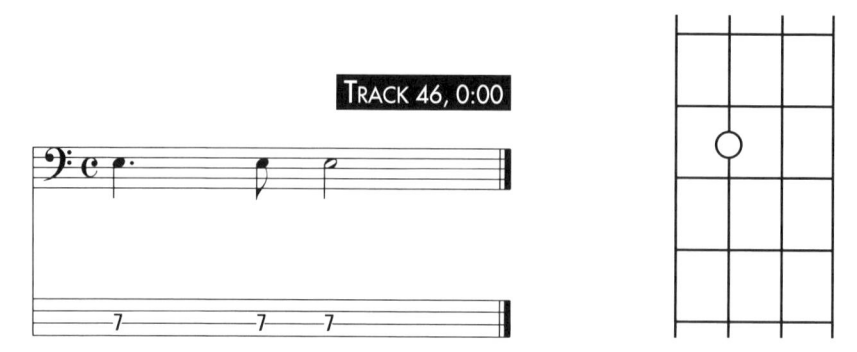

Abbildung 9.22: Ein Pop-Rock-Groove, der ausschließlich aus dem Grundton besteht

Abbildung 9.23 zeigt einen Pop-Rock-Groove, der in Dur gespielt wird. Dieser Groove wird zusätzlich mit der Terz und der Quint des Akkords bereichert. Achten Sie bei diesem Groove darauf, mit dem Mittelfinger auf dem Grundton anzufangen.

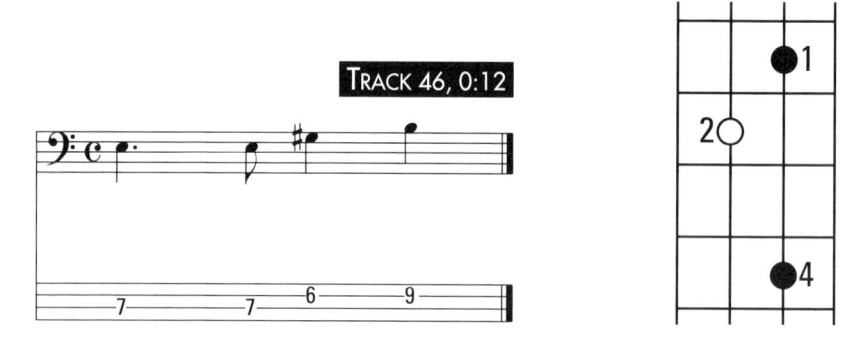

Abbildung 9.23: Ein Pop-Rock-Groove in Dur

Beachten Sie, wie die eng Drums und Bass in Abbildung 9.23 zusammenspielen.

Abbildung 9.24 zeigt einen Pop-Rock-Groove, der in einer Dominant-Skala gespielt wird. Die erste Hälfte des Takts legt das Feeling des Grooves fest. In der zweiten Hälfte des Takts ist wesentlich mehr los: Hier wird zur viel ruhigeren ersten Hälfte der nächsten Wiederholung übergeleitet. Dieser Groove spielt mit Spannung und Entspannung (lesen Sie mehr darüber in Kapitel 5). Hier werden Töne aus der Dur-Skala gespielt. Beginnen Sie den Groove daher mit dem Mittelfinger auf dem Grundton.

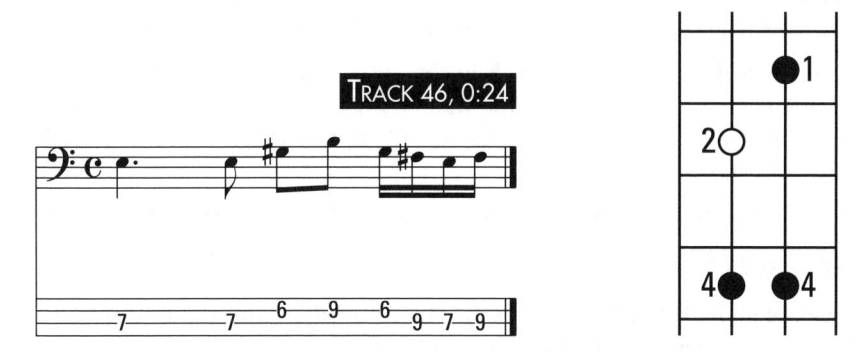

Abbildung 9.24: Ein Pop-Rock-Groove mit Tönen aus der Dominant-Skala

Abbildung 9.25 zeigt einen Groove mit Tönen aus dem Dominant-Akkord, der mixolydischen Skala und chromatischen Tönen. Beginnen Sie auch diesen Groove mit dem Mittelfinger auf dem Grundton.

Abbildung 9.25: Ein Dominant-Pop-Rock-Groove mit chromatischen Tönen

Hören Sie mal, wie der Groove aus Abbildung 9.25 in der ersten Hälfte des Taktes solide etabliert und in der zweiten Hälfte ausgebaut wird.

Blues-Rock: Klare Strukturen

Die Basslinien im Blues-Rock sind unverwechselbar und werden im Song immer wiederholt. Sie bilden eine kleine Zusatzmelodie, mit der die Hauptmelodie begleitet wird. Zu den wirklich hervorragenden Blues-Rock-Bassisten gehören beispielsweise Berry Oakley von den Allman Brothers und Donald Duck Dunn von den Blues Brothers und Booker T. & the MGs.

Bei einem Blues-Stil wechseln die Akkorde in einer festen Reihenfolge, die *Blues-Schema* oder *1-4-5-Schema* genannt wird. Die Akkorde werden entweder alle in Dominant oder Moll gespielt, abgesehen von den zwei Takten auf der Quint, die fast immer dominant sind. Der Ablauf eines Blues-Schemas ist relativ simpel:

1. **Bestimmen Sie den Grundton des Stücks anhand des ersten Akkords (zum Beispiel C).**

    Dieser Akkord ist die erste Stufe.

2. **Suchen Sie in der Skala des Akkords die Quart und die Quint (in diesem Beispiel F und G, sowohl in der Dominant- als auch in der Moll-Skala).**

    Beim Blues-Schema in C ist F der Grundton für die vierte Stufe und G der Grundton für die fünfte Stufe.

Jetzt haben Sie die Grundtöne für das Blues-Schema festgelegt. Die Abfolge der meisten Blues-Stücke (damit meine ich wortwörtlich fast alle) ist:

✔ 4 Takte lang Stufe I (im obigen Beispiel wäre das C)

✔ 2 Takte lang Stufe IV (F)

✔ 2 Takte lang Stufe I (C)

✔ 2 Takte lang Stufe V (G)

✔ 2 Takte lang Stufe I (C)

Diese Akkordfolge wird über die gesamte Länge des Songs durchgehalten.

Da in so gut wie jedem Blues-Song die Harmonien in einer festen Abfolge wechseln, müssen Sie Ihren Groove mobil gestalten, damit Sie ihn einfach auf die unterschiedlichen Akkorde anpassen können. Verwenden Sie Töne, die sich mühelos erreichen lassen – auf maximal drei Saiten innerhalb von vier Bünden.

Abbildung 9.26 zeigt einen Blues-Rock-Groove, bei dem ausschließlich der Grundton gespielt wird. Beginnen Sie den Groove entweder mit dem Mittel- oder dem Zeigefinger auf dem Grundton. Der Takt hat wieder – wie bei allen Rock-Stilen – eine gerade Taktzahl.

Als Variation wird in Abbildung 9.26 die Oktave gespielt.

9 ➤ Rock on! Die Rock-Stile

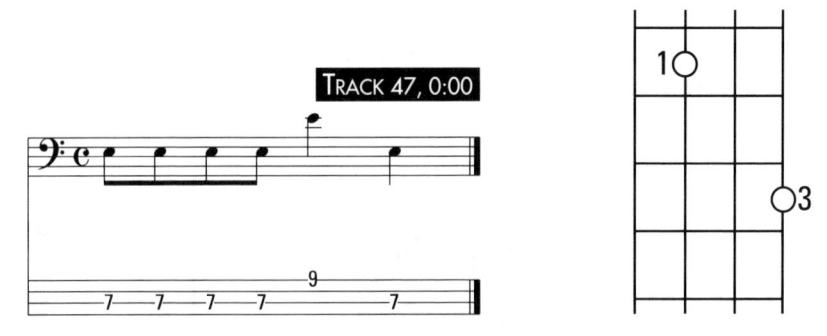

Abbildung 9.26: Ein Blues-Rock-Groove, der ausschließlich aus dem Grundton besteht

Abbildung 9.27 zeigt einen Groove, bei dem zusätzlich die Terz und die Quint gespielt werden, um den Akkord (in diesem Fall in Dur) zu bilden. Beginnen Sie diesen Groove mit dem Mittelfinger auf dem Grundton, damit Sie die Bundhand nicht verschieben müssen. Für den Groove aus Abbildung 9.27 benötigen Sie nur zwei Saiten, weshalb man ihn recht einfach von Akkord zu Akkord verschieben kann.

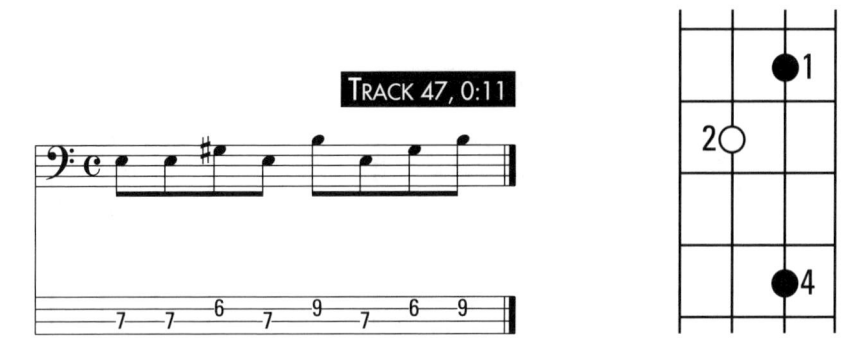

Abbildung 9.27: Ein Blues-Rock-Groove mit Tönen aus dem Akkord

Beim Groove in Abbildung 9.28 werden zusätzlich zur Terz und Quint noch Töne aus der Skala (in diesem Fall mixolydisch) gespielt. (In Kapitel 5 erfahren Sie alles Nötige über Skalen, Akkorde und Tonalitäten.) Beginnen Sie diesen Groove wieder mit dem Mittelfinger auf dem Grundton.

Im Groove aus Abbildung 9.29 werden zu den Akkord- und Skalen-Tönen noch chromatische Töne hinzugefügt. Sie können diesen Groove in einer Position ohne Verschieben der linken Hand spielen. Beginnen Sie einfach mit dem Mittelfinger auf dem Grundton, und achten Sie darauf, dass Sie die linke Hand nicht verschieben. In diesem Fall können Sie ausnahmsweise auch mit dem Zeigefinger beginnen, da in diesem Groove nur drei Bünde gespielt werden.

fache Basslinien gespielt. Beginnen Sie diesen Groove mit dem kleinen Finger auf dem Grundton (der Ringfinger geht auch).

Hören Sie, wie einfach der Groove aus Abbildung 9.32 trotz des zusätzlichen Tons klingt.

Beim Groove aus Abbildung 9.33 habe ich noch einen chromatischen Ton hinzugefügt, der nicht zur Skala gehört. Auch dieser Groove ist sehr einfach und wird sehr eng mit dem Schlagzeug zusammen gespielt. Schnappen Sie sich also Ihren Cowboyhut, und spielen Sie, bis die Kühe vor der Tür stehen. Aber achten Sie darauf, dass Sie den Groove mit dem kleinen Finger oder dem Ringfinger der linken Hand auf dem Grundton beginnen.

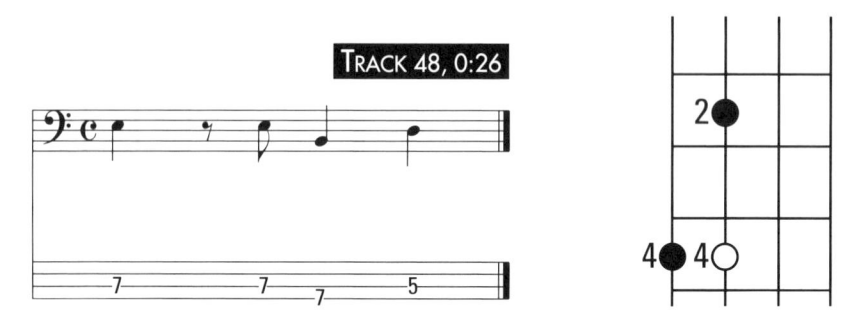

Abbildung 9.32: Ein Country-Rock-Groove mit Tönen aus der Skala

Hören Sie auf die Einfachheit des Bass-Grooves aus Abbildung 9.33. Trotz der zusätzlichen Töne klingt der Groove immer noch sehr unaufdringlich. Die Melodie und der Text des Songs dürfen durch nichts gestört werden.

Schnallen Sie sich Ihren Bass um, und rocken Sie das Haus. Mit diesem Kapitel haben Sie genug Material, um einige Zeit beschäftigt zu sein.

Abbildung 9.33: Ein Country-Rock-Groove mit zusätzlichem chromatischem Ton

Swing it! Die triolischen Stile

In diesem Kapitel

▷ Im Swing-Stil swingen

▷ Jazzy Walking-Stile

▷ Das Jazz-Two-Feel

▷ Im Blues-Stil shufflen

▷ Ein Funk-Shuffle spielen

*T*ri-o-le, Tri-o-le, Tri-o-le ... Schnippen Sie mit den Fingern, während Sie die einzelnen Silben betont laut aussprechen. Nun raten Sie mal, um welches rhythmische Muster sich dieses Kapitel dreht. Sie haben es erraten: Es geht um den triolischen Rhythmus und die damit verbundenen Stile. Es gibt zwei verschiedene triolische Rhythmen: Swing und Shuffle.

Bei Musik mit triolischen Rhythmen werden die Schläge in einem 4/4-Takt in drei gleich große Teile zerlegt. Statt »1, 2, 3, 4« zu zählen, zählen Sie nun »1-Tri-ol, 2-Tri-ol, 3-Tri-ol, 4-Tri-ol«. Sie hören somit vier Triolen pro Takt, also insgesamt zwölf Schläge.

Swing: Schnelle Grooves mit Attitüde

Der *Swing-Stil* kam in den späten 20er- und frühen 30er-Jahren des letzten Jahrhunderts auf. Die Musik von Glenn Miller und Benny Goodman prägte diese frühe Swing-Ära. In der heutigen Musiklandschaft wird der Swing von Bands wie dem Brian Setzer Orchestra gepflegt. Im Swing-Stil ist der erste Ton etwas länger als der zweite – lang, kurz, lang, kurz – und verleiht der Musik damit eben den so genannten Swing.

Die Basslinie ist im Swing-Stil zwar ziemlich vorhersehbar, klingt aber trotzdem cool (man fängt sofort an, mit den Fingern zu schnippen). Fast alle Swing-Stücke basieren auf einer Dur- oder Dominant-Tonalität. (Mehr über Tonalitäten erfahren Sie in Kapitel 5.)

Abbildung 10.1 zeigt einen Groove in einer Dur-Tonalität, mit Tönen aus der pentatonischen Dur-Skala. (Siehe Kapitel 8 für weitere Informationen über pentatonische Skalen.) Beginnen Sie diesen Groove mit dem Mittelfinger, um unnötiges Verschieben der Bundhand zu vermeiden.

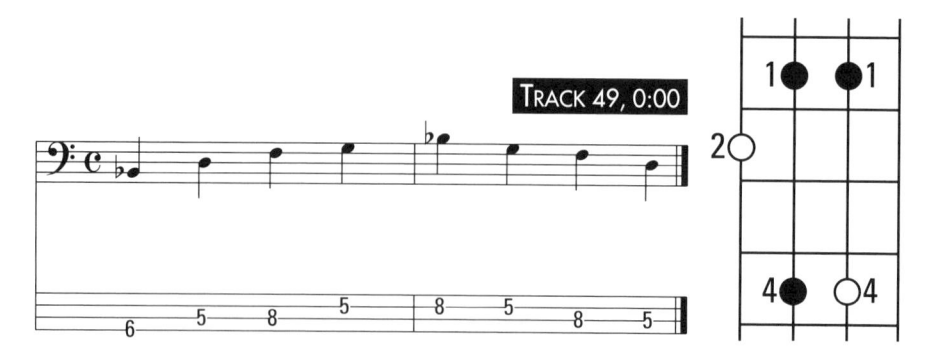

Abbildung 10.1: Swing-Groove mit Tönen aus der pentatonischen Dur-Skala

Beachten Sie, wie die Basslinie aus Abbildung 10.1 auf den Beat gespielt wird und die Drums jeden Schlag in Triolen unterteilen.

Abbildung 10.2 zeigt einen Swing-Groove mit Tönen aus einer Skala – in diesem Fall der üblichen mixolydischen Skala. (Mehr über Skalen und Tonalität finden Sie in Kapitel 5.) Die Basslinie wird auch hier genau auf die Schläge gespielt, während das Schlagzeug die Schläge in Triolen unterteilt.

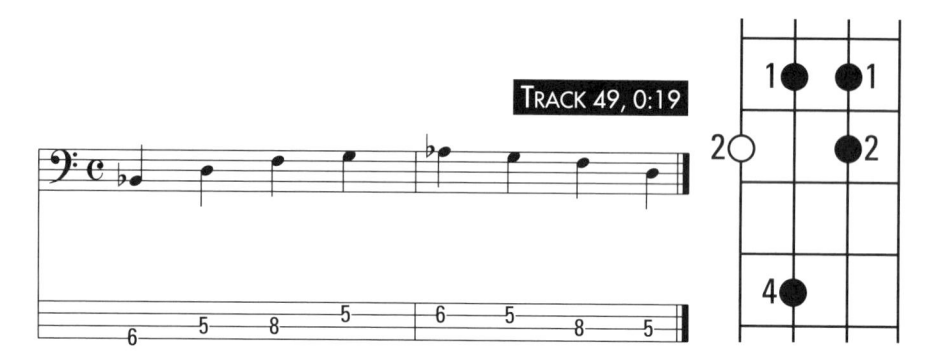

Abbildung 10.2: Ein Swing-Groove mit Tönen aus der mixolydischen Skala

Sie können die Grooves aus diesem Kapitel alle ohne Probleme von Akkord zu Akkord verschieben (siehe auch Kapitel 7 für weitere Informationen über das Verschieben von Akkord zu Akkord). Üben Sie einfach eines der Groove-Muster, und verschieben Sie es auf die gewünschten Grundtöne. Ein konsistentes Griffmuster (Fingering) ist dabei die Grundlage für erfolgreiches und gleichmäßiges Spiel beim Verschieben.

Jazz: Walking-Stile

Der Walking-Bass aus dem Jazz ist eine etwas kreativere Form des Bass-Spiels als die anderen Swing-Stile, da Sie sich jedes Mal neue Töne aussuchen können, wenn Sie einen Song spielen. Die Walking-Bassline wurde von Kontrabassisten wie Ray Brown, Milt Hinton, Paul Chambers und Ron Carter erfunden, ist aber heutzutage auch auf dem E-Bass weit verbreitet.

Eine Walking-Bassline ist eine der größten Herausforderungen an den Bassisten – doch keine Angst: Ich werde Sie (wortwörtlich) Schritt für Schritt dabei begleiten. Eine *Walking-Bassline* spaziert quasi durch die entsprechende Skala eines jeden Akkords im Song – ein Ton pro Schlag, wobei jeder Schlag eines Taktes gespielt wird.

Die Formel für eine erfolgreiche Walking-Bassline ist recht simpel:

1. **Schlag 1: Bestimmen Sie den Akkord (Dur, Moll, Dominant oder Dur-Sept; siehe Kapitel 5), und spielen Sie den Grundton des Akkords.**
2. **Schlag 2: Spielen Sie irgendeinen der Töne aus dem Akkord oder einen Ton aus der mit dem Akkord verwandten Skala.**

    Wenn Sie sich nicht sicher sind, welche Skala zu welchem Akkord gehört, schlagen Sie in Kapitel 5 nach.

3. **Schlag 3: Spielen Sie wieder einen Akkord- oder Skalenton des Akkords.**

    Dasselbe wie in Schritt 2, doch nehmen Sie nun einen anderen Ton.

4. **Schlag 4: Spielen Sie einen Leitton zum nächsten Grundton.**

    Ein *Leitton* leitet von einem Akkord zum nächsten über. Der Ton stammt nicht aus der Skala des gerade gespielten Akkords, sondern aus der, die als Nächstes gespielt werden soll. Der Leitton erzwingt damit die Auflösung zum nächsten Akkord. Wenn Sie beispielsweise von einem C-Akkord zu F überleiten wollen, führt der Leitton zum auflösenden F.

    Es gibt drei Arten von Leittönen:

    ✔ Chromatisch (Halbtonschritt)

    ✔ Diatonisch (aus der Skala)

    ✔ Dominant (die Quint des neuen Akkords)

    Abbildung 10.3 zeigt die Position eines jeden dieser Leittöne. Der Grundton des neuen Akkords wird durch einen Ring gekennzeichnet, die Leittöne sind durch die schwarzen Punkte markiert. Die Pfeile zeigen an, in welcher Richtung sich der Leitton zum Grundton des neuen Akkords auflöst.

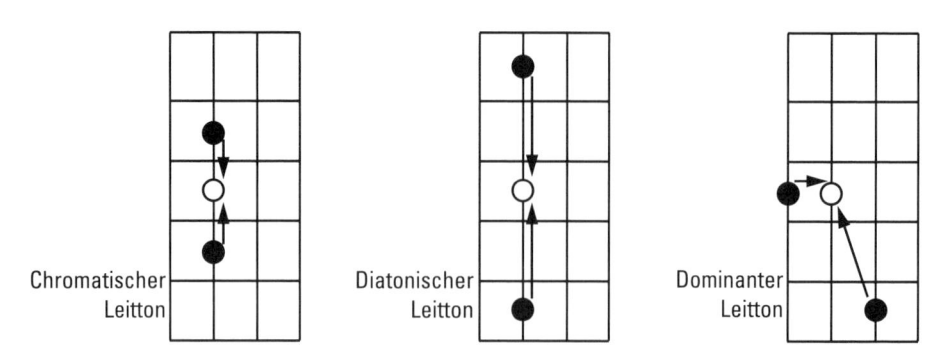

| Chromatischer Leitton | Diatonischer Leitton | Dominanter Leitton |

Abbildung 10.3: Die Position der chromatischen, diatonischen und dominanten Leittöne

In einer Walking-Bassline ist der vierte Schlag des Taktes für den Leitton reserviert.

Sie können zu so gut wie jedem Jazz-Stück eine Walking-Bassline spielen. Ich werde Ihnen den Walking-Bass-Stil an einem *Jazz-Blues-Schema* demonstrieren (siehe Abbildung 10.4). In dieser Abbildung sind die Akkorde über die einzelnen Grids geschrieben. Die Tonalität eines jeden Akkords ist klar ausgewiesen, und die Leittöne sind jeweils der letzte Ton einer jeden Sequenz (folgen Sie den Pfeilen). Sie können dieses Schema auf jedem gewünschten Grundton beginnen. Abbildung 10.4 ist zwar in H♭ geschrieben, doch falls man Sie nach einem Jazz-Blues in C fragt, müssen Sie das gesamte Muster nur zwei Bünde höher (in Richtung Brücke) schieben und mit C anfangen.

Ganz nebenbei gesagt, ist dieses Muster auch noch einfach zu spielen, da man die linke Hand nicht verschieben muss. Beginnen Sie das Schema deshalb mit dem Mittelfinger.

Sie können Walking-Basslines für nahezu jedes Jazz-Stück verwenden. Nehmen Sie sich Zeit, wenn Sie mit einem neuen Stück anfangen – Sie müssen die Skalen für jeden einzelnen Akkord herausbekommen, bevor Sie loslegen können. Je öfter Sie spielen, umso schneller werden Sie.

Das Jazz-Two-Feel: Nur zwei Töne pro Takt

Das *Jazz-Two-Feel* ist eine ziemlich subtile Methode, einen eigentlich triolischen Rhythmus zu spielen. In diesem Stil spielt man – im Gegensatz zum zuvor beschriebenen Walking-Bass im Four-Feel – hauptsächlich nur zwei Töne pro Takt: einen auf den ersten Schlag des Takts und einen auf den dritten. Die anderen Schläge sind Pausen. Hin und wieder spielt man noch einen zusätzlichen Ton kurz vor einem der regulären Töne. Achten Sie dabei nur darauf, diesen Ton auch als Triole zu spielen.

10 ▶ Swing it! Die triolischen Stile

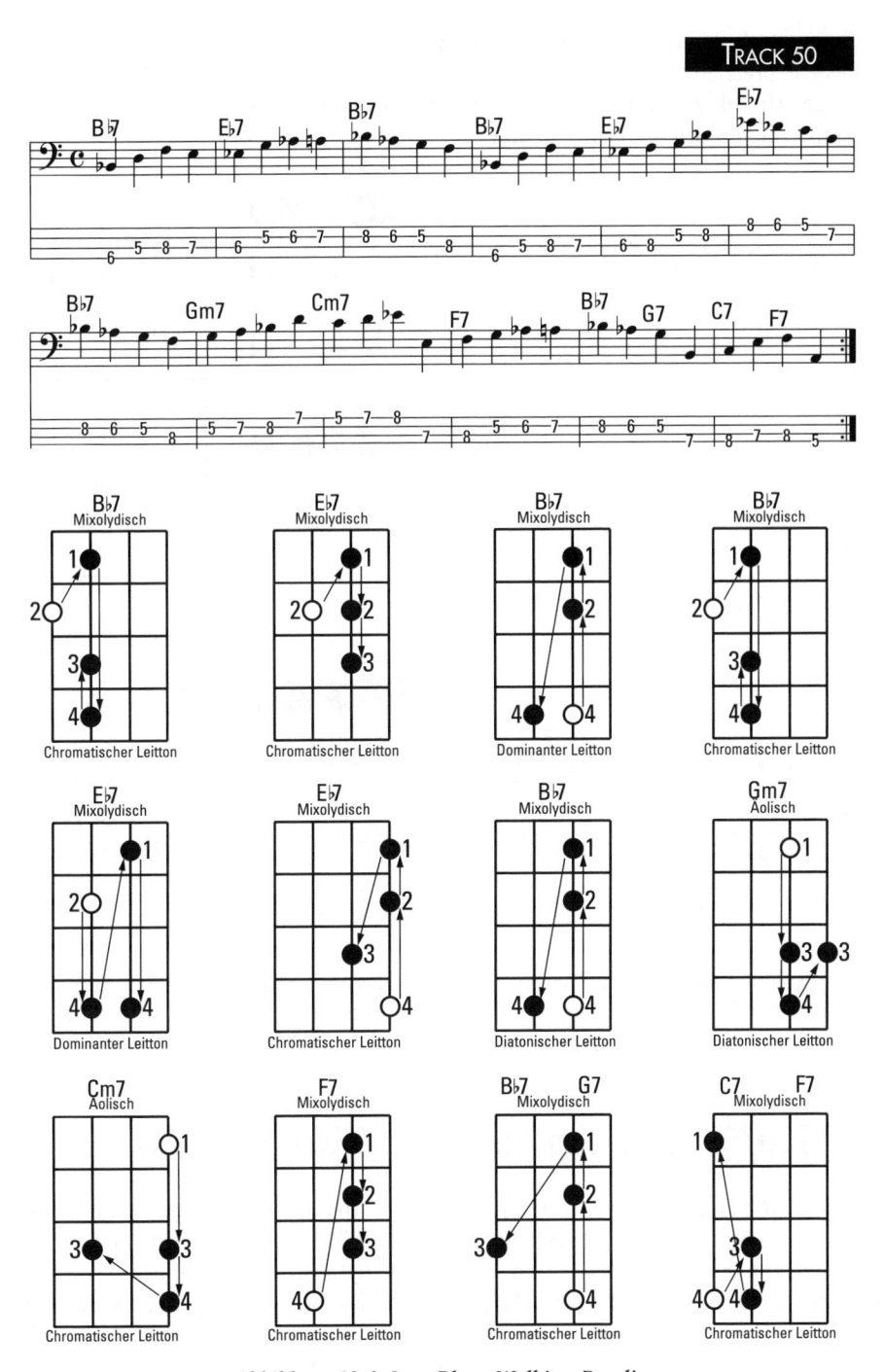

TRACK 50

Abbildung 10.4: Jazz-Blues-Walking-Bassline

In Abbildung 10.5 sehen Sie eine Basslinie im Two-Feel, bei der nur der Grundton und die Quint des entsprechenden Akkords gespielt werden (eine weit verbreitete Methode). Der Takt hört sich zerstückelt an, da man nicht auf jeden Schlag spielt, doch das ist genau der Effekt, den man mit diesem Stil erzielen möchte.

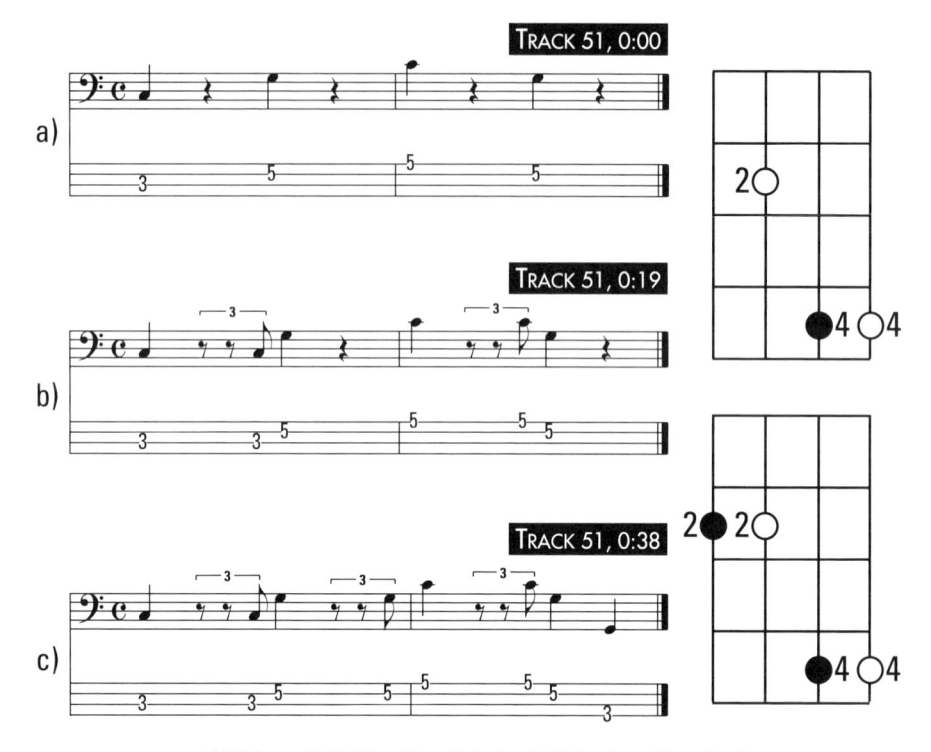

Abbildung 10.5: Eine Basslinie im Stil des Jazz-Two-Feel

Sie können solche Basslinien im Two-Feel für fast jedes Jazz-Stück verwenden. Besonders gut eignet sich dieser Stil dazu, um zuerst mit dem Two-Feel anzufangen und dann in eine Walking-Bassline überzuwechseln (siehe vorheriger Abschnitt und Abbildung 10.4).

Blues Shuffle: Der strukturierte Walking-Bass

Der *Blues-Shuffle* ist einer der eingängigsten Triolen-Rhythmen in der gesamten Musikwelt. Die Basslinie ist sozusagen eine strukturierte Walking-Line, die durch das gesamte Stück hindurch wiederholt wird. Irgendwie kommt einem der Rhythmus dabei humpelnd vor. Der erste Ton ist lang, der zweite kurz, der dritte lang usw. Die Bassisten Tommy Shannon (Bassist von Stevie Ray Vaughan), Roscoe Beck (Bassist von Robben Ford) und der unvergleichliche Donald Duck Dunn (von den Blues Brothers und Booker T. & the MGs) sind drei hervorragende Musiker, die den Blues-Shuffle mit Bravour beherrschen. Abbildung 10.6 zeigt einen Blues-Shuffle-Groove, der aus nur einem Ton besteht, nämlich dem Grundton. Sie können diesen Groove auf jeden gewünschten Akkord spielen.

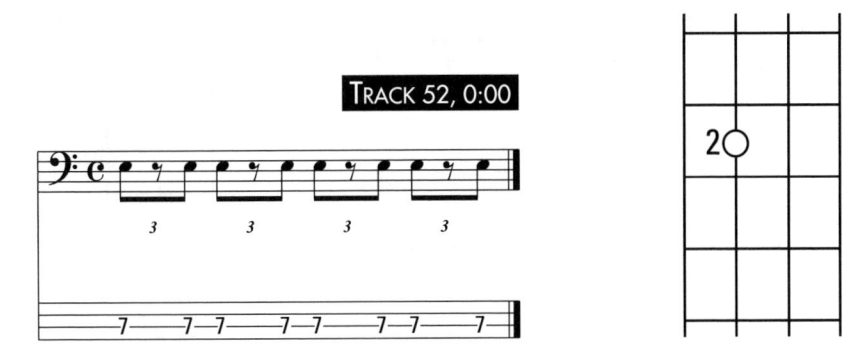

Abbildung 10.6: Ein Blues-Shuffle-Groove, bei dem ausschließlich der Grundton gespielt wird

Abbildung 10.7 zeigt ein weiteres Beispiel für einen Blues-Shuffle-Groove. Hier werden zusätzlich die Terz und die Quint des Dur-Akkordes gespielt. Beginnen Sie den Groove mit dem Mittelfinger auf dem Grundton.

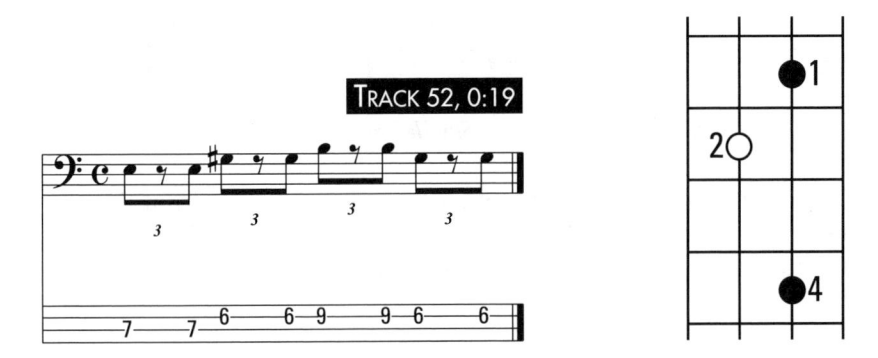

Abbildung 10.7: Ein Blues-Shuffle-Groove mit Tönen aus einem Dur-Akkord

In Abbildung 10.8 werden zusätzlich zu Grundton, Terz und Quint noch Töne aus der mixolydischen Skala gespielt; der Akkord wird somit zu einer dominanten Tonalität ausgebaut. Beginnen Sie diesen Groove mit dem Mittelfinger auf dem Grundton.

Was tun, wenn das Blues-Stück, das Sie spielen sollen, eher traurig und deshalb in einer Moll-Tonalität geschrieben ist? (Gerade bei Blues-Songs sind traurige Themen vorherrschend.) Wenn Sie den Groove aus Abbildung 10.8 über eine Moll-Tonalität spielen möchten, müssen Sie nur eine kleine Änderung vornehmen: Vermindern Sie einfach die Terz (♭3). Abbildung 10.9 zeigt einen Blues-Shuffle mit Tönen aus der Moll-Tonalität (äolische oder dorische Skala).

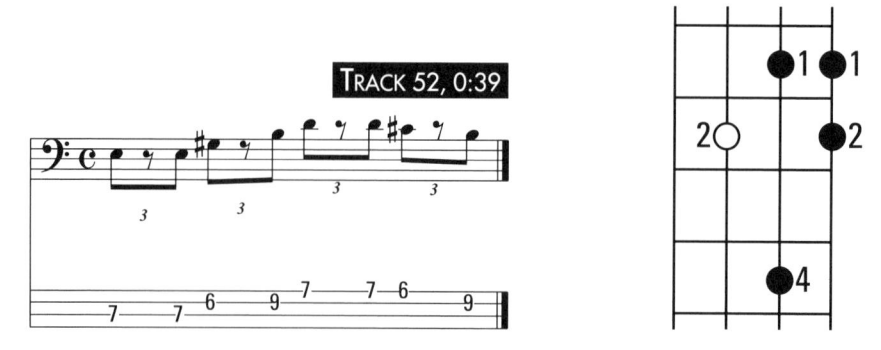

Abbildung 10.8: Ein Blues-Shuffle-Groove mit Tönen aus der mixolydischen Skala

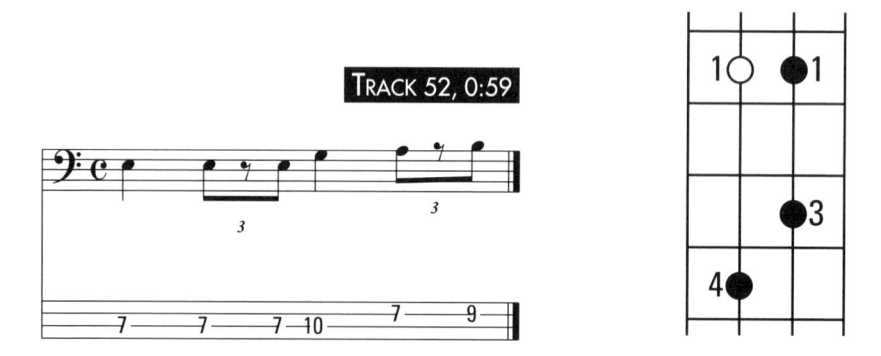

Abbildung 10.9: Ein Blues-Shuffle-Groove in Moll-Tonalität

In Abbildung 10.10 ist der Blues-Shuffle etwas komplexer. Dort werden nicht nur Töne aus dem Akkord und der verwandten Skala gespielt (hier mixolydisch für den Dominant-Akkord), sondern auch chromatische Töne (Töne in Halbtonschritten; siehe Kapitel 5).

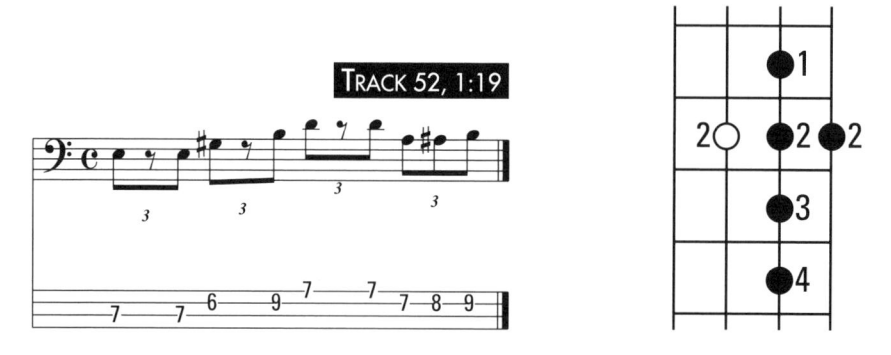

Abbildung 10.10: Ein Blues-Shuffle-Groove in mixolydischer Tonalität mit chromatischen Tönen

Schließlich zeigt Abbildung 10.11 einen komplexen Blues-Shuffle-Groove, den man über eine Moll-Tonalität mit einem chromatischen Ton spielt.

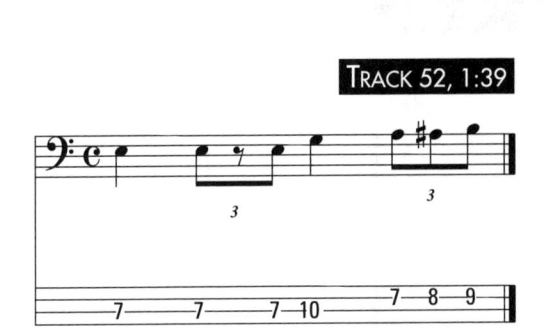

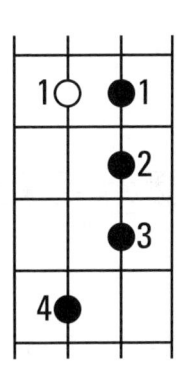

Abbildung 10.11: Ein Blues-Shuffle-Groove über eine Moll-Tonalität mit einem chromatischen Ton

Die Grooves aus den Abbildungen 10.10 und 10.11 haben eine starke triolische Ausprägung am Ende des Taktes. Die drei Triolen unterstützen die heftige triolische Wirkung des Stils. Spielen Sie mit diesen Grooves herum, und denken Sie sich eigene Grooves aus. Diese Grooves funktionieren besonders gut über das Blues-Schema. (In Kapitel 9 können Sie sich das Blues-Schema anschauen.)

Funk-Shuffle:
Eine Kombination aus Funk, Blues und Jazz

Der *Funk-Shuffle* (auch *Shuffle-Funk*) ist ein Hybrid-Groove, der sich aus Elementen unterschiedlicher Stile zusammensetzt: Funk, Blues und Jazz. Wenn man Funk, der normalerweise hauptsächlich mit Sechzehntelnoten gespielt wird, mit Blues und Jazz kombiniert, also triolisch spielt, ist das Ergebnis ein irgendwie humpelnder Sechzehntel-Groove – eine ziemlich coole Kombination. Dieser Groove-Typ ist eine ganz schöne Herausforderung, doch mit ein paar Tipps und Tricks, die ich Ihnen verraten werde, ist alles ganz einfach.

Schauen Sie sich den Funk-Shuffle-Groove in Abbildung 10.12 an. Dieser Groove setzt sich aus dem Grundton (in zwei Oktaven) und einer Dead Note zusammen (ein Pochen ohne erkennbare Tonhöhe; siehe Kapitel 5). Die Drums spielen bei diesem Stil eine entscheidende Rolle, da sie zusammen mit dem Bass den Rhythmus vorantreiben. Sie können den Groove mit dem Zeigefinger oder dem Mittelfinger auf dem tiefen Grundton beginnen.

Abbildung 10.13 zeigt ein Beispiel für einen Funk-Shuffle-Groove mit Tönen aus der mixolydischen (Dominant) und dorischen Skala (Moll). Dieser Groove passt also sowohl auf Dominant- als auch auf Moll-Akkorde. Trotz allem ist er nicht einfach zu lernen, doch wenn Sie ihn erst einmal im Griff haben, können Sie damit ein großes Spektrum abdecken. Im Funk-Shuffle-Stil sind nämlich fast alle Akkorde dominant oder moll.

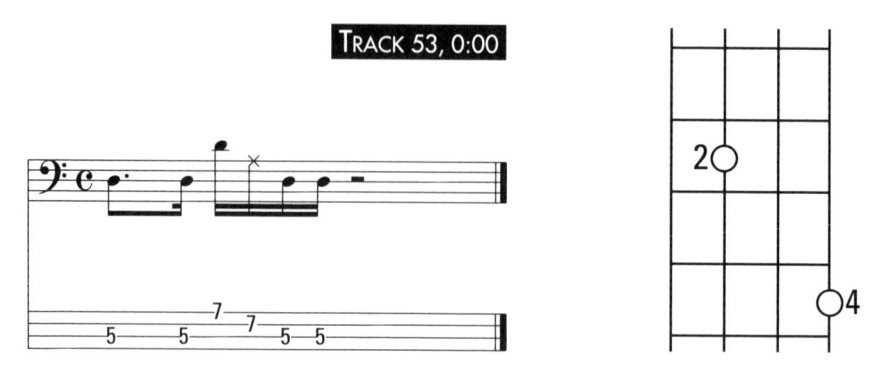

Abbildung 10.12: Ein Funk-Shuffle-Groove, der aus dem Grundton und einer Dead Note besteht

Abbildung 10.13: Ein Funk-Shuffle-Groove für Dominant- und Moll-Akkorde

Der Funk-Shuffle in Abbildung 10.14 enthält noch mehr Töne, die in der mixolydischen und dorischen Skala vorkommen. Beachten Sie auch die coole Synkopierung (Schläge, die man an dieser Stelle nicht erwartet; siehe Kapitel 9). Der Groove in Abbildung 10.14 kann über die meisten Akkorde von Shuffle-Funk-Stücken gespielt werden: Die meisten Akkorde sind nämlich in solchen Stücken entweder dominant (mixolydisch) oder moll (dorisch). Beginnen Sie den Groove mit dem Mittelfinger oder dem Zeigefinger auf dem Grundton, damit Sie die Bundhand nicht verschieben müssen.

Abbildung 10.14: Ein Funk-Shuffle-Groove mit Tönen, die sowohl in der Dominant- als auch in der Moll-Skala vorkommen

Wenn man so auf einem Funk-Shuffle-Groove herumreitet, kann man Stunden um Stunden weiterspielen, ohne dass auch nur ein bisschen Langeweile aufkommt – Sie haben auf Grund der Komplexität des Grooves immer alle Hände voll zu tun. Also: Immer schön funky bleiben!

Funky Style: Hardcore-Basslinien spielen

11

In diesem Kapitel
- R&B entdecken
- Motown spielen
- (Kon-)Fusion erzeugen
- Den Funk(en) überspringen lassen
- Disco tanzen
- Zu Hip-Hop hoppen
- Zu Dance grooven

»**G**imme the funk! You gotta gimme the funk!« Wenn Sie diese Worte hören, dann sind Sie (und Ihr alter Ego, der Schlagzeuger) damit gemeint. Von Motown bis Hip-Hop ist es der Bassist, der eine Hauptrolle im Funk einnimmt. Hier können Sie Ihre Fähigkeiten unter Beweis stellen. Die Hardcore-Funk-Bass-Grooves sind für jeden Bassisten eine echte Herausforderung. Funk ist zuallererst einmal Partymusik, und Ihre Aufgabe ist es, den Mob zum Tanzen zu bringen.

Rhythmisch gesehen ist die Sechzehntelnote im Funk die erste Wahl. In Funk-Grooves werden häufig nur ein paar Sechzehntelnoten gespielt. In diesem Kapitel finden Sie eine Auswahl von erstklassigen Funk-Grooves, die Sie spielen können, wenn es mal wieder heißt: »Gimme the funk! You gotta gimme the funk!«

R&B: Das Rhythm-and-Blues-Feeling

R&B (Rhythm and Blues) kam in den späten 40er-Jahren des letzten Jahrhunderts auf und ist noch heute einer der populärsten Musikstile überhaupt. R&B wird von *Session-Musikern* dominiert – also Musikern, die mit zahlreichen unterschiedlichen Künstlern zusammenarbeiten. Meist mieten Plattenproduzenten immer die gleiche Rhythmus-Sektion als Begleitung für alle unter Vertrag stehenden Künstler. So spielen dann der gleiche Bassist, Schlagzeuger, Gitarrist und Keyboarder jahrelang in unzähligen Sessions zusammen zu unterschiedlichen Interpreten. Tommy Cogbill (der mit Aretha Franklin und Wilson Pickett zusammen gespielt hat) und Chuck Rainey (der mit Aretha Franklin, Quincy Jones und Steely Dan zusammen gespielt hat) sind zwei von diesen großartigen Session-Musikern. Die R&B-Tradition mit Session-Musikern zu arbeiten, hat dazu geführt, dass viele hervorragende Sänger durch außergewöhnliche und exzellente Grooves begleitet wurden.

Der Bass-Groove im R&B besteht meist aus einer lebendigen Basslinie, die sehr eng mit dem Schlagzeug zusammenläuft. Da R&B-Songs meist eine ziemlich voll gepackte Basslinie haben, müssen normalerweise sowohl Akkord- als auch Skalen-Töne gespielt werden, damit der Groove interessant klingt. Durch die Verwendung von Synkopen (Töne, die zwischen den Schlägen gespielt werden) wird der R&B-Groove funky. In Kapitel 9 finden Sie weitere Informationen über Synkopen.

Abbildung 11.1 zeigt einen R&B-Groove in einer Moll-Tonalität. (Wenn Sie Hilfe bei der Erstellung von Grooves in den unterschiedlichen Tonalitäten Dur, Moll und Dominant benötigen, schlagen Sie bitte in Kapitel 7 nach.) Beginnen Sie diesen Groove mit dem Mittelfinger auf dem Grundton, um unnötiges Verschieben der Bundhand zu vermeiden.

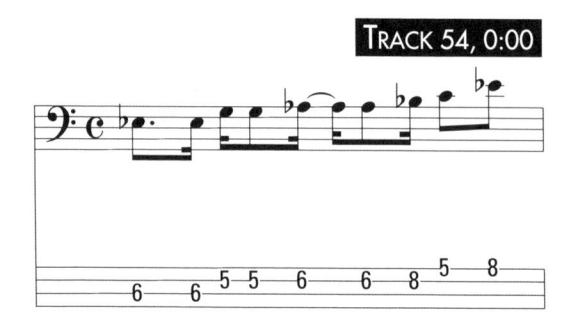

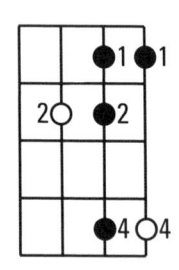

Abbildung 11.1: Ein R&B-Groove in Dur (ionische Skala)

Der Groove in Abbildung 11.1 besteht aus Tönen des Dur-Akkords, der aus der ionischen Skala stammt. (In Kapitel 5 finden Sie weitere Informationen zu den Akkord- und Skalenverwandtschaften.) Sie können diesen Groove auch als Dominant-Tonalität spielen, indem Sie statt der Sext eine verminderte Sept spielen.

Abbildung 11.2 zeigt einen R&B-Groove in einer Dominant-Tonalität mit mixolydischer Skala. Beginnen Sie diesen Groove mit dem Mittelfinger auf dem Grundton, um ein Verschieben der Bundhand zu vermeiden.

Sie müssen schon genau hinhören, um den Unterschied zwischen den beiden Grooves aus den Abbildungen 11.1 und 11.2 zu bemerken. Nur ein Ton ist nämlich anders (der vorletzte).

In Abbildung 11.3 sehen Sie den Groove aus Abbildung 11.1 in einer Moll-Tonalität. Dieser Groove basiert auf der dorischen oder äolischen Skala (in diesem Fall funktionieren beide) und passt perfekt auf einen Moll-Akkord. Beginnen Sie den Groove mit dem Zeigefinger auf dem Grundton.

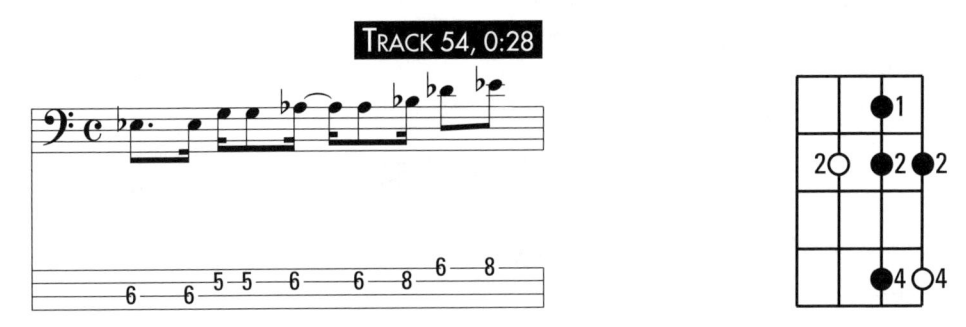

Abbildung 11.2: Ein R&B-Groove in Dominant-Tonalität (mixolydisch)

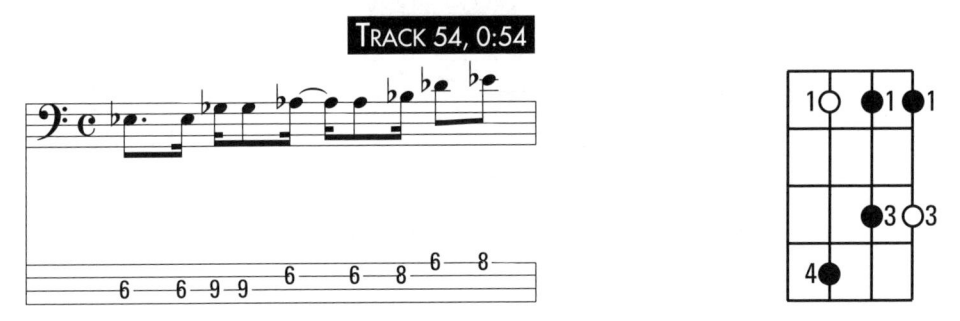

Abbildung 11.3: Ein R&B-Groove in Moll-Tonalität (dorisch oder äolisch)

In fast allen Funk-Stilen werden ständig Dead Notes und chromatische Töne gespielt, so auch im R&B. (In Kapitel 5 finden Sie weitere Informationen zu Dead Notes und chromatischen Tönen.) Abbildung 11.4 zeigt, wie die Grooves aus den Abbildungen 11.1 bis 11.3 mit zusätzlichen Dead Notes und chromatischen Tönen aussehen. Die Grooves in Abbildung 11.4 klingen ziemlich komplex.

> Sie können Ihren R&B-Groove interessanter gestalten, indem Sie zunächst mit einem einfachen Rhythmus und nur wenigen Tönen anfangen und im Verlauf des Songs Dead Notes und chromatische Töne hinzufügen.

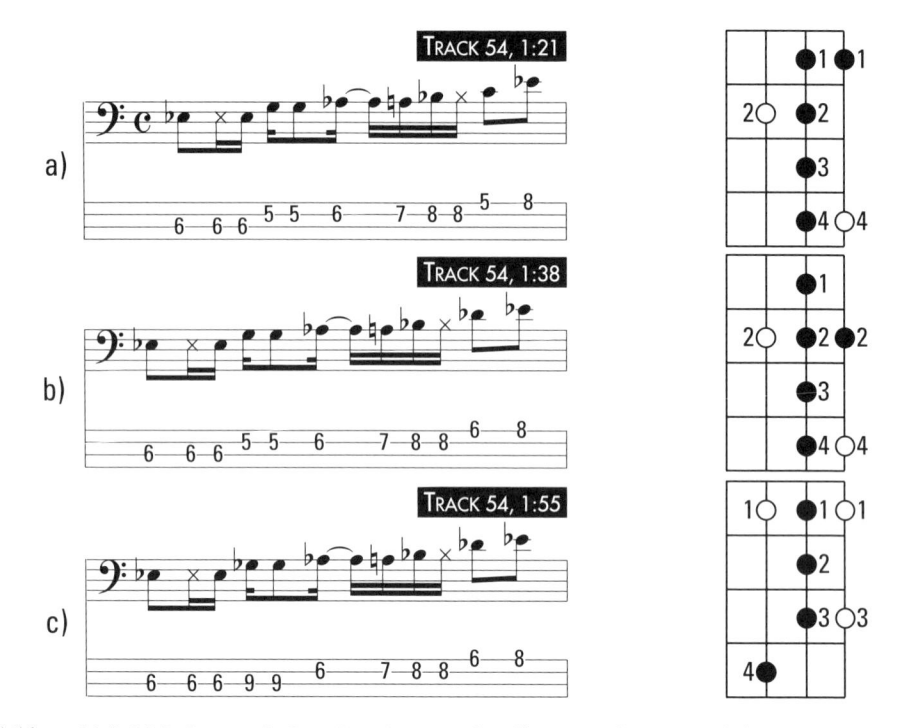

Abbildung 11.4: R&B-Grooves in Dur, Dominant und Moll mit Dead Notes und chromatischen Tönen

Der Motown-Sound: Grooves mit Variationen

Motown ist der Name eines Platten-Labels, das in den späten 50er-Jahren des letzten Jahrhunderts in Detroit gegründet wurde. Der Motown-Stil ist ein fester Bestandteil der R&B-Familie. Unzählige Sänger und Sängerinnen haben Songs für Motown aufgenommen, und die meisten davon kamen bei ihren Aufnahmen in den Genuss der Motown-Hausband – der berühmten Funk-Brothers.

James Jamerson (auch Funk-Brother No. 1 genannt) hat mit seinen synkopierten Basslinien nicht nur seinem Label einen eigenen Sound in hunderten von Hits aufgeprägt, sondern eine völlig neue Vorlage für modernes E-Bass-Spiel geliefert. Marvin Gaye, The Temptations, Stevie Wonder und viele weitere Künstler profitierten von Jamersons außergewöhnlichen Groove-Kreationen von Jamerson und den anderen Funk-Brothers. Auch Ihr Bass-Spiel kann von den Jamerson/Motown-Grooves aus diesem Kapitel profitieren.

Viele Motown-Grooves bestehen aus einer *konstanten Struktur*, also aus Tönen, die in mehreren Tonalitäten vorkommen. Sie können einen Groove mit konstanter Struktur über jeden Akkord spielen – er wird sich immer interessant anhören.

11 ➤ Funky Style: Hardcore-Basslinien spielen

Abbildung 11.5 zeigt einen typischen Motown-Groove, der sowohl über Dur- als auch über Dominant-Akkorde gespielt werden kann. (Dieser hier funktioniert sogar bei Moll-Akkorden.) Beginnen Sie diesen Groove mit dem kleinen Finger.

Abbildung 11.5: Ein Motown-Groove mit konstanter Struktur für Dur- und Dominant-Akkorde

Beachten Sie die kleine Variation des Grooves aus Abbildung 11.5 im zweiten Takt. Diese Variation ist ein typisches Markenzeichen für Jamerson-Grooves.

Abbildung 11.6 zeigt einen ziemlich voll gepackten Motown-Groove mit gemeinsamen Tönen aus der Dominant- und Moll-Tonalität. Dieser Groove wird darüber hinaus noch im zweiten Takt mit chromatischen Tönen gespielt, die wieder zum Anfang des Grooves überleiten. Beginnen Sie den Groove mit dem kleinen Finger.

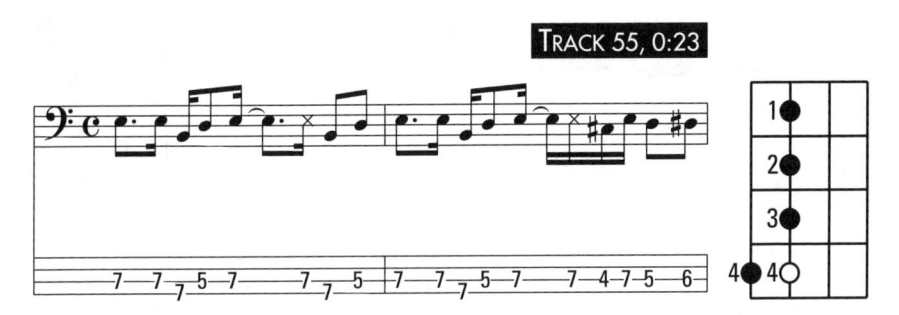

Abbildung 11.6: Ein Motown-Groove mit konstanter Struktur für Dominant- und Moll-Akkorde

Die Motown-Bassisten bildeten die erste Generation von Bass-Virtuosen. Sie haben mehr moderne Bassisten beeinflusst, als man zählen kann.

Fusion: Zwei Stile zu einem verschmelzen

Mit *Fusion* ist die Verschmelzung von zwei oder mehr Musikstilen gemeint. Fusion bezieht sich meist auf die Verbindung von Rock-Rhythmen mit Jazz-Harmonien. Das Bass-Spiel im Fusion-Stil ist ziemlich kompliziert und schwierig und steckt voller nervöser Energie mit schnellen Noten, doch können Sie sich hier auch mal so richtig austoben. In diesem Abschnitt zeige ich Ihnen Bass-Grooves, die mit jedem Trick aus diesem Buch ausgestattet sind: Skalen-Töne, Dead Notes, chromatische Töne und haufenweise Sechzehntelnoten.

Abbildung 11.7 zeigt einen quirligen Fusion-Groove, den man sowohl über Dur- als auch über Dominant-Akkorde spielen kann (ionische oder mixolydische Skala). Beachten Sie, wie der Groove durch die Verwendung von chromatischen Tönen und Dead Notes interessant wird. Beginnen Sie den Groove in Abbildung 11.7 mit dem Mittelfinger auf dem Grundton. Die Bundhand muss bei diesem Groove nicht verschoben werden. Der Groove ist ziemlich anspruchsvoll – es werden alle sechzehn Sechzehntelnoten des Taktes ausgereizt.

Der Groove in Abbildung 11.7 ist eine echte Herausforderung, lassen Sie sich also Zeit damit. Der Aufwand lohnt sich, wenn Sie den Groove so weit im Griff haben, dass Sie ihn problemlos zusammen mit einer Band spielen können.

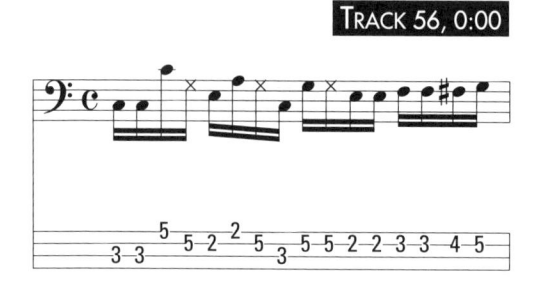

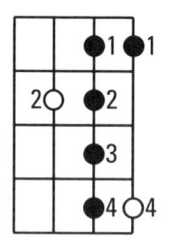

Abbildung 11.7: Ein Fusion-Groove für Dur- oder Dominant-Akkorde

Abbildung 11.8 zeigt einen Fusion-Groove für Moll-Akkorde (dorische oder äolische Skala). Beginnen Sie diesen Groove mit dem Zeigefinger.

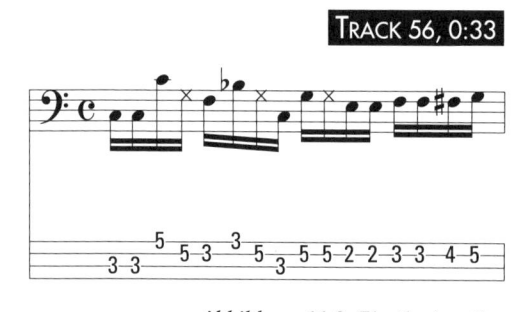

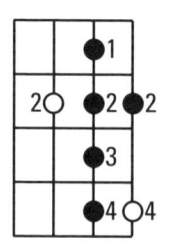

Abbildung 11.8: Ein Fusion-Groove für Moll-Akkorde

11 ➤ Funky Style: Hardcore-Basslinien spielen

Die Geschichte des Fusion-Stils aus der Perspektive des Bassisten

Als in den 70er-Jahren des letzten Jahrhunderts der Fusion-Stil aufkam, wurde die Rolle des Bassisten in den Vordergrund gedrängt. Bands wie Return To Forever mit dem herausragenden Stanley Clarke am Bass oder Weather Report mit dem unglaublichen Jaco Pastorius trieben das Bass-Spiel in vorher ungeahnte Höhen. Plötzlich erwartete man von Bassisten abgefahrene Sechzehntel-Grooves und ausgiebige Soli, wie man sie zuvor nur von Bläsern gewohnt war. In dieser Ära wurde auch dank Jaco Pastorius der *Fretless-Bass* entwickelt (ein E-Bass ohne Bundstäbe). Auch kamen die ersten Bässe mit mehr als vier Saiten heraus, wie beispielsweise der sechssaitige Kontrabass des großartigen Session-Musikers Anthony Jackson mit einer zusätzlichen tiefen H-Saite und einer hohen C-Saite und der Fünfsaiter mit einer zusätzlichen tiefen H-Saite.

Viele Stücke aus dem Fusion-Stil bestehen aus langen Abschnitten mit nur einem Akkord. Bei solchen Stücken müssen Sie Ihren Groove nicht von Akkord zu Akkord verschieben. Sie können also einen Groove spielen, der über alle vier Saiten des Basses läuft. Abbildung 11.9 zeigt einen solchen Groove. Dieser Groove basiert auf der mixolydischen Skala (für Dominant-Akkorde) und kann ohne Verschieben der Bundhand gespielt werden, wenn Sie mit dem Mittelfinger auf dem Grundton beginnen. Man muss schon ein bisschen üben, um diesen Groove in den Griff zu bekommen, doch es lohnt sich.

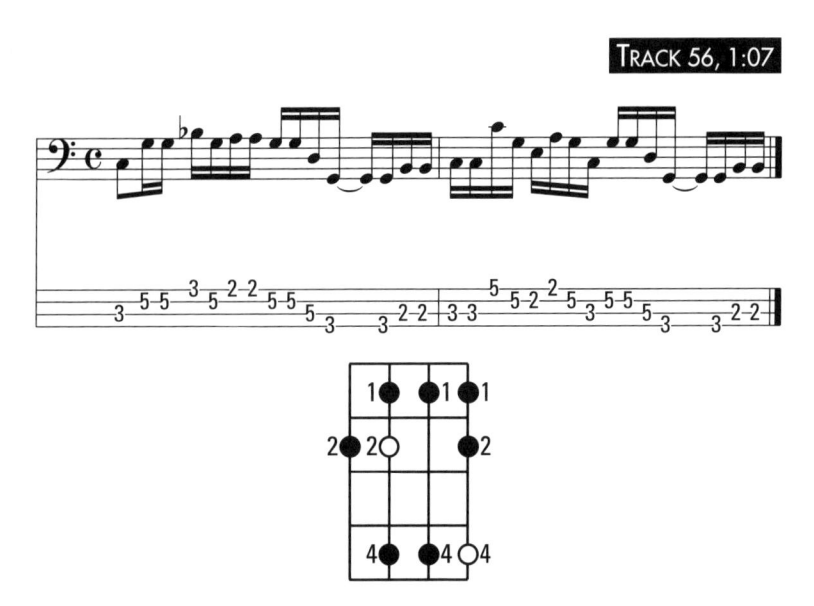

Abbildung 11.9: Ein Fusion-Groove über vier Saiten für Dominant-Akkorde

Abbildung 11.18: Ein Disco-Groove für Moll-Akkorde

In Abbildung 11.19 sehen Sie die Dur- und Dominant-Version des Grooves aus Abbildung 11.18. Die Dur-Tonalität ist im Disco-Stil zwar selten, doch sollten Sie auch darauf vorbereitet sein. Statt den Groove eindeutig zu einem Dur-Groove zu machen, indem man die große Terz (statt der verminderten) spielt, sollten Sie gar keine Terz, sondern lieber die neutrale Quart spielen. Beginnen sie den Groove mit dem Zeige- oder Mittelfinger, um ein Verschieben der Bundhand zu vermeiden.

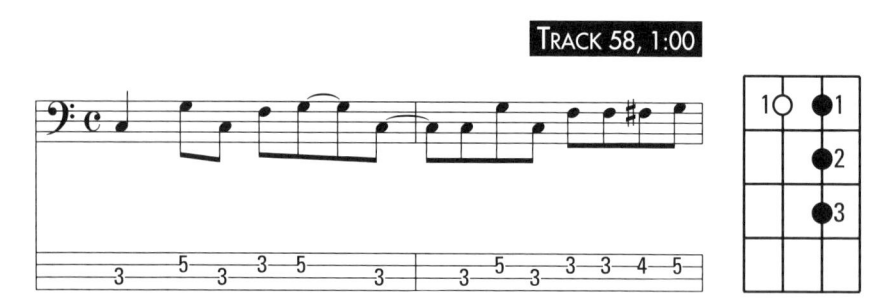

Abbildung 11.19: Ein Disco-Groove für Dur- oder Dominant-Akkorde

Hip-Hop: Heavy Funk mit Attitüde

Hip-Hop kam in den frühen 90er-Jahren des letzten Jahrhunderts auf. Dieser Stil besticht durch einen fetten Bass-Groove, der noch abgehangener klingt als in allen anderen Funk-Stilen. Beim Hip-Hop dreht sich alles um die Message. Der Bass-Groove bildet ein zugleich wichtiges wie auch unaufdringliches Fundament für die Stimme. Die Basslinie ist nie wirklich voll gepackt, aber sie ist gut getimt und wird ständig wiederholt. Raphael Saadiq ist ein berühmter Hip-Hop-Bassist, der vor allem durch seine Arbeiten mit D'Angelo und Tony Toni Tone bekannt wurde.

Abbildung 11.20 zeigt einen Bass-Groove im Hip-Hop-Stil. Beginnen Sie den Groove mit Ihrem Ringfinger.

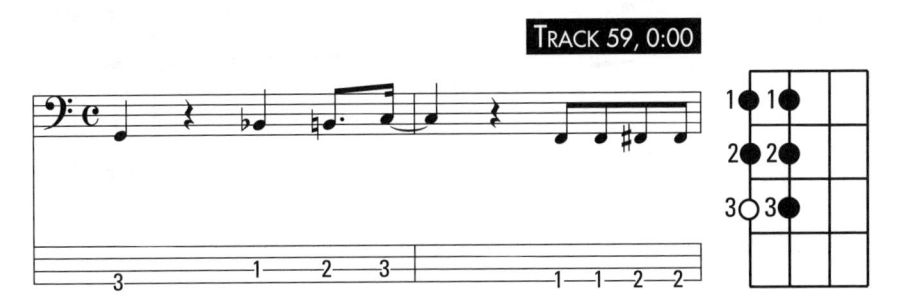

Abbildung 11.20: Ein Hip-Hop-Groove

In den meisten Fällen wird im Hip-Hop in einer Moll-Tonalität gespielt, nur selten kommt auch mal Dur oder Dominant vor. Der Groove bewegt sich meist nicht vom Ausgangsakkord weg. Das Feeling und die Haltung machen den größten Teil eines Hip-Hop-Grooves aus.

Abbildung 11.21 zeigt einen weiteren Groove im Hip-Hop-Stil, nur diesmal für eine Moll- oder Dominant-Tonalität.

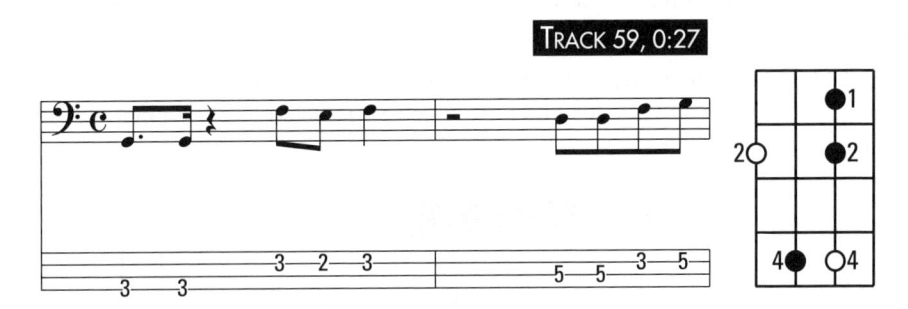

Abbildung 11.21: Ein Hip-Hop-Groove für eine Dominant- oder Moll-Tonalität

Beachten Sie die langen Pausen zwischen einzelnen Tönen dieses Grooves in Abbildung 11.21.

Abbildung 11.22 zeigt einen Groove für eine Dur- oder Dominant-Tonalität – für die glücklichen Hip-Hopper. Beginnen Sie diesen Groove mit dem Mittelfinger.

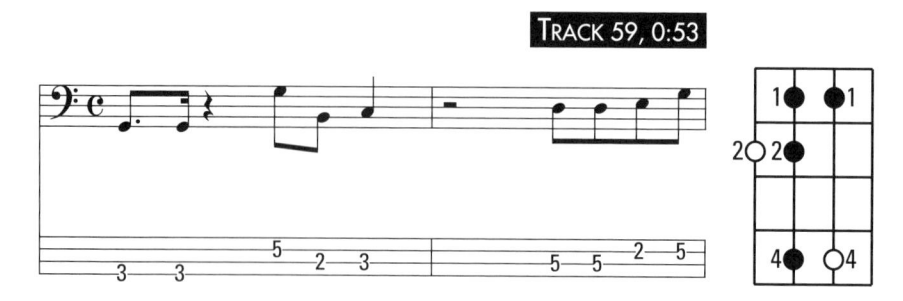

Abbildung 11.22: Ein Hip-Hop-Groove für Dur- oder Dominant-Akkorde

Hin und wieder werden auch Synthesizer für die Basslinien im Hip-Hop eingesetzt, doch nichts groovt so wie ein echter Bass.

Dance: Hauptsache, man kann dazu tanzen

Dance ist ein Stil, bei dem ganz betont auf den Schlag gespielt wird, während Synkopen (siehe Kapitel 9) den Rhythmus vorantreiben. Der Dance-Stil hat – anders als der leichte Disco-Stil – einen pochenden Rhythmus. Oft werden die gleichen Töne von Gitarrist, Bassist und Schlagzeuger auf einmal gespielt.

Abbildung 11.23 zeigt einen typischen Dance-Groove. Der Groove ist zwar nicht besonders aufregend, doch sehr effektiv. Da man hier nur einen Ton spielen muss, können Sie mit jedem beliebigen Finger beginnen.

Abbildung 11.23: Ein Dance-Groove, der nur aus dem Grundton besteht

Wenn Sie die Gelegenheit bekommen, einen etwas komplexeren Dance-Groove zu spielen, bedienen Sie sich bei den *gemeinsamen Tönen* (Töne, die in alle Tonalitäten passen), damit Sie über das gesamte Stück den gleichen Groove spielen können. Abbildung 11.24 zeigt ein solches Beispiel, bei dem nur Grundton, Sekund (jedoch eine Oktave höher) und Quint gespielt

11 ➤ Funky Style: Hardcore-Basslinien spielen

werden. Diese Art Groove kommt sehr häufig in moderner Dance-Musik vor. Sie müssen bei diesem Groove die Bundhand ein wenig verschieben, beginnen Sie also mit dem Zeigefinger.

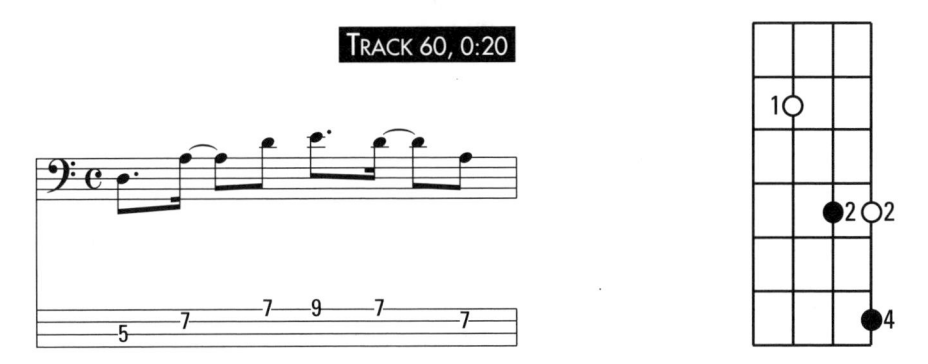

Abbildung 11.24: Moderner Dance-Groove für Moll-, Dur- und Dominant-Akkorde

Es kann schon mal vorkommen, dass Sie einen Dance-Groove nach Ihren Wünschen komponieren können und sich so richtig austoben dürfen. In Abbildung 11.25 sehen Sie einen Dance-Groove, der mit ein paar zusätzlichen Tönen ausgebaut ist. Die Tonalität ist Moll, beginnen Sie den Groove also mit dem Zeigefinger.

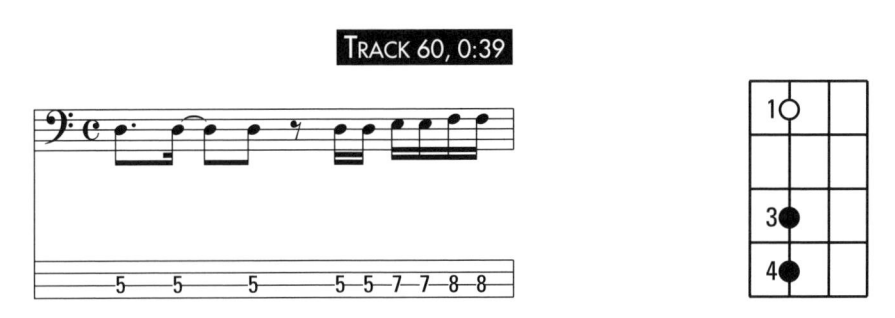

Abbildung 11.25: Ein rhythmisch aufgemotzter Dance-Groove für Moll-Akkorde

Abbildung 11.26 zeigt einen Dance-Groove für Moll- oder Dominant-Akkorde. Damit das Ganze nicht zu fröhlich klingt, sollten Sie statt der Terz eine Quart spielen (das reicht dann immer noch, um alle bei Laune zu halten). Sie können diesen Groove mit Ihrem Mittel- oder Zeigefinger beginnen.

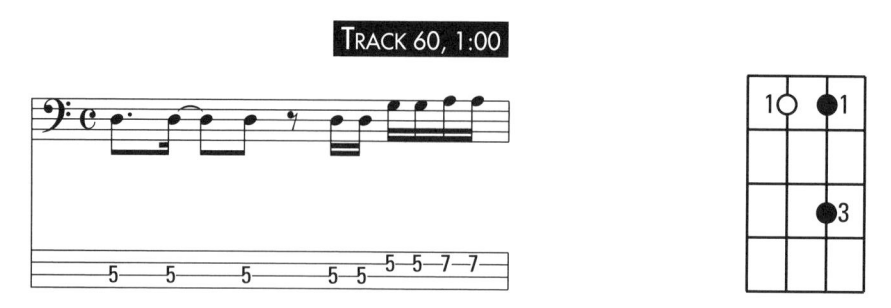

Abbildung 11.26: Ein rhythmisch aufgemotzter Dance-Groove für Moll- oder Dominant-Akkorde

Ich wünsche Ihnen viel Spaß mit diesen Grooves. Wenn Sie Schweiß auf den Saiten hinterlassen, denken Sie daran: Das ist ein kleiner Preis für den Spaß am Funk!

Internationaler Sound: Grooves aus aller Welt

12

In diesem Kapitel

- Zu Bossa Nova schwofen
- Afro-Kubanische Grooves spielen
- Zu Reggae jammen
- Die Soca-Party
- Auf Ska abrocken
- Südafrikanische Grooves entdecken

Stellen Sie sich doch einfach mal diese Szenerie vor: Angenehme Meeresbrisen, weiße Sandstrände, Palmen und natürlich der Klang eines großartigen Bass-Grooves im Stil des Landes. In diesem Kapitel können Sie entdecken, wie man exotische Bass-Grooves aus Südamerika, der Karibik oder Südafrika spielt. Die wichtigste Zutat all dieser internationalen Stile ist der Rhythmus. Die Harmonien sind meist ziemlich einfach.

Bossa Nova: Sonnen Sie sich in einem brasilianischen Beat

Wenn Sie jemals das Stück »Girl from Ipanema« gehört haben, dann wissen Sie, was Bossa Nova ist. Antonio Carlos Jobim, der dieses Stück geschrieben hat, ist einer der bekanntesten Bossa-Nova-Komponisten überhaupt. Die Bossa-Nova-Musik (die aus Brasilien stammt) hat einen leichten, beschwingten Klang und einen sinnlichen, unbeschwerten Groove. Bossas (Kurzform für Bossa Novas) werden meist in einem mittleren Tempo gespielt.

Die Basslinie besteht im Bossa Nova häufig aus einer Grundton-Quint-Kombination (siehe Kapitel 7), die sowohl auf Moll-, Dur- als auch Dominant-Akkorde passt und somit einen sich ständig wiederholenden Bass-Groove ermöglicht.

Der Groove in Abbildung 12.1 zeigt eine typische Bossa-Nova-Basslinie für Moll-, Dur- oder Dominant-Tonalitäten. Sie können diesen Groove entweder mit dem Mittelfinger oder dem Zeigefinger beginnen und müssen nicht einmal die Bundhand verschieben.

Bei Bossa Novas, die als Jazz-Stück gespielt werden, kommen schon einmal so genannte *verminderte Akkorde* vor, bei denen die Quint vermindert ist. In diesen Fällen können Sie ganz einfach den gleichen Groove aus Grundton und (in diesem Fall) einer verminderten Quint (♭5) spielen.

Abbildung 12.2 zeigt einen Groove mit verminderter Tonalität (lokrische Skala; siehe Kapitel 5 für weitere Informationen zu den Tonarten). Dieser Groove gleicht dem aus Abbildung 12.1 bis auf die verminderte Quint, die für den verminderten Akkord nötig ist. Beginnen Sie diesen Groove mit dem Mittel- oder Zeigefinger, um unnötiges Verschieben der Bundhand zu vermeiden.

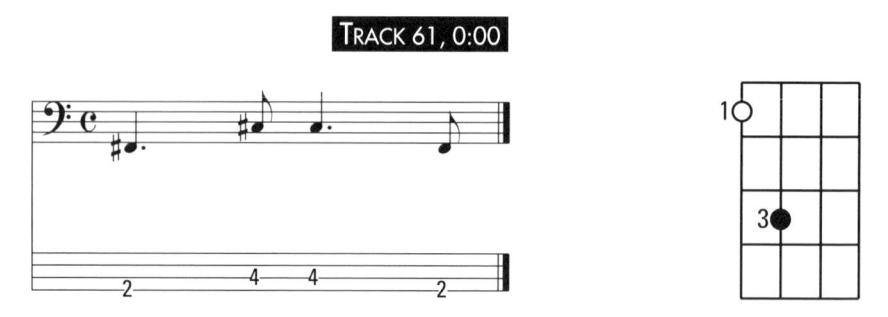

Abbildung 12.1: Ein Bossa-Nova-Groove für Dur-, Moll- oder Dominant-Akkorde

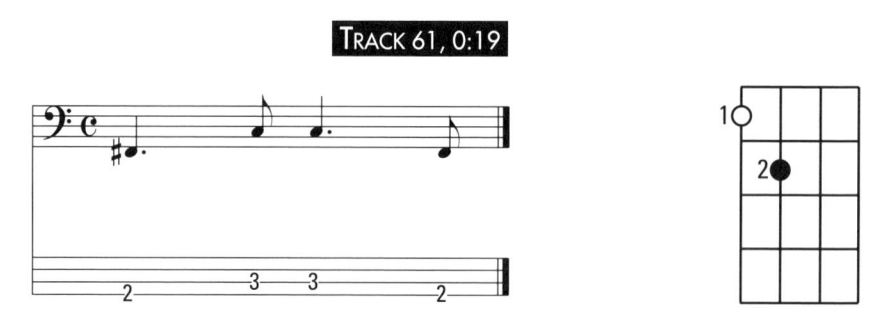

Abbildung 12.2: Ein Bossa-Nova-Groove für einen verminderten Akkord

Afro-Kubanisch: Mit Salsa, bitte

Die Afro-Kubanische Musik ist eine Mischung aus kubanischen und afrikanischen Rhythmen und musikalischen Elementen aus Puerto Rico, der Karibik, Afrika, Brasilien und anderen Teilen Südamerikas – alles in einer guten Mischung. Die beiden Session-Musiker Lincoln Goines und Andy Gonzales sind Meister dieses Stils (siehe Kapitel 11). Der Afro-Kubanische Stil wird oft auch als *Latin* oder *Salsa* bezeichnet. Wundern Sie sich also nicht, wenn jemand nach Salsa fragt und damit die Musik meint statt der Soße zu Tortilla-Chips.

12 ➤ Internationaler Sound: Grooves aus aller Welt

Der Bass-Groove spielt sich in der Afro-Kubanischen Musik häufig auf dem Grundton und der Quint ab, doch die rhythmische Synkopierung (Töne zwischen den Schlägen) ist etwas gewöhnungsbedürftig. In der Afro-Kubanischen Musik werden die Akkorde sehr flott gewechselt, schnallen Sie sich also besser an. Abbildung 12.3 zeigt einen Bass-Groove, der jeweils auf dem ersten Schlag eines Taktes anfängt. Der Groove enthält eine Synkope und passt über Moll-, Dur- und Dominant-Akkorde. Beginnen Sie diesen Groove mit dem Zeige- oder Mittelfinger, um unnötiges Verschieben der Bundhand zu vermeiden.

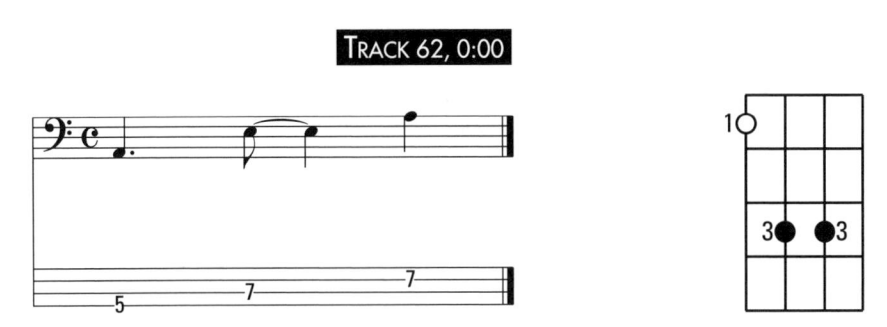

Abbildung 12.3: Ein Afro-Kubanischer Groove für Moll-, Dur- oder Dominant-Akkorde

In Abbildung 12.4 finden Sie einen Afro-Kubanischen Groove, der bis auf die verminderte Quint genauso wie der vorangegangene Groove gespielt wird. Dieser Groove passt auf verminderte Akkorde. Beginnen Sie ihn mit dem Mittel- oder Zeigefinger.

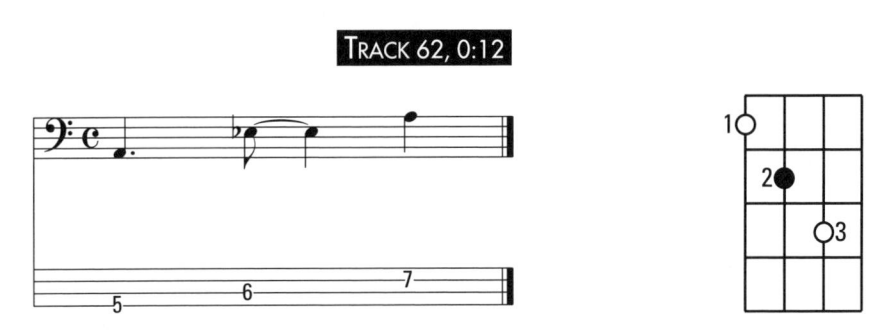

Abbildung 12.4: Ein Afro-Kubanischer Groove für verminderte Akkorde

Abbildung 12.5 zeigt eine weitere Variante des Grooves aus Abbildung 12.3, nur diesmal mit einer Synkope direkt am Anfang des Taktes. Man muss schon ein wenig üben, um solche stark synkopierten Grooves in den Griff zu bekommen, doch wenn man sie erst einmal drauf hat, machen sie unheimlich viel Spaß. Beginnen Sie den Groove aus Abbildung 12.5 mit dem Zeige- oder Mittelfinger.

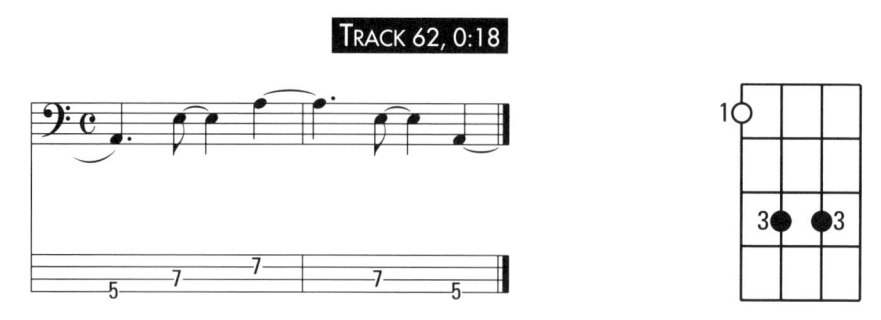

Abbildung 12.5: Ein Afro-Kubanischer Groove mit starker Synkopierung für Moll-, Dur- oder Dominant-Akkorde

Der Groove in Abbildung 12.6 besteht aus dem gleichen synkopierten Rhythmus wie der aus Abbildung 12.5, nur wird hier statt der Quint eine verminderte Quint gespielt, damit der Groove über einen verminderten Akkord passt. Beginnen Sie diesen Groove mit dem Zeige- oder Mittelfinger.

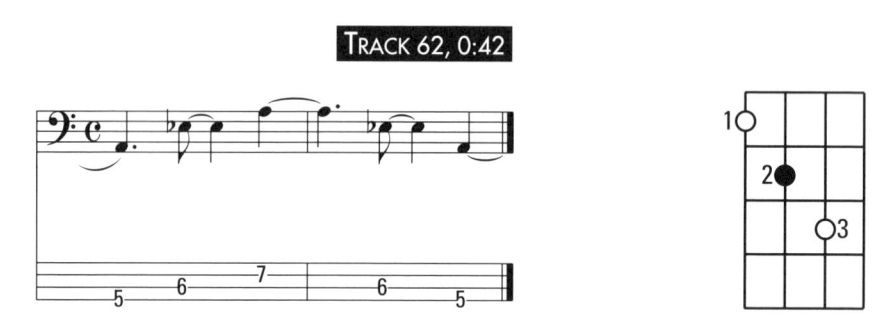

Abbildung 12.6: Ein Afro-Kubanischer Groove mit starker Synkopierung für verminderte Akkorde

Reggae: Relaxte Offbeat-Riddims

Reggae-Musik wird meist direkt mit Jamaika und den anderen karibischen Inseln assoziiert. Markenzeichen des Reggae-Bass sind der dumpfe Klang (kurze, tiefe Töne) und der Offbeat-Rhythmus (Synkopen) – der von Reggae-Musikern »Riddim« genannt wird. Aston »Family Man« Barrett (der mit Bob Marley gespielt hat) und Robbie Shakespeare (der mit Peter Tosh gespielt hat) sind zwei Giganten des Reggae-Bass. Aber auch moderne Bassisten wie P-Nut von der Band 311 spielen diesen Stil in höchster Perfektion.

Beim Reggae hört man oft lange Pausen in den Basslinien. Abbildung 12.7 zeigt ein Beispiel für einen Reggae-Groove mit ziemlich viel *Raum* (Pausen). Dieser Groove passt über Moll-Akkorde, die in Reggae-Stücken sehr häufig auftauchen. Beginnen Sie diesen Groove mit dem Zeigefinger, um unnötiges Verschieben der Bundhand zu vermeiden, und spielen Sie die einzelnen Töne sehr kurz.

Wenn Sie den Groove aus Abbildung 12.7 über Dur- oder Dominant-Akkorde spielen möchten, müssen Sie nur aus der verminderten Terz eine große Terz machen. Abbildung 12.8 zeigt diesen Groove mit der Adaption auf Dur- oder Dominant-Akkorde. Beginnen Sie den Groove mit dem Zeigefinger.

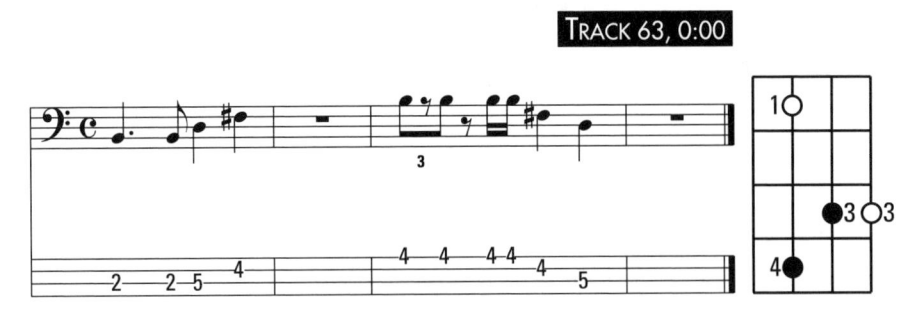

Abbildung 12.7: Ein Reggae-Groove für Moll-Akkorde

Abbildung 12.8: Ein Reggae-Groove für Dur- oder Dominant-Akkorde

Sie werden vielleicht auch schon mal einen Reggae-Bass-Groove gehört haben, der aus extrem vielen Tönen besteht. Abbildung 12.9 zeigt einen solchen Groove, der über Dur-, Moll- und Dominant-Akkorde passt. Sie können diesen Groove mit dem Zeigefinger oder dem Mittelfinger beginnen.

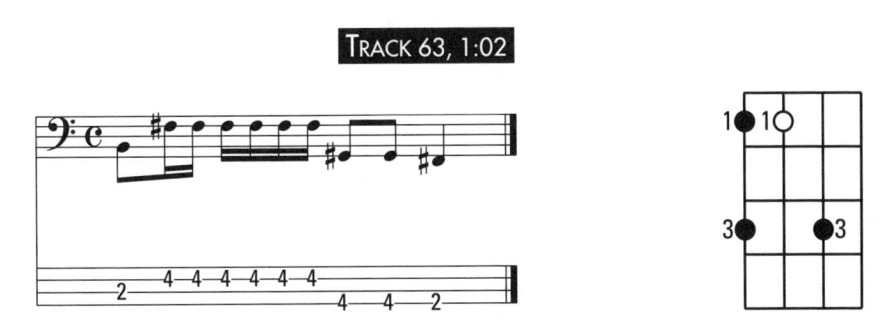

Abbildung 12.9: Ein Reggae-Groove für Dur-, Moll- und Dominant-Akkorde

Zu den typischen Merkmalen des Reggae gehört auch die *Drop-One-Technik*, bei der der Bassist den ersten Schlag des Taktes auslässt. Abbildung 12.10 zeigt einen solchen Drop-One-Groove für Dur- oder Dominant-Akkorde. Beginnen Sie diesen Groove mit dem Mittelfinger.

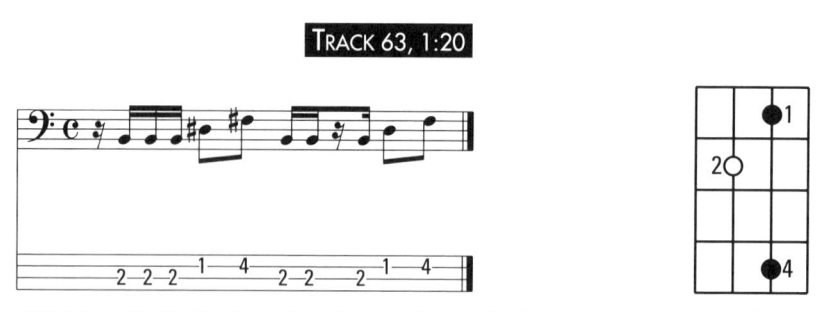

TRACK 63, 1:20

Abbildung 12.10: Ein Drop-One-Reggae-Groove für Dur- oder Dominant-Akkorde

Wenn Sie sich den Groove aus Abbildung 12.10 anhören, achten Sie darauf, wie der Drummer den ersten Schlag des Taktes spielt und der Bassist erst kurz darauf einsetzt.

Abbildung 12.11 zeigt die Moll-Version dieses Grooves. Beginnen Sie diesen Groove mit dem Zeigefinger.

Sie können die hier gezeigten Reggae-Grooves als Vorlagen für Ihre eigenen Groove-Kreationen verwenden. Hören Sie sich als Inspirationsquelle auch möglichst viel Reggae-Musik an. Noch besser, Sie packen Ihren Bass ein und reisen nach Jamaika.

TRACK 63, 1:38

Abbildung 12.11: Ein Drop-One-Reggae-Groove für Moll-Akkorde

Soca: Eine Mischung aus amerikanischen und Calypso-Partysounds

Soca ist eine Kombination aus amerikanischem Soul (»So-«) und karibischem Calypso (»-ca«). Dieser Stil ist besonders schnell, treibend und macht höllisch viel Spaß. Bei Soca-Grooves werden häufig statt der betonten Schläge 1 und 3 (*Downbeat*) die unbetonten Taktzeiten gespielt (die Schläge zwei und vier; *Offbeat*). Der Soca-Groove aus Abbildung 12.12 besteht aus Tönen, die über Dur- und Dominant-Akkorde passen. Beachten Sie die ausgiebige Verwendung von Offbeats nach dem ersten Takt. Diese Musik ist zunächst einmal nicht ganz einfach in den Griff zu bekommen – häufiges Hören hilft jedoch. Beginnen Sie den Groove mit dem Mittelfinger.

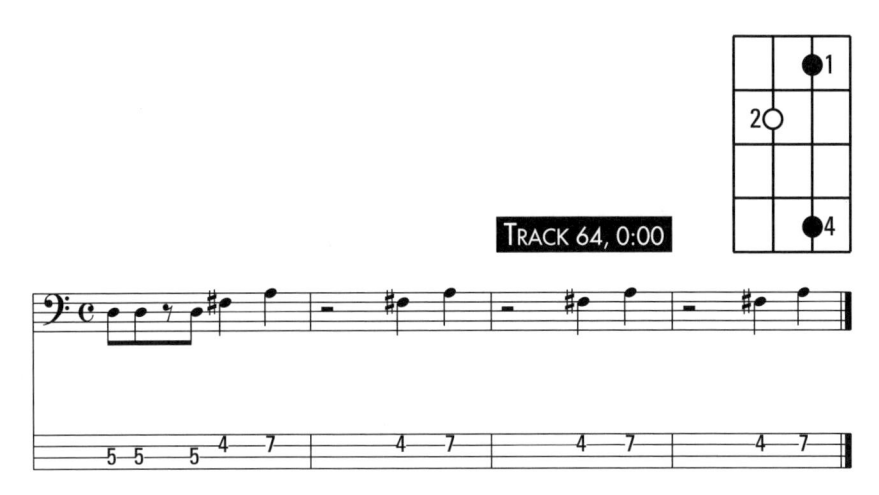

Abbildung 12.12: Ein Soca-Groove für Dur- und Dominant-Akkorde

Die Moll-Version dieses Grooves sehen Sie in Abbildung 12.13. Der Groove hat die gleiche Struktur, nur wird hier eine verminderte Terz gespielt. Beginnen Sie den Groove mit dem Zeigefinger.

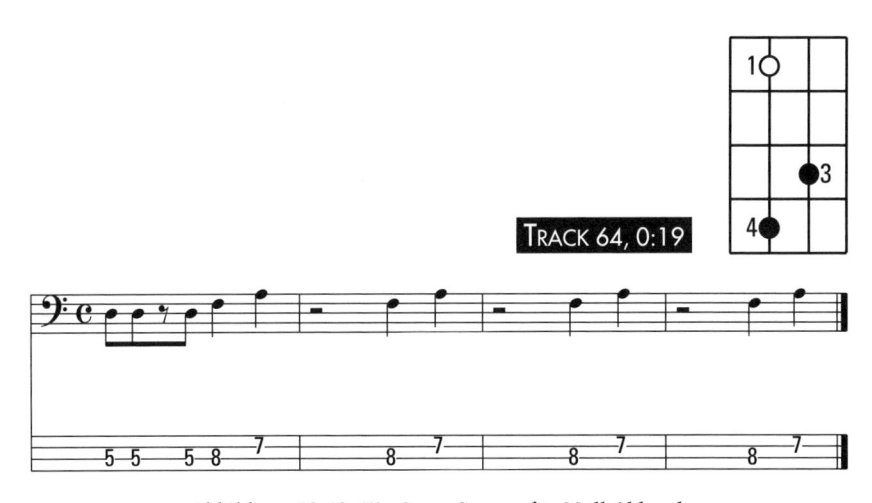

Abbildung 12.13: Ein Soca-Groove für Moll-Akkorde

In Abbildung 12.14 sehen Sie einen Soca-Groove, bei dem gemeinsame Töne aus der Dur-, Dominant- und Moll-Skala gespielt werden. Sie können diesen Groove mit dem Zeige- oder dem Mittelfinger beginnen.

Abbildung 12.14: Ein Soca-Groove für Moll-, Dur- und Dominant-Akkorde

Reggae und Rock kombinieren: Der unverwechselbare Sound des Ska

Ska ist eine Kombination aus karibischen und amerikanischen Stilen. Sie können sich Ska als Mixtur aus Offbeat-Rhythmen des Reggae und der treibenden Kraft des Rock vorstellen. (In Kapitel 9 finden Sie weitere Informationen zum Thema Rock.) Ska wird extrem schnell gespielt und steckt voller Energie. Sting (bekannt geworden durch seine Band Police) ist ein Vorreiter der Ska-Musik. Er hat einige der eingängigsten Ska-Basslinien geschrieben, die meist ziemlich voll gepackt sind.

Der Ska-Groove in Abbildung 12.15 ist ein Beispiel für solch eine voll gepackte Basslinie, mit Tönen, die über Dur-, Dominant- und Moll-Akkorde passen. Ein Verschieben der Bundhand ist nicht nötig. Sie können diesen Groove mit dem Mittelfinger oder dem Zeigefinger beginnen.

Beachten Sie, dass der Groove in Abbildung 12.15 – wie so häufig im Ska – nicht auf dem ersten Schlag des Taktes beginnt.

In Abbildung 12.16 sehen Sie einen Ska-Groove, der aus Tönen eines Dur- oder Dominant-Akkords besteht. Der Groove beginnt mit dem ersten Schlag des Taktes (Downbeat). Beginnen Sie den Groove mit dem Mittelfinger.

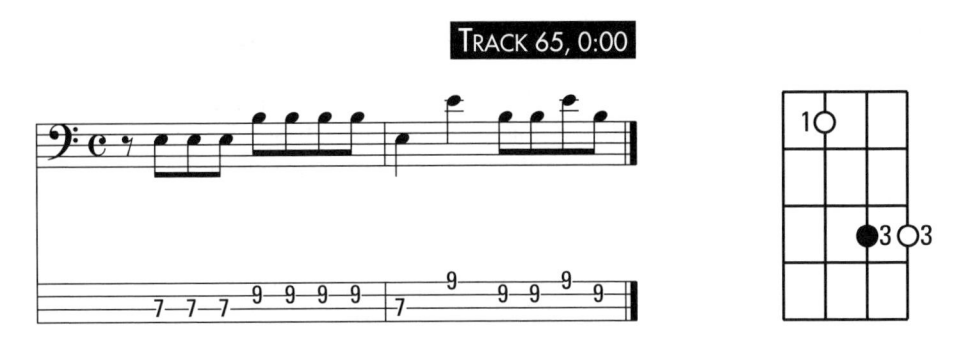

12 ➤ Internationaler Sound: Grooves aus aller Welt

TRACK 65, 0:00

Abbildung 12.15: Ein Ska-Groove für einen Dur-, Moll- oder Dominant-Akkord

TRACK 65, 0:16

Abbildung 12.16: Ein Ska-Groove für Dur- oder Dominant-Akkorde

Die Moll-Version des Grooves aus Abbildung 12.16 finden Sie in Abbildung 12.17. Wenn Sie diesen Groove mit dem Zeigefinger beginnen, müssen Sie die linke Hand nicht verschieben.

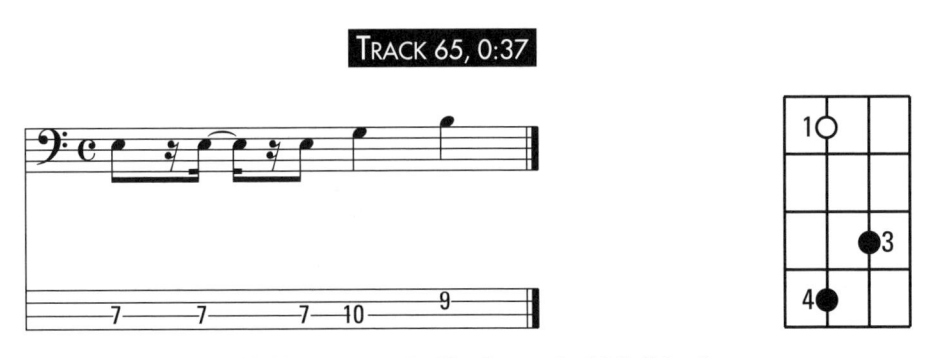

TRACK 65, 0:37

Abbildung 12.17: Ein Ska-Groove für Moll-Akkorde

Südafrikanisch: Experimente mit exotischen Grooves

Die südafrikanische Musik ist eine exotische Mischung aus afrikanischen Rhythmen und europäischen und karibischen Einflüssen. Bakithi Khumalo – dessen Bass-Spiel ein wundervolles Beispiel für den südafrikanischen Stil ist – hat einige herausragende Basslinien mit Paul Simon aufgenommen.

Der Groove in Abbildung 12.18 zeigt, wie südafrikanische Basslinien mit sehr wenigen Tönen sehr viel erzählen können. Dieser Groove passt auf Dur- oder Dominant-Akkorde. Beginnen Sie mit dem Mittelfinger, um ein Verschieben der Bundhand zu vermeiden, und kommen Sie bloß nicht auf die Idee, sich bei diesem Groove hinzusetzen (sie stehen nämlich direkt wieder auf, um zu tanzen …).

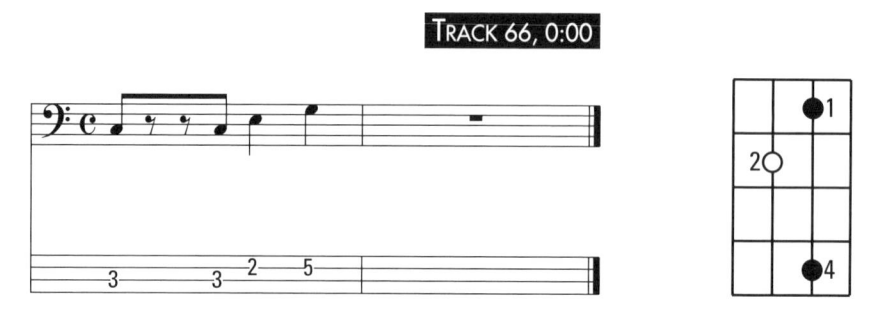

Abbildung 12.18: Ein südafrikanischer Groove für Dur- und Dominant-Akkorde

Hören Sie sich das Zusammenspiel von Bass und Schlagzeug an, durch das der Groove in Abbildung 12.18 seinen unverwechselbaren Sound bekommt.

Abbildung 12.19 zeigt die Moll-Version des Grooves. Hier wird einfach die Terz durch eine verminderte Terz ersetzt. Beginnen Sie diesen Groove mit Ihrem Zeigefinger.

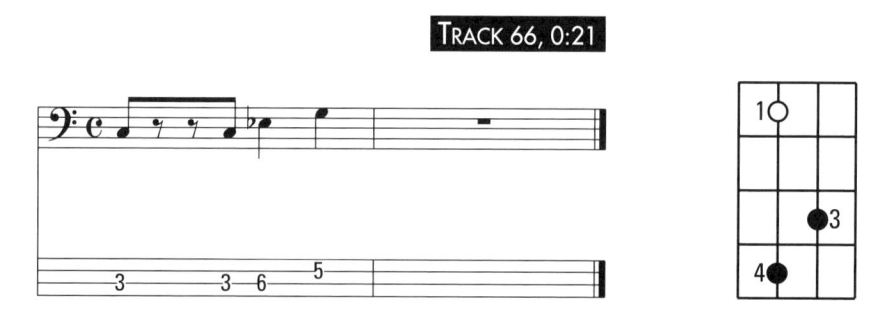

Abbildung 12.19: Ein südafrikanischer Groove für Moll-Akkorde

In Abbildung 12.20 sehen Sie einen südafrikanischen Groove, der aus gemeinsamen Tönen der Dur-, Dominant- und Moll-Skala besteht (Grundton, Sekund, Quint und Oktave). Bei diesem Groove kommen Sie um eine kleine Verschiebung der Bundhand nicht herum, doch geht das ganz einfach, wenn Sie mit dem Zeigefinger beginnen.

Abbildung 12.20: Ein südafrikanischer Groove für Dur-, Dominant- und Moll-Akkorde

Alle Grooves aus diesem Kapitel zeigen Ihnen eine völlig neue Art und Weise, mit Rhythmen umzugehen. Wenn Sie also das nächste Mal von Fernweh gepackt werden, schnappen Sie sich Ihren Bass, statt die Koffer zu packen, und unternehmen Sie eine exotische musikalische Reise.

Ungerade Takte: Ausgefallen, aber eingängig

In diesem Kapitel

▶ Der Walzer

▶ Zusammengesetzte 5/4- und 7/4-Takte

Mit ungeraden Takten meint man nicht, dass die Taktlinien schief laufen, es werden damit Takte bezeichnet, die nicht im üblichen 4/4-Schema gespielt werden. Dabei bezieht sich das Wort »ungerade« auf die ungerade Zahl der Schläge in einem solchen Takt. So gibt es beispielsweise Stücke mit drei, fünf, sieben oder mehr Schlägen pro Takt. Ob das Spielen von ungeraden Takten eine unlösbare Aufgabe ist? Ich denke, nein. Sie müssen nicht einmal weiter als bis drei zählen. In diesem Kapitel zeige ich Ihnen, wie Sie die ungeraden Takte mühelos in den Griff bekommen.

Ein alter ungerader Bekannter: Der Walzer

Der Walzer ist wohl der bekannteste Stil mit ungeradem Takt. Er ist sogar so alltäglich, dass man gar nicht glaubt, dass es sich um einen ungeraden Takt handelt. Ein Walzer besteht aus drei Viertelnoten pro Takt (daher auch das 3/4-Symbol in den Abbildungen 13.1 und 13.2 am Anfang der Notenlinien). Sie zählen **1**-2-3, **1**-2-3 usw. (Betonen Sie bitte die fettgedruckte 1.) Im Jazz und in Musicals stößt man relativ häufig auf Walzer-Rhythmen – Sie sollten also mit Grooves im 3/4-Takt gewappnet sein.

Der Walzer ist technisch gesehen eine Erholung für den Bassisten, da man meist nur eine oder höchstens zwei Töne pro Takt spielt. Vergessen Sie nicht zu zählen. Abbildung 13.1 zeigt eine typische Walzerbegleitung für den Bass. Spielen Sie einfach den Grundton oder die Quint auf den ersten Schlag des Taktes. Diese Begleitung passt über Moll-, Dur- und Dominant-Akkorde.

Abbildung 13.1: Eine Walzerbegleitung für Moll-, Dur- und Dominant-Akkorde

Wenn Sie Ihren Walzer noch ein bisschen aufpeppen möchten, spielen Sie noch einen weiteren Ton (beispielsweise die Quint) auf den letzten Schlag eines jeden Taktes. Der Dreiviertel-Rhythmus ist so geläufig, dass Sie spätestens nach dem fünften Takt nicht mehr beim Spielen darüber nachdenken müssen. Der 3/4-Takt spielt sich einfach ganz natürlich.

Abbildung 13.2 zeigt eine weitere Walzerbegleitung, die über Moll-, Dur- und Dominant-Akkorde passt. Diese Basslinie ist schon etwas ausgefuchster als die in Abbildung 13.1, da hier noch ein weiterer Ton pro Takt gespielt wird – jedoch ist sie immer noch recht simpel.

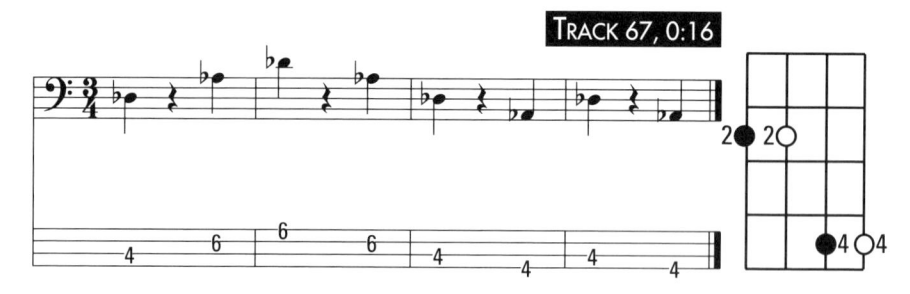

Abbildung 13.2: Eine Walzerbegleitung aus zwei Tönen pro Takt für Moll-, Dur- und Dominant-Akkorde

Jenseits des Walzers: Zusammengesetzte ungerade Takte

Die Struktur eines jeden ungeraden Taktes kann in Gruppen von zwei und drei Schlägen unterteilt werden. Sie haben richtig gelesen, man braucht nur bis zwei bzw. drei zählen zu können. Wenn Sie beispielsweise einen Takt mit sieben Schlägen haben, zerlegen Sie ihn einfach in Gruppen aus zwei und drei Schlägen. Statt also »eins, zwei, drei, vier, fünf, sechs, sieben« zu zählen, müssen Sie nach einer der folgenden Methoden zählen:

✔ »Eins, zwei, eins, zwei, eins, zwei, drei«

✔ »Eins, zwei, drei, eins, zwei, eins, zwei«

Die Anzahl der Schläge bleibt gleich, doch durch die Unterteilung in Zweier- und Dreiergruppen wird die Phrasierung wesentlich einfacher.

Bei der Auswahl der Töne für ungerade Takte sollten Sie darauf achten, Töne in Zweier- und Dreiergruppen zusammenzustellen und diese Gruppen rhythmisch und harmonisch zu verbinden. (Ich erkläre diesen Vorgang in den folgenden Abschnitten, in denen ich die – abgesehen vom Walzer – zwei geläufigsten ungeraden Takte behandle.) Denken Sie daran, dass diese Methode der Gruppierung von Tönen bei jedem ungeraden Takt funktioniert.

5/4-Takt: Mission Impossible?

Wenn Sie ein Stück im 5/4-Takt spielen, haben Sie statt der üblichen vier nun fünf Schläge pro Takt. Falls Sie sich schon einmal die Serie *Mission Impossible* oder einen der Kinofilme angeschaut und die eingängige Titelmelodie gehört haben, dann kennen Sie schon mindestens ein Stück in einem 5/4-Takt. Stellen Sie sich den 5/4-Takt doch einfach als eine Gruppe von zwei Schlägen, gefolgt von einer Gruppe mit drei Schlägen vor (oder umgekehrt). Schauen Sie sich diese Gruppierung in Abbildung 13.3 an.

Sie können diese Gruppierung in Ihre Musik übersetzen, indem Sie zuerst Töne in der ersten Gruppe von zwei Schlägen Länge spielen, gefolgt von der zweiten Gruppe von drei Schlägen Länge (oder umgekehrt). Sie können den Groove aus Abbildung 13.4 entweder **1**-2-**3**-**1**-2 oder **1**-2-**1**-2-3 zählen. (Betonen Sie die fettgedruckten Zahlen.) Die Töne im Groove aus Abbildung 13.4 passen über Moll-, Dur- und Dominant-Akkorde.

Der Groove in Abbildung 13.5 hat eine eindeutige Drei-Zwei-Gruppierung im 5/4-Takt, nur sind hier noch ein paar Schläge in Achtel unterteilt, was den Takt ansonsten nicht verändert. Schauen Sie sich die Abbildung an, und achten Sie auf Folgendes:

✔ Die erste Gruppe von Tönen (die Dreiergruppe) besteht aus sechs Achtelnoten, die einer Gesamtlänge von drei Viertelnoten entsprechen.

✔ Die zweite Gruppe (die Zweiergruppe) besteht aus zwei Viertelnoten.

✔ Die Kombination der beiden ergibt insgesamt fünf Schläge.

Die Töne passen über Moll-, Dur- und Dominant-Akkorde.

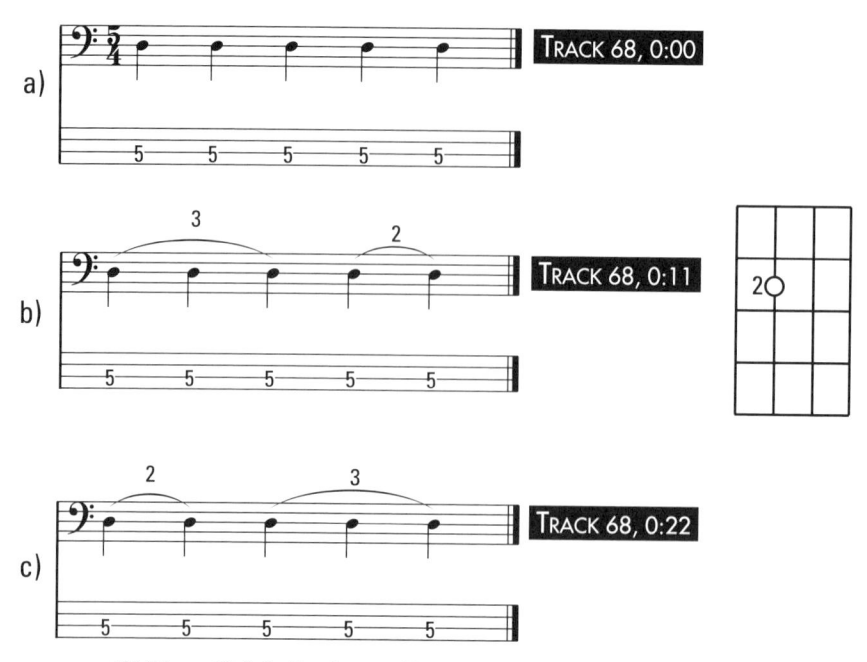

Abbildung 13.3: In Zweier- und Dreiergruppen unterteilte 5/4-Takte

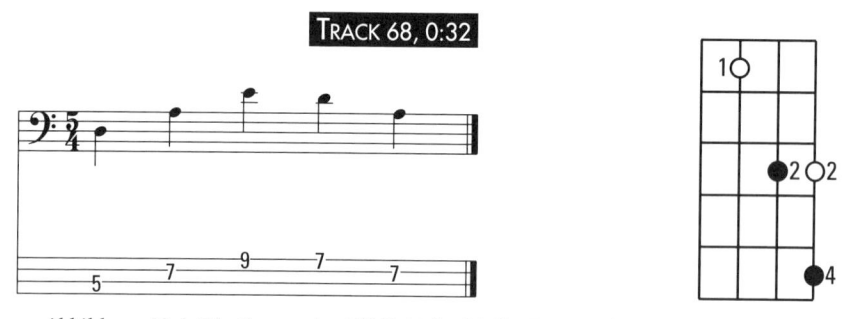

Abbildung 13.4: Ein Groove im 5/4-Takt für Moll-, Dur- und Dominant-Akkorde

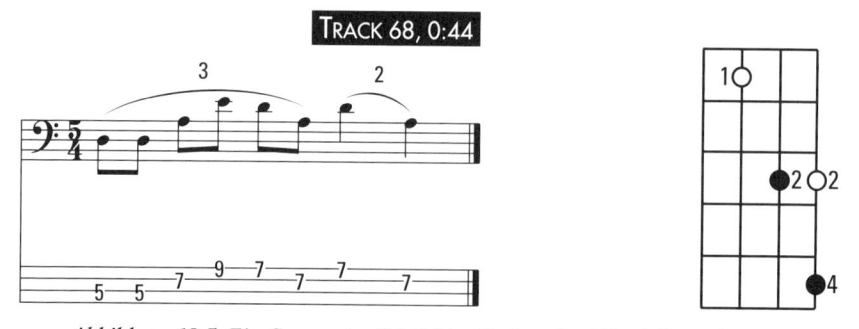

Abbildung 13.5: Ein Groove im 5/4-Takt mit einer Drei-Zwei-Gruppierung

13 ➤ Ungerade Takte: Ausgefallen, aber eingängig

Beachten Sie den eingängigen, stolpernden Groove aus Abbildung 13.5: In den ersten drei Schlägen ist eine Menge los, in den darauf folgenden zwei Schlägen kehrt etwas mehr Ruhe ein.

Abbildung 13.6 zeigt dagegen eine eindeutige Zwei-Drei-Gruppierung im 5/4-Takt. Achten Sie in dieser Abbildung auch auf Folgendes:

✔ Die erste Gruppe von Tönen (die Zweiergruppe) besteht aus zwei Viertelnoten.

✔ Die zweite Gruppe von Tönen (die Dreiergruppe) besteht aus sechs Achtelnoten.

Die Töne passen auf Moll-, Dur- und Dominant-Akkorde.

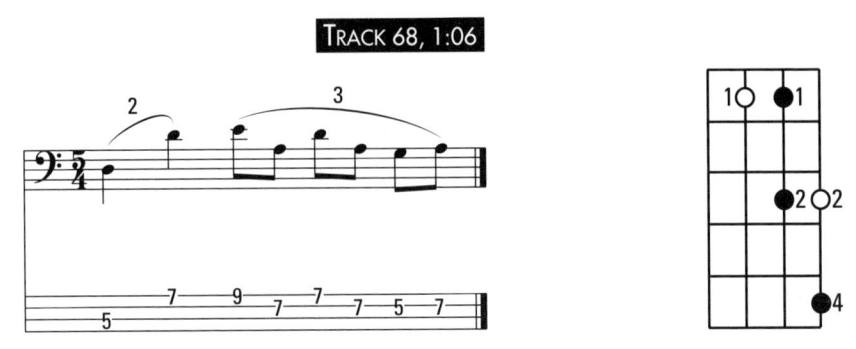

Abbildung 13.6: Ein Groove im 5/4-Takt mit Zwei-Drei-Gruppierung

Der Groove aus Abbildung 13.6 klingt rhythmisch anders als der aus Abbildung 13.5, obwohl beide Grooves im 5/4-Takt gespielt werden.

Wenn Sie sich so richtig in die 5/4-Materie einarbeiten wollen, können Sie auch mal versuchen, die Schläge in Sechzehntelnoten zu unterteilen, was ziemlich intensiven Fingereinsatz bedeutet (siehe Kapitel 3). Abbildung 13.7 zeigt einen Groove mit Zwei-Drei-Gruppierung und Sechzehntelnoten. Die Töne dieses Grooves passen über Moll-, Dur- und Dominant-Akkorde – Sie müssen sich also über die Tonalität keine Gedanken machen.

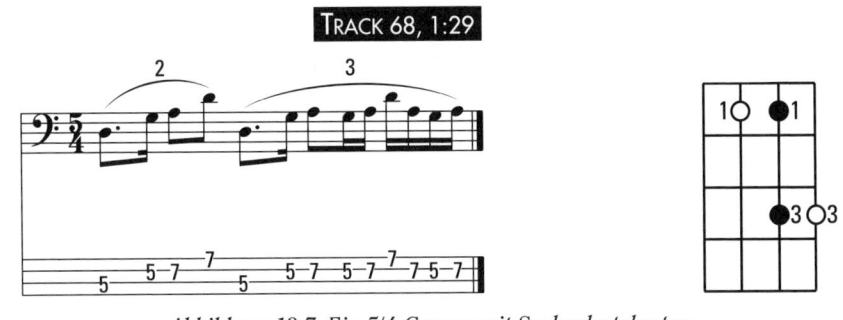

Abbildung 13.7: Ein 5/4-Groove mit Sechzehntelnoten

Anhand der Beispiele in diesem Abschnitt können Sie sehen, dass es keine unmögliche Aufgabe ist, einen vernünftigen Groove im 5/4-Takt zu spielen.

7/4-Takt: Noch zwei Schläge mehr

Der 7/4-Takt funktioniert im Grunde genommen genauso wie der 5/4-Takt, bis auf die zwei zusätzlichen Schläge pro Takt. Bilden Sie wieder Gruppen aus zwei und drei Schlägen, um ganz ohne Probleme einen perfekten Bass-Groove im 7/4-Takt anzulegen. Der Song »Money« von Pink Floyd ist beispielsweise ein äußerst erfolgreiches Stück im 7/4-Takt.

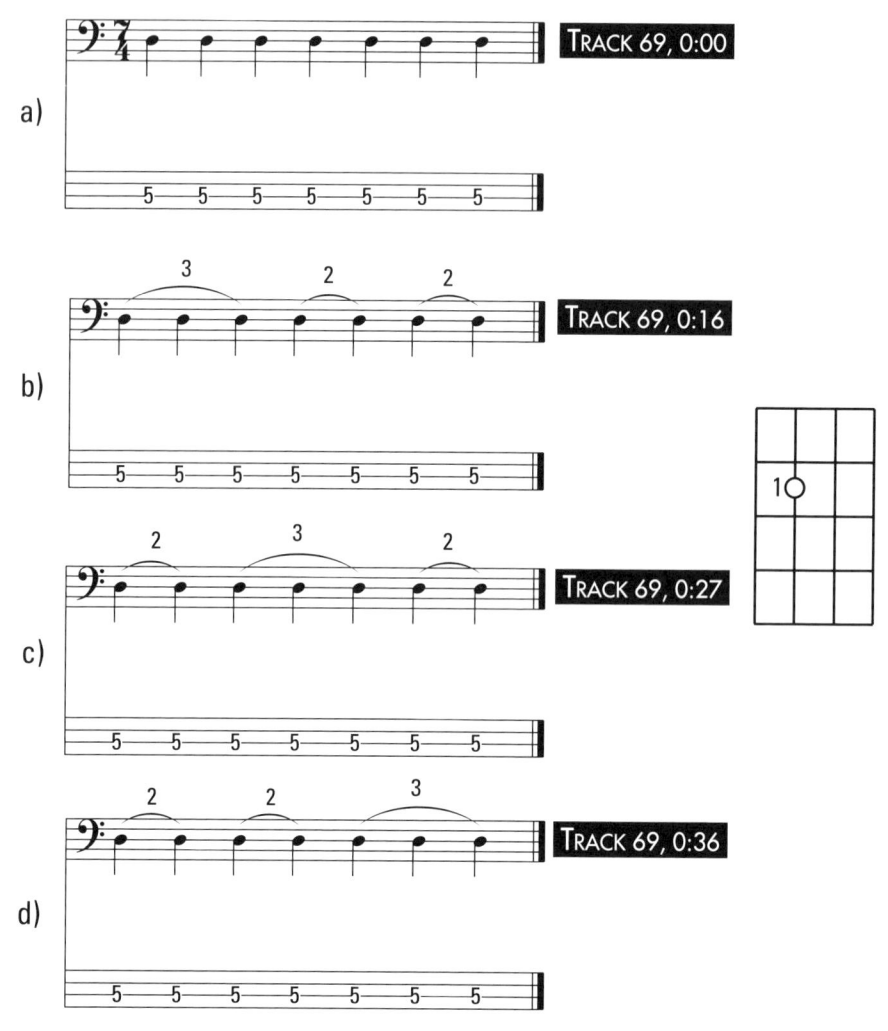

Abbildung 13.8: Ein 7/4-Takt mit Drei-Zwei-Zwei-, Zwei-Drei-Zwei- und Zwei-Zwei-Drei-Unterteilung

13 ➤ Ungerade Takte: Ausgefallen, aber eingängig

Die möglichen Unterteilungen eines 7/4-Taktes sind: Drei Schläge plus zwei Schläge plus zwei Schläge – in jeder gewünschten Reihenfolge. Schauen Sie sich in Abbildung 13.8 die unterschiedlichen Gruppierungen des 7/4-Taktes an.

Sie können diese Gruppierungen in Musik umsetzen, indem Sie Ihre Töne in Gruppen mit zwei Schlägen und solche mit drei Schlägen unterteilen. Sie können diese Unterteilungen in jeder gewünschten Art vornehmen. Man zählt den Groove aus Abbildung 13.9 beispielsweise entweder **1**-2-3-**1**-2-**1**-2 oder **1**-2-**1**-2-3-**1**-2 oder **1**-2-**1**-2-**1**-2-3. Die Töne dieses Beispiels passen über Moll-, Dur- oder Dominant-Akkorde.

Der Groove in Abbildung 13.10 hat eine eindeutige Drei-Zwei-Zwei-Unterteilung des 7/4-Taktes. Schauen Sie sich diese Abbildung an, und achten Sie auf Folgendes:

- Die erste Gruppe (mit drei Schlägen) besteht aus einer Viertelnote (im ersten Schlag), gefolgt von zwei Achtelnoten (im zweiten Schlag) und einer weiteren Viertelnote (im dritten Schlag).
- Die zweite Gruppe (aus zwei Schlägen) besteht aus vier Achtelnoten.
- Die dritte Gruppe (wieder aus zwei Schlägen) besteht ebenfalls aus vier Achtelnoten.

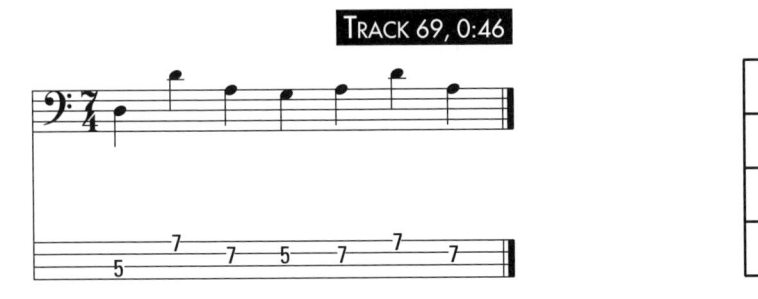

Abbildung 13.9: Ein Groove im 7/4-Takt für Moll-, Dur- und Dominant-Akkorde

Die Töne in diesem Groove passen über Moll-, Dur- und Dominant-Akkorde.

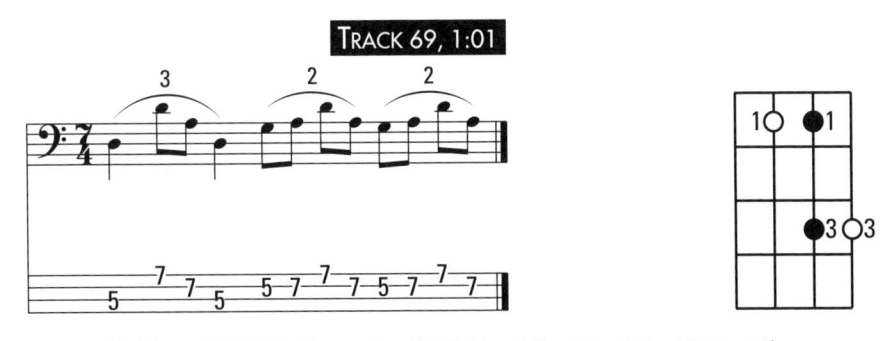

Abbildung 13.10: Ein Groove im 7/4-Takt mit Drei-Zwei-Zwei-Unterteilung

Abbildung 13.11 zeigt eine eindeutige Zwei-Drei-Zwei-Unterteilung des 7/4-Takts. Schauen Sie sich die Abbildung an, und achten Sie auf Folgendes:

✔ Die erste Gruppe (aus zwei Schlägen) besteht aus zwei Viertelnoten.

✔ Die zweite Gruppe (aus drei Schlägen) besteht aus sechs Achtelnoten.

✔ Die letzte Gruppe (aus zwei Schlägen) besteht aus zwei Viertelnoten.

Die Töne in diesem Groove passen über Moll-, Dur- und Dominant-Akkorde.

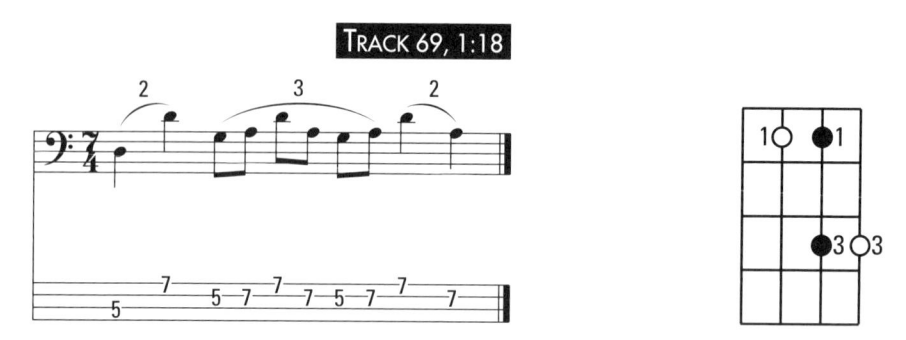

Abbildung 13.11: Ein Groove im 7/4-Takt mit Zwei-Drei-Zwei-Unterteilung

Abbildung 13.12 zeigt einen 7/4-Takt mit klarer Zwei-Zwei-Drei-Unterteilung. Schauen Sie sich die Abbildung an, und achten Sie auf Folgendes:

✔ Die erste Gruppe (aus zwei Schlägen) besteht aus zwei Viertelnoten.

✔ Die zweite Gruppe (aus zwei Schlägen) besteht aus vier Achtelnoten.

✔ Die dritte Gruppe (aus drei Schlägen) besteht aus drei Viertelnoten.

Die Töne aus diesem Beispiel passen über Dur-, Moll- und Dominant-Akkorde.

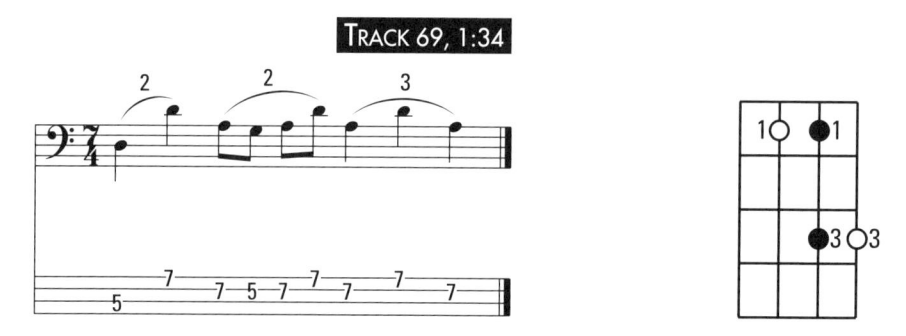

Abbildung 13.12: Ein Groove im 7/4-Takt mit Zwei-Zwei-Drei-Unterteilung

13 ➤ Ungerade Takte: Ausgefallen, aber eingängig

Falls Sie den Mut haben, können Sie sich an einen 7/4-Takt mit Sechzehntelnoten wagen. Abbildung 13.13 zeigt diesen Groove mit einer Zwei-Drei-Zwei-Unterteilung in Sechzehntelnoten. Die Töne in diesem Groove passen über Dur-, Moll- und Dominant-Akkorde.

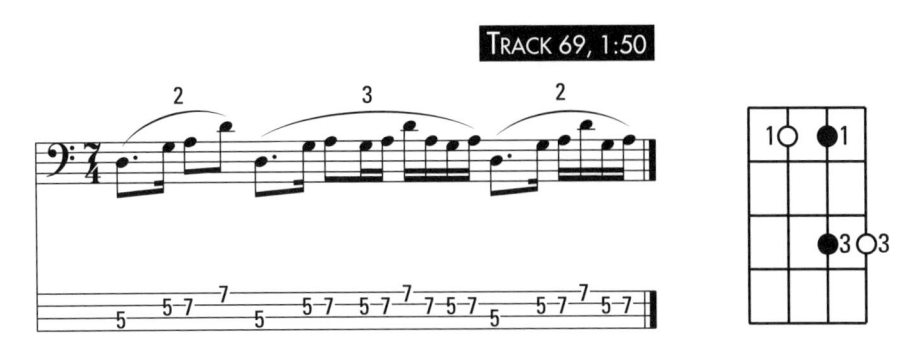

Abbildung 13.13: Ein Groove im 7/4-Takt mit Sechzehntelnoten

Diese Sammlung von Grooves mit ungeradem Takt bietet eine gute Basis für den Fall der Fälle.

Teil V

Pflegen Sie Ihr gutes Stück: Wartungsarbeiten an der Bassgitarre

Super Mama, aber ich glaube, das gehäkelte Häubchen und der karierte Halswärmer passen nicht so richtig zu meinem Bass.

In diesem Teil ...

Ihr Bass mag ziemlich stabil und nahezu unzerstörbar aussehen, er hat aber auch eine weiche Seite, die sich nach Ihrer Aufmerksamkeit sehnt. Dieser Teil bietet alle Informationen für ein langes und gesundes Bassleben. In Kapitel 14 können Sie nachlesen, wie man Saiten wechselt, und Kapitel 15 erläutert die wichtigsten Wartungs- und Einstellungsarbeiten, die Ihren Bass und natürlich auch Sie selbst bei guter Laune halten.

Saitenwechsel am E-Bass

In diesem Kapitel

▶ Alte oder beschädigte Saiten abnehmen

▶ Neue Saiten aufziehen

▶ Neue Saiten in Form halten

»*W*elche Saiten spielst du eigentlich?«

»Keine Ahnung, die waren schon drauf, als ich den Bass gekauft habe.«

Manche Bassisten glauben, dass man die Saiten an einem Bass so lange nicht wechseln muss, bis sie sich fast auflösen. Und dann wechseln sie auch nur die Saite, die es am meisten nötig hat. Wenn Sie es genauso halten wollen, können Sie lange warten, bis Sie die Saiten wechseln müssen, doch der Klang der Saiten wird mit der Zeit ziemlich matt und dumpf.

Fakt ist nun einmal, dass man Bass-Saiten regelmäßig wechseln muss. Durch Anlagerungen von Staub und Abrieb von Ihren Fingern verschleißen die Saiten nämlich mit der Zeit. Außerdem erleidet das Metall durch die ständige Spannung eine gewisse Materialermüdung. (Behaupten Sie nur nicht, Sie würden nicht auch müde, wenn Sie unter ständiger Spannung stehen.) Alte Saiten haben keine *Brillanz* (Höhenanteil des Klangs) und keinen *Nachklang* (Zeitraum, bis der Ton ausgeklungen ist) mehr, werden klebrig und lassen sich schlecht stimmen.

In diesem Kapitel lernen Sie Schritt für Schritt, wie man die Saiten an einem Bass schnell und schmerzlos wechselt.

Zeit zum Abschiednehmen

Woran merkt man, dass es an der Zeit ist, die Saiten zu wechseln? Hier sind einige Signale, die Ihnen bedeuten, dass ein Saitenwechsel fällig ist:

✔ Die Saiten sehen abgenutzt aus. Man sieht dunkle Flecken auf den Saiten, die von Ablagerungen zwischen den Saitenwindungen stammen. Vielleicht sehen Sie sogar Rostansätze.

✔ Die Saiten klingen dumpf und leblos. Ihre Töne haben nur noch wenig Nachklang, und man kann kaum noch die genaue Tonhöhe heraushören. Sie können kaum noch Flageoletts spielen, um den Bass zu stimmen (mehr über das Stimmen mit Flageolett-Tönen finden Sie in Kapitel 2).

- ✔ Die Saiten fühlen sich klebrig an. Wenn Sie nicht gerade ein Pfund Zuckerwatte gegessen haben, ist das sicherlich ein Zeichen für Saitenwechsel.
- ✔ Helmut Kohl war Bundeskanzler, als Sie das letzte Mal die Saiten gewechselt haben, oder Sie wissen schon gar nicht mehr, wann das letzte Mal war.

Weg mit den Alten: Bass-Saiten entfernen

Bevor Sie neue Saiten auf den Bass aufziehen können, müssen Sie erst einmal die alten entfernen.

Wechseln Sie immer alle Saiten auf einmal. Die Saiten nutzen sich gleich schnell ab. Wenn Sie sie auf einen Rutsch wechseln, wird sichergestellt, dass alle Saiten gleich klingen, also nicht eine plötzlich brillanter klingt als die anderen.

Die schnellste Methode, die alten Bass-Saiten loszuwerden, ist mittels eines Drahtseitenschneiders. Man schneidet die Saite dabei zwischen Sattel und Mechanik durch (in Kapitel 1 werden die Bezeichnungen der Einzelteile des E-Basses erläutert).

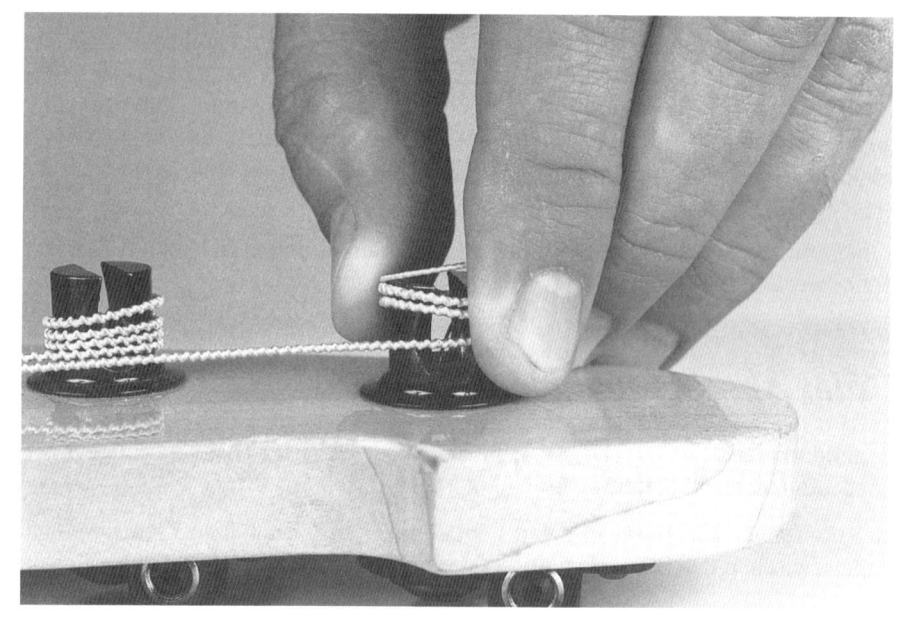

Abbildung 14.1: Schneiden Sie die Saite durch, und ziehen Sie den gewickelten Teil aus der Mechanik heraus.

14 ➤ Saitenwechsel am E-Bass

Falls Sie Angst davor haben, dass die Saite durch Ihr Gesicht flitschen und eine Narbe hinterlassen könnte, sollten Sie zuvor die Spannung der Saiten mittels der Mechaniken lösen und erst dann schneiden. Merken Sie sich nur, welche Saite an welche Mechanik gehört. Wenn die Saite durchgeschnitten ist, ziehen Sie den gewickelten Teil aus der Mechanik und den langen Rest hinten aus der Aufhängung in der Brücke heraus. Sie können sich diesen Vorgang auch in Abbildung 14.1 anschauen.

Wenn Sie sich die alten Saiten als Reserve aufheben möchten (falls eine der neuen Saiten reißt), dürfen Sie diese natürlich nicht durchschneiden. Verringern Sie die Spannung mit dem Stimmwirbel, bis Sie die Saite aus der Mechanik ziehen können. Biegen Sie das Ende der Saite so gut es geht gerade, und ziehen Sie die gesamte Saite durch die Brücke heraus (siehe Abbildung 14.2).

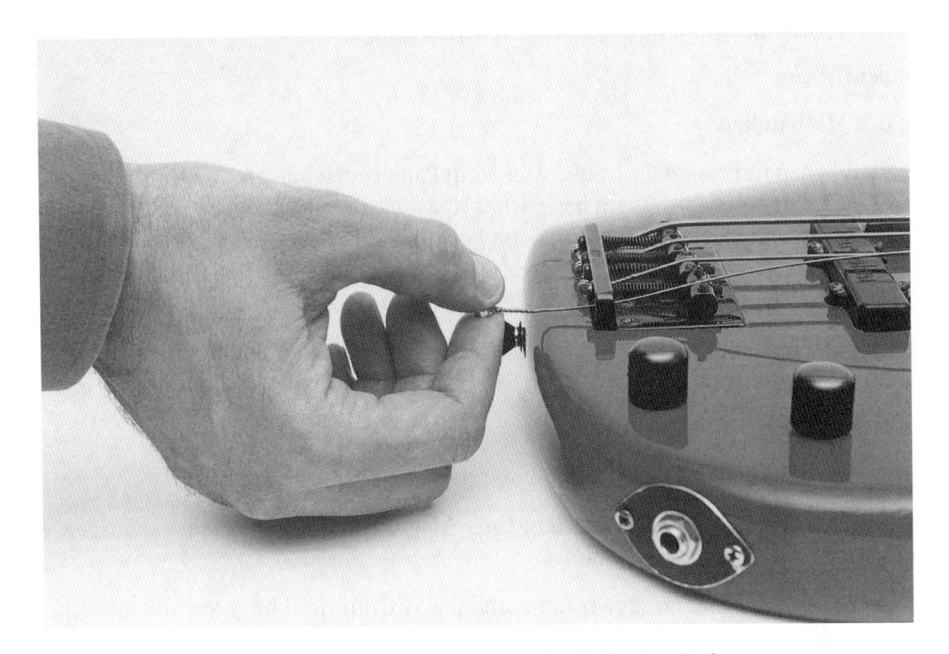

Abbildung 14.2: Ziehen Sie die Saite durch die Brücke heraus.

Es kursiert immer wieder die Binsenweisheit, dass man die Saiten nur eine nach der anderen wechseln darf, damit der Hals unter Spannung bleibt. Dem ist nicht so. Nehmen Sie die Saiten alle auf einmal ab. Ihr Bass hält das schon aus, und Sie kommen besser an das Griffbrett und die Pickups dran, um diese zu reinigen. (In Kapitel 15 können Sie alles über die Reinigung Ihres Basses erfahren.)

Jetzt neu: Saiten aufziehen

Nachdem Sie die alten Saiten losgeworden sind und das Griffbrett und die Pickups von Schmutz befreit haben, können Sie Ihrem Bass die Stimme zurückgeben, indem Sie brandneue Saiten aufziehen. Bitte ziehen Sie die Saiten in einer sauberen und aufgeräumten Umgebung auf, damit sie nicht gleich wieder verdreckt werden. Legen Sie den Bass dazu auf ein sauberes Handtuch.

Sie sollten immer eine Drahtschere (Seitenschneider) dabeihaben, wenn Sie neue Saiten aufziehen, da man diese zum Schluss noch kürzen muss.

Die Saiten werden an Ihrem Bass an zwei Stellen befestigt:

- An der Brücke
- An den Mechaniken

Neue Saiten liegen normalerweise aufgewickelt in Papierumschlägen. Die Umschläge sind mit den jeweiligen Saitendurchmessern beschriftet (die dickste Saite hat die größte Zahl). Bei den meisten Bässen muss die neue Saite durch ein Loch in der Brücke gezogen werden, also fangen wir hier an. In der folgenden Liste erläutere ich Schritt für Schritt, wie man neue Saiten aufzieht:

1. **Legen Sie ein Handtuch vor Ihnen auf den Boden, und legen Sie den Bass mit dem Hals nach links darauf (nach rechts, wenn Sie Linkshänder sind).**

2. **Entfernen Sie die alten Saiten.**

    (Lesen Sie dazu die Anweisungen im vorangegangenen Abschnitt.)

3. **Nehmen Sie die dickste Saite aus dem Umschlag (lassen Sie sie zunächst aufgewickelt), und werfen Sie einen Blick darauf.**

    Beachten Sie den Ring am einen Ende und die Textilumwicklung am anderen Ende. Abbildung 14.3 zeigt eine aufgewickelte Saite.

4. **Wickeln Sie die Saite ab, und ziehen Sie die textilummantelte Seite (die ohne Ring) durch das Loch in der Brücke, das am nächsten hin zu Ihnen liegt.**

    Jede Saite hat ein eigenes Loch. Ziehen Sie die Saite durch das Loch in Richtung des Sattels. Achten Sie darauf, dass der Ring am Ende der Saite fest an der Brücke einrastet. Abbildung 14.4 zeigt diesen Arbeitsschritt.

14 ➤ Saitenwechsel am E-Bass

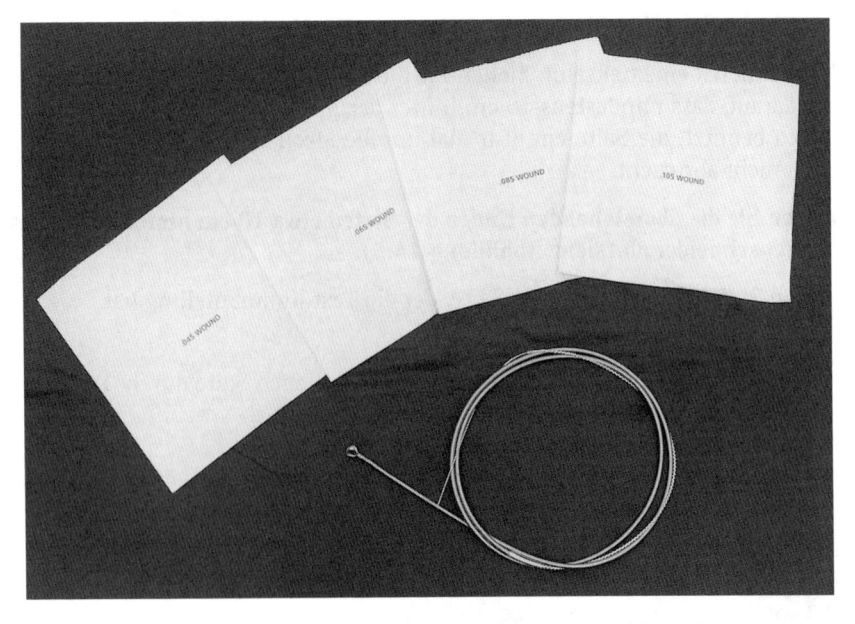

Abbildung 14.3: Aufgewickelte Saite mit Umschlägen

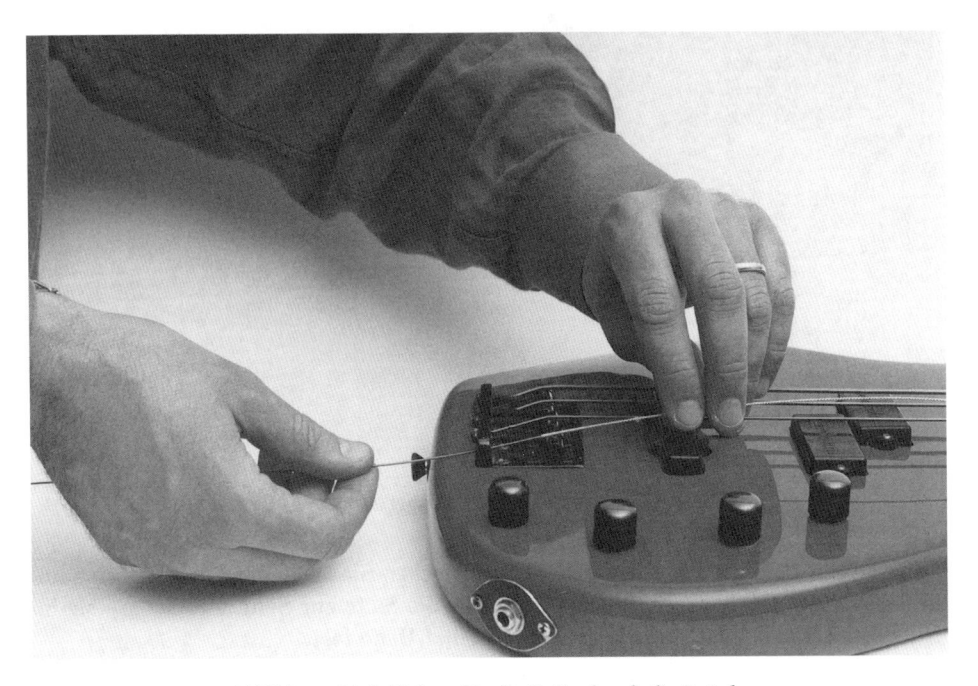

Abbildung 14.4: Ziehen Sie die Saite durch die Brücke.

5. **Ziehen Sie die Saite, bis Sie an der entsprechenden Mechanik angekommen sind.**

   Die Mechanik hat eine tiefe Nut. Ziehen Sie die Saite durch diese Nut hindurch, und achten Sie darauf, dass mindestens 10 cm hinter der Mechanik übrig sind. Diese Überlänge wird dazu benutzt, die Saite ein paar Mal um die Mechanik zu wickeln, damit sie beim Spannen nicht abrutscht.

6. **Schneiden Sie die überstehenden Enden der Saiten etwa 10 cm hinter der Mechanik mit dem Seitenschneider ab (siehe Abbildung 14.5).**

   Schneiden Sie nur an dem Teil der Saite, der die Textilummantelung hat.

   Schneiden Sie nie den dicken Teil der eigentlichen Saite durch. Die Saite wickelt sich ansonsten ab.

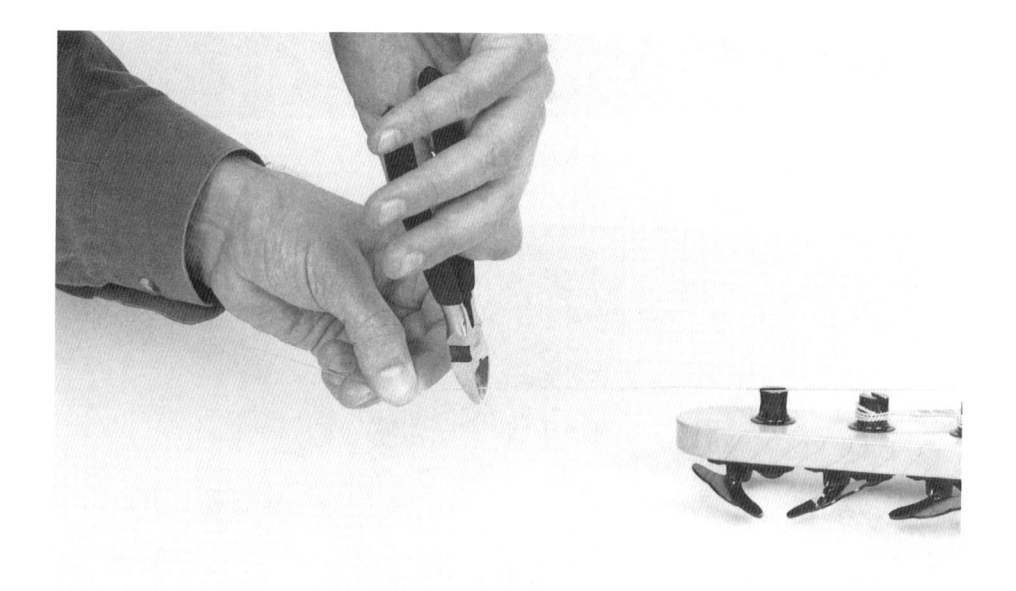

   Abbildung 14.5: Schneiden Sie das überstehende Ende ab.

7. **Nehmen Sie die (neue) Spitze der Saite und stecken Sie sie in das Loch, das sich mitten in der Nut der Mechanik befindet. Biegen Sie die Saite zur Seite um, sodass sie in der Nut der Mechanik liegt. Halten Sie sie mit einer Hand fest.**

   In Abbildung 14.6 können Sie sehen, wie man das macht.

14 ➤ Saitenwechsel am E-Bass

8. Drehen Sie am Stimmwirbel der Mechanik, um die Spannung der Saite zu erhöhen.

Achten Sie darauf, dass die Saite sich von oben nach unten um die Mechanik wickelt (führen Sie die Saite mit der rechten Hand). Auf diese Weise wird der Hebel, mit dem die Spannung auf dem Wirbel lastet, verringert, und die Saite wird fest in die Nut des Sattels gedrückt, wodurch die Saiten einen längeren Nachklang bekommen (Sustain). Achten Sie darauf, dass die Saiten auf der Brücke über die richtigen Saitenreiter laufen (das verstellbare Teil mit der Nut in der Mitte). Abbildung 14.7 zeigt eine korrekt aufgewickelte Saite, und in Abbildung 14.8 sehen Sie, wie die Saite über dem Saitenreiter laufen muss.

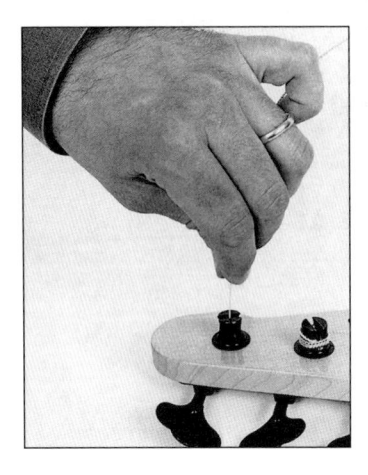

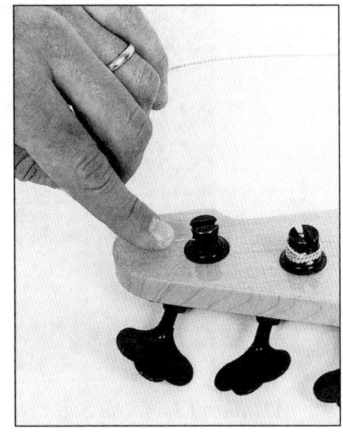

Abbildung 14.6: Stecken Sie die Saite in die Mechanik ein.

Abbildung 14.7: Die Windungen einer Saite auf der Mechanik

Abbildung 14.8: Die Saiten auf der Brücke mit Saitenreitern

9. **Wiederholen Sie den gesamten Prozess für die anderen Saiten, wobei Sie sich von Dick nach Dünn durcharbeiten.**

Manche Bässe haben Saitenniederhalter, mit denen die zwei dünnsten Saiten eng an die Kopfplatte gezogen werden. Schieben Sie die Saiten unter diesen Niederhaltern hindurch, bevor Sie sie spannen. Nun müssen Sie die Saiten mehrmals stimmen (siehe Kapitel 2), da sich die Saiten dehnen und sich der Hals unter der Spannung der Saiten nach vorne biegt. Wenn Sie die Saiten gestimmt haben, können Sie mit dem Spielen loslegen.

Wickeln Sie die Saiten um die Mechaniken, indem Sie die Stimmwirbel drehen. Versuchen Sie nicht, die Saiten mit der Hand um die Mechaniken zu wickeln. Auf diese Weise würde sich die entsprechende Saite nämlich auf der Mechanik überkreuzen und ein schlechteres Sustain (Länge des Nachklangs) bekommen.

Sie werden viele Wochen oder Monate Spaß mit Ihren neuen Saiten haben. Halten Sie sie so weit es geht sauber, damit der Saitenwechsel nicht zu häufig ansteht. Neue Bass-Saiten kosten nämlich ganz schön viel (zwischen 15 und 40 Euro pro Viererset).

Damit die Saiten lange leben

Nachdem Sie nun neue Saiten auf Ihren Bass gezogen haben, sollten Sie alles daran setzen, dass diese auch lange in Schuss bleiben. Das ist eigentlich einfacher, als man denkt. Sie brauchen nur die folgenden zwei Regeln beachten:

✔ Waschen Sie sich die Hände, bevor Sie die Saiten anfassen.

✔ Lassen Sie niemanden an die Saiten, der sich nicht gerade die Hände gewaschen hat.

Die natürlichen Fette und der Schweiß von gewaschenen Händen ist schon genug für Ihre Bass-Saiten. Wenn Sie sich vor der nächsten Probe ein fettiges Brathähnchen reinziehen oder einen Ölwechsel an Ihrem Auto vornehmen, werden der ganze Dreck und das Fett am Ende an Ihren Saiten hängen. Durch solche Verschmutzungen wird die Lebenserwartung Ihrer Saiten drastisch gesenkt. Also waschen Sie sich die Pfoten, bevor Sie spielen.

Den Bass in Schuss halten: Wartung und leichte Reparaturarbeiten

In diesem Kapitel

▶ Reinigung des Instruments

▶ Grundlegende Reparaturen

▶ Hals und Brücke einstellen

▶ Sichere Lagerung des Basses

Bassgitarren sind genau wie ihre Besitzer: Knallhart, stark und unverwüstlich – doch nur an der Oberfläche. Ganz tief im Innern wünschen sie sich (wie ihre Besitzer) liebevolle Zuwendung und Bewunderung.

Auch beim vorsichtigsten Umgang und der besten Pflege kommt Ihr Instrument im täglichen harten Einsatz nicht an der einen oder anderen Beschädigung vorbei. Wenn Sie Ihren Bass häufig spielen, müssen Sie ihn regelmäßig reinigen, und manche Teile müssen von Zeit zu Zeit ersetzt oder wenigstens eingestellt werden. Dieses Kapitel erläutert, welche Wartungsarbeiten Sie sehr einfach selbst erledigen können und was Sie dem Fachmann überlassen sollten.

Die Reinigung der einzelnen Teile

Zu den elementaren Wartungsarbeiten gehört die Reinigung des Basses, wobei Sie immer zuerst einmal Ihre Hände waschen sollten. Ich meine das im Ernst. Auf der Oberfläche des Holzes und auf den Anbauteilen sieht man jeden Fingerabdruck. Daher sollten wenigstens diese Fingerabdrücke sauber sein und nicht noch durch Dreck verschmiert werden. In den folgenden Abschnitten erläutere ich die Reinigung der einzelnen Teile Ihres Basses Schritt für Schritt.

Korpus und Hals

Bei der Reinigung vom Korpus eines Basses geht man wie bei antiken Möbeln vor: Sie müssen sehr vorsichtig sein. Sie können die Oberfläche mit einem weichen Tuch polieren, sollten aber Gitarrenpolitur statt Möbelpolitur verwenden, die Sie im Gitarrenladen Ihres Vertrauens erstehen können. Mit der Gitarrenpolitur wischen Sie Staub und Dreck vom Instrument, und Ihr Bass strahlt in neuem Glanz.

Geben Sie ein oder zwei Spritzer Politur auf das Tuch, und verteilen Sie sie im Stoff. Reiben Sie dann den Korpus vorne wie hinten ein, und vergessen Sie die Rückseite des Halses nicht. Ihr Bass wird es Ihnen danken. Halten Sie die Politur nur von den Saiten und dem Griffbrett fern. Die Reinigung dieser Teile wird ein einem der folgenden Abschnitte erläutert.

Die Anbauteile

Unter den Anbauteilen (Hardware) versteht man alle Metallteile, die am Holz angebracht sind – mit Ausnahme der Bundstäbe und der Pickups. Die Mechaniken, die Brücke und die Gurt-Pins fallen alle unter diesen Begriff. Polieren Sie diese Anbauteile mit einem Staubtuch. Falls sich hartnäckiger Dreck auf den Teilen festgesetzt hat, können Sie eine milde Metallpolitur aus dem Supermarkt verwenden, um diese zu reinigen. Achten Sie darauf, dass die Politur keine Schleifmittel enthält, und lassen Sie nichts davon auf das Holz kommen.

Die Pickups

Die Pickups müssen bei der Reinigung gesondert behandelt werden. Zwischen dem Holz des Korpus und dem Metall bzw. Kunststoff des Pickups sammelt sich mit der Zeit eine Menge Staub an (in Kapitel 1 können Sie sich eine Abbildung eines Pickups anschauen).

Benutzen Sie niemals irgendwelche Flüssigkeiten. Die Pickups arbeiten elektronisch und vertragen keine Flüssigkeiten. Es besteht die Gefahr von Kurzschlüssen, die Ihre Pickups zerstören.

Selbstverständlich können Sie sich alle vier Wochen neue kaufen, um immer saubere Pickups an seinem Bass zu haben. Sie können aber auch den Bereich zwischen Pickup und Korpus einfach mit Wattestäbchen reinigen.

Das Griffbrett

Das Griffbrett besteht aus folgenden zwei Teilen:

✔ Das lange, flache Holzstück vorne auf dem Hals.

✔ Die Metallbünde, die in dieses Holzstück eingelassen sind.

Diese zwei Teile sind aus völlig unterschiedlichem Material gefertigt und müssen daher auch auf unterschiedliche Art und Weise gereinigt werden. Sie können sie darüber hinaus nur reinigen, wenn Sie beim Saitenwechseln gerade die alten Saiten abgenommen und die neuen noch nicht aufgezogen haben. (In Kapitel 14 finden Sie heraus, wie man die Saiten wechselt.)

Das Holz

Da das Holz auf dem Griffbrett normalerweise nicht versiegelt ist, trocknet es leicht aus. Sie können den Originalzustand des Holzes jedoch wieder herstellen, indem Sie es mit einem trockenen Tuch reinigen und dann mit ein paar Tropfen (nicht mehr als fünf) Griffbrettöl (aus dem Gitarrenladen) auf einem weichen Tuch einreiben. Lassen Sie das Öl etwas einziehen, und wischen Sie danach das verbleibende Öl ab. Wenden Sie das Öl bei jedem Saitenwechsel an. Das Holz nimmt das Griffbrettöl sehr gut auf.

Die Bundstäbe

Sie können die Bundstäbe mit einem Schmuckpoliertuch reinigen, das schon mit Politur getränkt im Supermarkt erhältlich ist. Diese Tücher sind nicht besonders teuer, und Ihre Bünde strahlen danach wie neu.

Verwenden Sie nie Polituren mit Schleifmittel aus einer Flasche. Dieses Zeug ist zu scharf für das Holz des Griffbretts.

Die Saiten

Ja, die Saiten müssen auch gereinigt werden. Sie bekommen ja auch am meisten ab. Sie können die Saiten einfach nach dem Spielen mit einem trockenen Baumwolltuch abwischen. Mit ein paar Tropfen Reinigungsalkohol (gibt es in jeder Apotheke) auf dem Tuch funktioniert das noch viel besser.

Lassen Sie den Alkohol ein paar Sekunden in das Tuch einziehen. Nehmen Sie dann einen feuchten Bereich des Tuchs zwischen Zeigefinger und Daumen, und reiben Sie Saite für Saite der Länge nach ab.

Lassen Sie den Alkohol nicht an das Holz des Griffbretts kommen, es trocknet sonst aus.

In Abbildung 15.1 sehen Sie, wie man die Saiten korrekt reinigt.

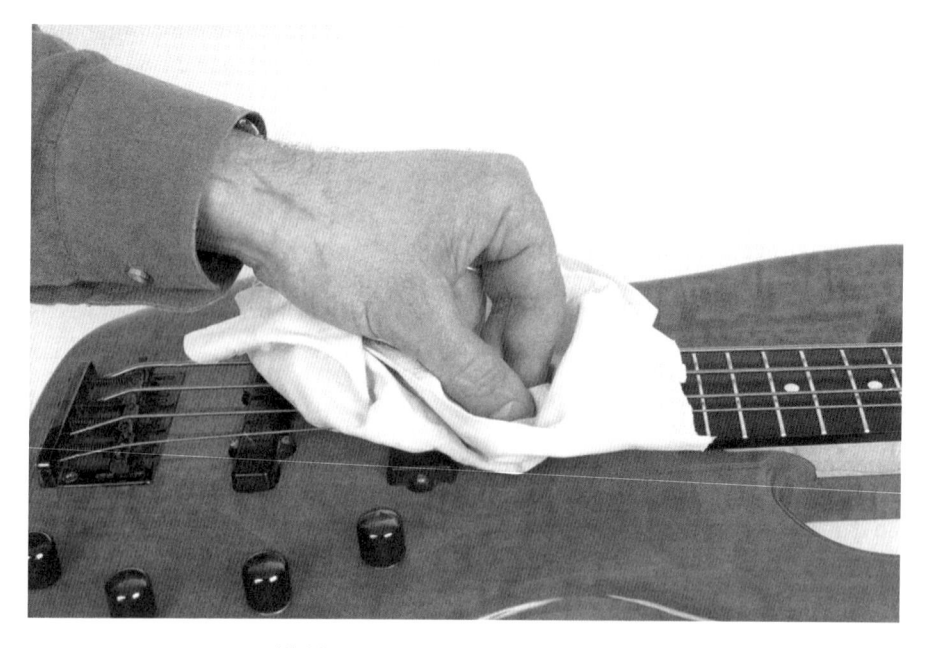

Abbildung 15.1: Die Reinigung der Saiten

Kleinere Reparaturen

Die Einzelteile Ihrer Bassgitarre sind auf zwei Arten miteinander verbunden: Entweder sind sie geklebt oder verschraubt. Instrumentenbauer verwenden für die unterschiedlichen Holztypen jeweils spezielle Klebstoffe. Falls sich irgendein geklebtes Teil löst, sollten Sie es von einem Fachmann (oder einer Fachfrau) reparieren lassen.

Sollte eines der Anbauteile wackeln oder sich lösen, können Sie es einfach wieder an der entsprechenden Stelle festschrauben. Beachten Sie dabei jedoch, dass der Bass mit einer ganzen Reihe unterschiedlich großer Schrauben versehen ist. Daher sollten Sie sich einen Satz Schraubendreher besorgen, um für jede Schraube einen passenden zur Hand zu haben. Warum ich Ihnen das sage? Der Grund ist ganz einfach: Wenn Sie einen Schraubendreher verwenden, der nicht auf die entsprechende Schraube passt, verhunzen Sie den Kopf der Schraube. Wenn Sie sich die Schrauberei an Ihrem Bass nicht zutrauen, überlassen Sie alles qualifiziertem Fachpersonal.

Die Lackierung

Die Oberfläche des Holzes, aus dem Ihr Bass gemacht ist, wird von einer dünnen Lackschicht versiegelt. Meist ist dieser Lack glänzend, und Ihr Bass sieht im Neuzustand wunderschön aus.

Der Lack hat aber nicht nur kosmetische Funktion, er hält auch den Feuchtigkeitsgehalt des Holzes konstant. Trocknet das Holz aus, wird es spröde und kann reißen. Wird das Holz zu feucht, kann es aufquellen oder sich verziehen.

Stoßen Sie mit Ihrem Bass gegen harte Gegenstände (wie beispielsweise ein Becken des Schlagzeugs), können Kratzer oder Risse im Lack zurückbleiben. Wenn Sie die Oberfläche dann wieder auf Neuzustand bringen wollen, müssen Sie den Bass von einem Profi neu lackieren lassen, was einiges kosten kann. Wenn Ihnen nicht so viel am Aussehen Ihres Instruments liegt, und Sie diese Kratzer und Schrammen vielleicht sogar cool finden, können Sie sie mit farblosem Nagellack versiegeln. Sie können auch versuchen, den Farbton mit Modellbaufarbe aus dem Spielwarenladen nachzumischen.

Passen Sie gut auf die Rückseite des Halses auf. Wenn sie dort einen Kratzer hineinbekommen, wird er sie beim Spielen auf die Dauer stören. Handelt es sich um einen leichten Kratzer, können Sie den ganzen Hals mit superfeiner Stahlwolle anschleifen. Bearbeiten Sie dabei die gesamte Länge des Halses. Die Stahlwolle verleiht dem Hals eine sehr schöne satinierte Oberfläche. Sollten Sie den Kratzer immer noch fühlen, müssen Sie den Bass in Reparatur geben.

> Bearbeiten Sie den Bass nicht zu häufig mit Stahlwolle. Selbst mit der feinsten Stahlwolle wird jedes Mal eine hauchdünne Schicht des Lacks abgehoben. Am Ende bleibt dann kein Lack mehr übrig, und Sie müssen den Hals neu lackieren lassen. Am besten achten Sie darauf, dass erst gar keine Kratzer in den Hals kommen.

Überlassen Sie die Elektronik den Experten

Sollten Sie kratzende Geräusche hören, wenn Sie die Regler Ihres Basses drehen, kann das unter Umständen ein kleineres Problem sein. Drehen Sie die Regler einfach kräftig ein paar Mal hin und her, bis das Kratzen aufhört. Falls dieser Trick nicht funktioniert – Sie erraten es bestimmt –, müssen Sie zum Profi gehen.

> Seit sich High-Tech-Bässe mit komplexen Vorverstärkern und Pickups durchgesetzt haben, fasse ich die Elektronik einfach nicht mehr an. Lassen Sie elektronische Probleme vom Profi reparieren, sofern Sie nicht gerade einen Abschluss in Elektrotechnik haben.

Den E-Bass einstellen

Ihr Bass ist zwar ein relativ pflegeleichtes Instrument, doch hin und wieder müssen kleine Einstellungen vorgenommen werden. Genau wie sich das Wetter je nach Jahreszeit ändert, verändert sich auch das Holz, aus dem Ihr Bass gemacht ist. Die Spannung des Halses kann etwas nachgeben oder sich leicht verstärken, wodurch der Abstand der Saiten zu den Bünden entweder zu groß wird oder die Saiten auf den Bünden aufliegen können. Der Bass wird dann schwer oder gar nicht mehr bespielbar.

Sie bekommen die Naturgewalten in den Griff, indem Sie:

✔ Den Halsstab einstellen (ein Metallstab, der der Länge nach durch den Hals verläuft).

✔ Die Saitenreiter einstellen (die kleinen verstellbaren Teile, über die die Saiten auf der Brücke laufen).

Den Halsstab einstellen

Der Halsstab steuert die Biegung des Basshalses. Da die Saiten Raum benötigen, um frei über die gesamte Länge des Halses zu schwingen, hat der Hals eine leichte Krümmung. Die Betonung liegt hier auf dem Wort »leicht«. Wenn die Krümmung zu groß ist, wird auch der Abstand zwischen den Saiten und dem Griffbrett zu groß, und Sie brauchen Arme wie Popeye, um die Saiten herunterzudrücken.

Wie viel Abstand benötigt man nun, damit die Saiten vernünftig schwingen können und trotzdem einfach herunterzudrücken sind? Drücken Sie die E-Saite mit der linken Hand am ersten Bund herunter. Gleichzeitig drücken Sie die E-Saite mit der rechten Hand am letzten Bund herunter. Der Abstand der E-Saite zum Griffbrett sollte jetzt zwischen dem siebten und dem zwölften Bund etwa die Dicke einer Kreditkarte haben. Es geht auch etwas mehr oder etwas weniger, wenn Sie die Saiten nur ganz leicht anschlagen.

Um die Krümmung des Halses einzustellen, müssen Sie an der Schraube im Halsstab drehen. Die Schraube befindet sich entweder an der Kopfplatte oder am anderen Ende des Halses.

Bei manchen Bässen muss man den Hals vom Korpus abnehmen, um an diese Schraube zu gelangen. Versuchen Sie niemals, die Schrauben, mit denen der Hals am Korpus befestigt ist, zu lösen, ohne zuvor die Spannung der Saiten zu verringern. Andernfalls würde der Hals abknicken und die Schrauben aus dem Holz reißen.

In den meisten Fällen können Sie den Halsstab mit einem Inbusschlüssel (Innensechskant) einstellen, der im Lieferumfang eines neuen Basses enthalten ist. Falls dieser Schlüssel verloren gegangen ist, können Sie in einem Gitarrenladen oder beim Hersteller einen neuen beziehen. Bei anderen Bässen wird der Halsstab mit einem Kreuzschlitz-Schraubendreher eingestellt, der meist nicht zum Lieferumfang gehört, aber in jedem Baumarkt erhältlich ist. Sollte der Abstand zwischen E-Saite und Griffbrett zu groß sein, stecken Sie den Inbusschlüssel oder den Kreuzschlitz-Schraubendreher in den Halsstab und drehen die Schraube im Uhrzeigersinn fester. Wenn die Saiten bei Tönen auf den ersten vier Bünden schnarren, müssen Sie den Halsstab etwas lösen, indem Sie die Schraube gegen den Uhrzeigersinn drehen. In Abbildung 15.2 können Sie sehen, wie man den Halsstab einstellt.

15 ➤ Den Bass in Schuss halten: Wartung und leichte Reparaturarbeiten

Abbildung 15.2: Einstellen des Halsstabs

Verwenden Sie auf jeden Fall ein Werkzeug (Inbus oder Schraubendreher), das genau auf den Schraubkopf des Halsstabes passt. Wenn Sie kein geeignetes Werkzeug haben, kaufen Sie sich welches bei Ihrem Gitarrenhändler oder beim Hersteller des Basses. Versuchen Sie niemals, den Halsstab mit Werkzeug einzustellen, das nicht hundertprozentig passt. Wenn Sie den Halsstab verhunzen, wird es teuer. Drehen Sie den Halsstab höchstens um eine Viertel- bis eine halbe Umdrehung pro Tag. Das Holz muss sich erst setzen, bevor Sie weitere Einstellungen vornehmen können.

Saitenlage mit Saitenreitern einstellen

Sie können die Saitenlage auch mit den Saitenreitern auf der Brücke des Basses einstellen. Diese Saitenreiter können von oben mit einem kleinen Inbusschlüssel in der Höhe verstellt werden. Durch Verdrehen dieser Schrauben können Sie die Saitenlage (die Höhe der Saiten) einstellen. Abbildung 15.3 zeigt, wie man die Saitenreiter einstellt.

Abbildung 15.3: Einstellen der Saitenlage mittels der Saitenreiter

Es ist keine schlechte Idee, die erste Einstellung des Basses von Fachpersonal vornehmen zu lassen. Wenn Sie den Bass dann zurückbekommen, schauen Sie sich genau an, wie hoch die Saitenreiter justiert sind. Achten Sie auf das Spielgefühl. Nun können Sie gegebenenfalls selbst noch Feinabstimmungen vornehmen.

Mit den Saitenreitern kann man darüber hinaus auch die Bundreinheit des Basses einstellen. Sollte sich der Bass zwischen hohen und tiefen Bünden verstimmt anhören, obwohl die Saiten exakt gestimmt sind (auf jeden Fall mit einem Stimmgerät überprüfen!), müssen Sie die Bundreinheit einstellen. Dazu benötigen Sie einen Schraubendreher, der auf die Schrauben hinten an den Saitenreitern passt. Durch Drehen an den Schrauben können Sie die Saitenreiter vor- oder zurückschieben. Ein Stimmgerät ist dabei unerlässlich. Lesen Sie die folgenden Anweisungen, und schauen Sie sich Abbildung 15.4 an, um die Bundreinheit Ihres Basses korrekt einzustellen:

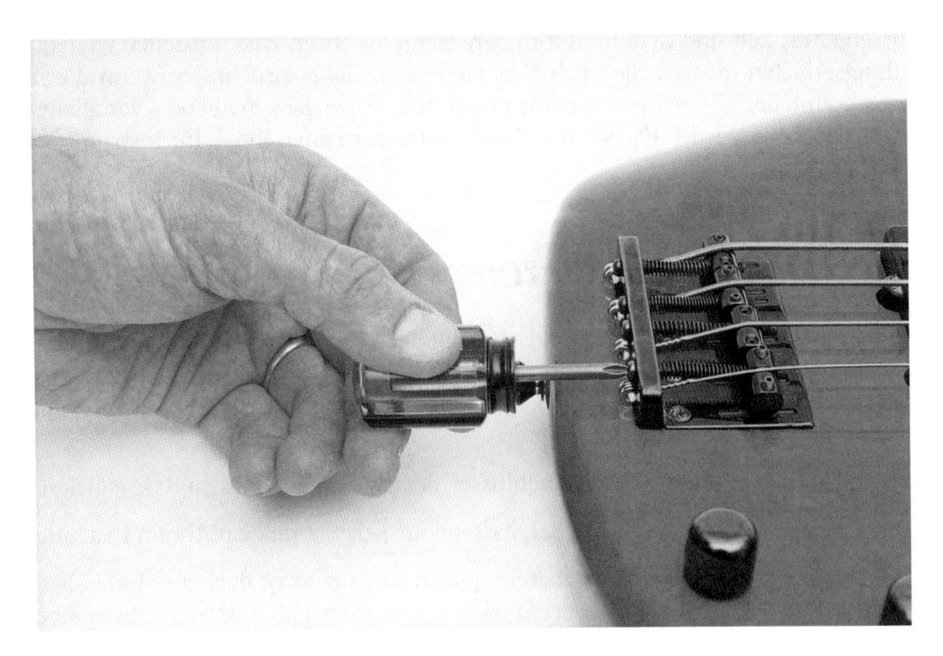

15 ➤ Den Bass in Schuss halten: Wartung und leichte Reparaturarbeiten

Abbildung 15.4: Einstellen der Bundreinheit

1. **Spielen Sie auf einer Saite den Flageolett-Ton am zwölften Bund, und stimmen Sie die Saite mit Hilfe des Stimmgeräts.**

    Wenn Sie den Flageolett-Ton exakt gestimmt haben, spielen Sie dieselbe Saite konventionell am zwölften Bund heruntergedrückt und vergleichen die Tonhöhe mit der des Flageoletts (siehe Kapitel 2 zum Thema Flageoletts). Achten Sie dabei darauf, die Saite beim Herunterdrücken auf keinen Fall zur Seite zu verziehen.

2. **Ist der konventionell gespielte Ton im Vergleich zum Flageolett zu hoch, müssen Sie die Länge des freischwingenden Teils der Saite vergrößern, indem Sie die Schraube anziehen.**

    Dadurch wird der Saitenreiter etwas vom Hals wegbewegt. Stimmen Sie die Saite nun wieder mit dem Flageolett-Ton. Vergleichen Sie die Tonhöhe des Flageolett-Tons nochmals mit dem konventionell am 12. Bund gespielten Ton, und wiederholen Sie den Vorgang, bis beide Töne die gleiche Tonhöhe haben.

3. **Wenn der konventionell gespielte Ton im Vergleich zum Flageolett zu tief ist, müssen Sie die Länge des freischwingenden Teils der Saite verkürzen, indem Sie die Schraube lösen und somit den Reiter in Richtung Hals verschieben.**

    Stimmen Sie die Saite mit dem Flageolett-Ton und wiederholen Sie den Vorgang, bis beide Töne gestimmt sind.

4. **Wiederholen Sie den Vorgang, bis alle Saiten bundrein sind.**

Sie müssen etwas Zeit und Geduld mitbringen, wenn Sie Ihren Bass einstellen wollen. Diese Einstellungsarbeiten müssen Sie höchstens viermal im Jahr vornehmen (wenn die Jahreszeiten wechseln), doch brauchen Sie dafür mindestens einen ganzen Abend – vor allem, wenn es das erste Mal ist. Auf jeden Fall werden diese Wartungsarbeiten Ihnen Ihr Instrument näher bringen.

Ein Reinigungs- und Wartungsset zusammenstellen

Bevor Sie irgendwelche Einstellungs- oder Reinigungsvorgänge ausführen, die ich in diesem Kapitel beschreibe, müssen Sie zunächst für entsprechendes Werkzeug sorgen. Stellen Sie ein Werkzeugset für Ihren Bass zusammen. Ich habe hier eine Liste dafür zusammengestellt (siehe Abbildung 15.5):

- ✔ Halsstab-Schlüssel (meist ein Inbusschlüssel, der zusammen mit dem Bass geliefert wird)
- ✔ Schraubendreher und Inbusschlüssel, passend für jede Schraube in Ihrem Instrument
- ✔ Ein Schraubendreher mit wechselbaren Spitzen ist ganz okay, doch am besten besorgen Sie sich für jede Größe ein passendes Werkzeug. Auf jeden Fall müssen Sie Schraubendreher bzw. Inbusschlüssel haben, die auf die Schrauben an den Saitenreitern passen.
- ✔ Reinigungsalkohol (in einer Flasche, die nicht ausläuft)
- ✔ Baumwolltücher für die Reinigung (hin und wieder ersetzen)
- ✔ Superfeine Stahlwolle
- ✔ Farbloser, transparenter Nagellack (oder eine Farbe, die zu Ihrem Bass passt)
- ✔ Elektronisches Stimmgerät (falls Sie die Bundreinheit Ihres Basses selbst einstellen wollen)
- ✔ Seitenschneider (Drahtschere) für den Saitenwechsel
- ✔ Schmuckpoliertuch für die Bundstäbe

Bewahren Sie Ihr Bass-Werkzeug getrennt von Ihrem Haushaltswerkzeug auf, damit es nicht verloren oder kaputt geht. Abgesehen davon können Bassgitarren ziemlich eifersüchtig reagieren, wenn sie herausfinden, dass Sie mit ihrem Halsstab-Schlüssel die Waschtischarmatur festgeschraubt haben.

Lagerung des Basses

Die Lagerung einer Bassgitarre ist eigentlich recht simpel. Schützen Sie das Instrument vor direktem Sonnenlicht, legen Sie es aber auch nicht in den Schnee – jedenfalls nicht für längere Zeit ... Der sicherste Platz für den Bass ist im Basskoffer, doch ist es manchmal eine ziemliche

15 ➤ Den Bass in Schuss halten: Wartung und leichte Reparaturarbeiten

Fummelei, wenn man von der Muse geküsst wird und schnell spielen will. Wenn Sie Ihren Bass immer schnell zur Hand haben möchten, stellen Sie ihn auf einen stabilen Bassgitarrenständer. Achten Sie nur darauf, dass Sie ihn in eine sichere Ecke des Raumes stellen, wo nicht so viel los ist. (Stellen Sie ihn nicht Ihrem Hund in den Weg, vor allem, wenn es ein Bernhardiner ist.)

Abbildung 15.5: Der Inhalt eines Bass-Werkzeugsets

Wenn Sie einen *Gig-Bag* (eine weiche, gepolsterte Tragetasche) statt eines Koffers besitzen, können Sie Ihren Bass auch darin lagern. Der Gig-Bag bietet einigen Schutz, und Sie bekommen den Bass ziemlich schnell heraus.

Fast alle Bassgitarren sind in massiver Bauweise ausgeführt (also nicht hohl) und daher ziemlich stabil. Obwohl massive Bassgitarren relativ unempfindlich gegen Temperatur- und Luftfeuchtigkeitsschwankungen sind, sollten Sie dennoch darauf achten, das Instrument an einem Platz mit normalen Temperaturen zu lagern. Direkt neben dem Kamin ist beispielsweise keine gute Idee. Ihr Bass liebt Raumtemperatur und eine mittlere Luftfeuchtigkeit.

Falls Sie längere Zeit weg sind und den Bass nicht mitnehmen, seien Sie wenigstens nett zu ihm. Stecken Sie ihn in den Koffer oder in den Gig-Bag, und lagern Sie ihn an einem wohltemperierten Ort. Sie können ihn aufrecht in einen Schrank stellen oder flach unter das Bett legen. Lagern Sie das Instrument nie in einem feuchten Keller oder einer schlecht isolierten Garage. Der Bass soll Sie ja schließlich noch lieb haben, wenn Sie zurückkommen …

Teil VI

Einkaufsführer: Worauf man beim Basskauf achten sollte

The 5th Wave   By Rich Tennant

Irgendwas stört mich daran, dass der gerade einen Bass für eine Bluesband mit 'ner Goldkarte bezahlt hat.

In diesem Teil ...

Wenn Sie so weit sind, Ihr hart verdientes Geld über den Tresen wandern zu lassen, sollen Sie zunächst unbedingt diesen Teil durchlesen. Kapitel 16 zeigt, wie man den richtigen Bass findet, und Kapitel 17 hilft Ihnen dabei, das restliche Equipment zusammenzustellen.

16
Lebenspartner oder nur eine Affäre: Den richtigen Bass kaufen

In diesem Kapitel
- Wünsche und Bedürfnisse definieren
- Einkaufstour für Ihren Bass
- Einen Instrumentenbauer beauftragen

Eine Bassgitarre zu kaufen kann schon eine aufregende Sache sein, ist aber auch ein wenig Furcht einflößend. Sie sind gerade drauf und dran, eine Menge hart verdiente Kohle auf den Kopf zu hauen, um sich einen Bass zu besorgen. Außerdem haben Sie sich noch dazu entschieden, Bassist zu werden. Statt ein Instrument von einem Freund zu leihen, ziehen Sie nun los, um Ihre eigene Bassgitarre zu kaufen. Die Wahl der richtigen Bassgitarre ist eine persönliche Entscheidung, die nur Sie treffen können und die Sie auch nicht oft im Leben treffen werden. Gehen Sie also überlegt vor. Dieses Kapitel kann Ihnen bei den schwierigen Kaufentscheidungen eine Hilfe sein. Außerdem können Sie sich hier so weit vorbereiten, dass Sie erhobenen Hauptes in den Musikladen spazieren können und aussehen wie ein Bassist, der genau weiß, was er will.

Bedürfnisse vor dem Kauf festlegen

Die wichtigste Frage, die Sie sich vor dem Kauf eines Basses stellen müssen, ist: »Was erwarte ich von einem Bass?«

Ich habe hier einen recht guten Ratschlag für Sie: Legen Sie sich nicht zu früh fest. Wenn Sie einen Bass finden, der einen wundervollen Klang hat, sich aber beim Spielen komisch anfühlt, dann kaufen Sie ihn nicht. Wenn Sie einen Bass finden, der sich sehr gut bespielen lässt, sich aber wie eine Stichsäge anhört, kaufen Sie ihn auch nicht. Sie können von beidem das Beste haben – Sie müssen nur lange genug suchen.

Außerdem sollten Sie im Hinterkopf behalten, dass Ihre Bassgitarre ein flexibles Instrument sein muss. Mit anderen Worten: Sie spielen ihn vielleicht nachmittags zu einer Jazz-Cocktail-Stunde in einem Café in der Nähe, bevor Sie zu Ihrem Rock'n'Roll-Gig hetzen, der in der Kneipe ein paar Straßen weiter am Abend stattfindet. Dann stehen Sie am nächsten Morgen auf und fahren ins Studio, um eine Basslinie für einen Country-Song aufzunehmen. Richten Sie Ihre Wahlkriterien also nicht nach Musikstilen aus.

Im Folgenden finden Sie einige wichtige Dinge, die Sie bei der Auswahl des richtigen Instruments beachten sollten:

✔ **Spielgefühl.** Der Bass muss sich sehr gut anfühlen. Genauer gesagt, muss er sich in ihren Händen sehr gut anfühlen. Man muss kein Experte sein, um sagen zu können, ob ein Bass der Richtige ist. Nehmen Sie einfach einen, und spielen Sie ein paar Töne. Wenn der Bass Ihre Berührungen gut zurückgibt und sich nicht komisch oder unangenehm anfühlt, ist er ein guter Kandidat. Spielen Sie auf Ihrer Shoppingtour möglichst viele unterschiedliche Bässe, damit Sie Vergleichsmöglichkeiten haben. Am besten, Sie nehmen sich mal ein High-End-Modell (das teuerste im Laden) als Vergleich. (Bässe im Preissegment um die 2500 Euro haben meist ein unglaublich gutes Spielgefühl.) Dann versuchen Sie, ein günstigeres Modell zu finden, das sich ähnlich gut anfühlt (oder Sie kaufen einfach das für 2500).

✔ **Klang.** Der Bass muss selbstverständlich hervorragend klingen – und zwar nicht nur für Sie, sondern auch für die Leute, mit denen Sie zusammenspielen. (Sie können sich natürlich auch jederzeit eine neue Band suchen.) Der Bass muss in den tiefen Frequenzen eine klare klangliche Auflösung haben. Wenn Sie den Klang des Basses verändern wollen und lieber mit einem dreckigen Sound spielen – kein Problem. Nur sollten Sie als Ausgangspunkt erst mal einen sauberen Klang haben.

✔ **Aussehen.** Das Aussehen des Basses spielt erst ganz weit hinter dem Spielgefühl und dem Sound eine Rolle. Ich hatte mal einen Bass, der sich traumhaft bespielen ließ und einen Klang hatte, wie wenn Thor (der Gott des Donners) vom Himmel herunterfahren würde ... Aber er hatte die widerlichste lila Lackierung am Korpus, die ich je gesehen habe, gekrönt von grasgrünen Textilummantelungen an den Saitenenden. (Ich habe den Bass fast ausschließlich für Aufnahmen verwendet, wo mich keiner damit sehen konnte.) Machen Sie bloß keine Abstriche an Spielgefühl oder Klang zu Gunsten des Looks. Sie können den Bass jederzeit neu lackieren lassen. Am besten wäre es jedoch, Sie fänden einen Bass, den Sie auch noch gerne ansehen (oder mit dem Sie wenigsten gerne gesehen werden).

Auf lange Sicht: Die Liebe fürs Leben

So mancher Anfänger meint, er müsste sich den Bass seines Lebens erst verdienen. Doch bevor er sich diesen Bass kaufen kann, muss er erleben, dass er ihn wirklich dringend braucht. Kommen Sie bloß nicht auf diesen Holzweg. Sie müssen einfach nur wissen, ob Ihr Engagement stark genug ist. Und wer sollte das besser wissen als Sie selbst. Wenn Sie davon überzeugt sind, dass Sie für den Rest Ihres Lebens Bass spielen werden (oder wenigstens für die nächsten paar Jahre), dann kaufen Sie sich den besten Bass, den Sie sich leisten können (Hauptsache, er erfüllt die Kriterien aus der vorangegangenen Liste). Ein richtig guter Bass ermuntert Sie dazu, noch mehr zu spielen; und dadurch werden Sie auch ein besserer Bassist.

Auf lange Sicht ist es wesentlich günstiger, sich gleich ein vernünftiges Instrument zu kaufen, statt regelmäßig einen mittelmäßigen Bass gegen den nächsten einzutauschen und nicht den zu kaufen, den Sie schon immer wollten. Jedes Mal, wenn Sie einen gebrauchten Bass in Zahlung geben, verlieren Sie Geld. Ihr Bass sollte für immer bei Ihnen bleiben, in guten wie in schlechten Zeiten …

Auf kurze Sicht: Nur für eine Nacht

Falls Sie sich nicht sicher sind, ob Sie wirklich ein Bassist sind oder ob Sie vielleicht nur zeitweise die Funktion eines Bassisten in einer Band einnehmen, dann suchen Sie nach einem Bass, der sich gut anfühlt und gut klingt (es gibt einen Unterschied zwischen »gut« und »hervorragend«), aber überziehen Sie Ihr Girokonto nicht übermäßig.

Im günstigen Preissegment gibt es eine Vielzahl unterschiedlicher Bassgitarren, und einige davon sind sogar ziemlich gut. Wenn Sie im Nachhinein merken, dass das Bass-Spiel richtig Spaß macht, können Sie sich immer noch ein besseres Instrument kaufen und das günstige als Ersatz behalten.

Wie viele Saiten?

Heutzutage haben Bassisten eine ziemlich breit gefächerte Auswahl. Mal abgesehen von den ganzen unterschiedlichen Marken und Modellbezeichnungen muss man sich auch noch Gedanken darüber machen, ob man mit den konventionellen vier Saiten auskommt oder einen Fünf- oder Sechssaiter benötigt.

Mitte der 70er-Jahre des letzten Jahrhunderts entwarf Anthony Jackson – einer der besten Session-Musiker aus New York, der mit Steely Dan, Chaka Khan und Paul Simon gearbeitet hat – einen sechssaitigen Kontrabass mit einer zusätzlichen hohen und einer tiefen Saite, den er vom Instrumentenbauer Carl Thompson bauen ließ. Nachdem andere Bassisten seinen Entwurf gesehen hatten, wurde die Idee einer fünften, tieferen Saite adaptiert, um den extrem tiefen Sound von Keyboard-Bässen bei Plattenaufnahmen spielen zu können. (Am Ende spielt doch keine besser als ein Bassist.) Die daraus resultierenden Fünf- und Sechssaiter bieten dem Bassisten unglaublich tiefe Töne für groovy, synthesizermäßige Basslinien, und die höheren Töne erlauben auffälligere Soli und Fills. Schauen Sie sich die exotischen Sechssaiter in Abbildung 16.1 an.

Da die Saiten eines Sechs- oder Fünfsaiter-Basses in den gleichen Intervallen zueinander gestimmt sind wie die eines konventionellen Viersaiters, funktionieren auch alle Griffmuster und Grids aus diesem Buch auf solchen Bässen. Um festlegen zu können, welche Bassgitarre für den Musikstil, den Sie spielen wollen, in Frage kommt, müssen Sie sich überlegen, ob Sie häufig extrem tiefe oder hohe Tonlagen benötigen.

Abbildung 16.1: Von links nach rechts: Ein Sechssaiter mit Bünden, ein bundloser (fretless) Sechssaiter und ein bundloser Sechssaiter mit Bundmarkierungen

Wenn Sie viel Dance oder Hip-Hop spielen wollen, ist unter Umständen ein Fünfsaiter mit einer zusätzlichen tiefen Saite angebracht. Falls Sie sich mit Fusion-Jazz beschäftigen wollen, passt ein Sechssaiter, auf dessen hoher sechsten Saite man ausgiebig Soli spielen kann. Jedoch können Sie eigentlich auch auf einem Viersaiter alle Stile spielen. Deshalb wird auch die Anzahl der Saiten wie so viele Dinge auf Ihrer Einkaufsliste zu einer Frage der persönlichen Vorliebe.

Mit Bünden oder ohne?

Bundlose (fretless) Bässe haben einen sehr eigenen Klang (irgendwie knurrig). Ein Fretless-Bass hat keine Bünde auf dem Griffbrett. Wenn Sie also einen bundlosen Bass spielen, müssen Sie die Saiten direkt auf das Holz des Griffbretts drücken, genau wie bei einem Kontrabass. Statt der Bünde hat das Griffbrett entweder auf der Seite oder oben drauf Markierungen, anhand derer man die Position der fehlenden Bünde ausmachen kann.

Falls Sie gerade erst mit dem Bass-Spiel anfangen und sich Ihren ersten Bass kaufen, möchte ich Ihnen dringend von einem Fretless-Bass abraten. Ein konventioneller Bass mit Bünden lässt sich viel einfacher spielen, da die Saiten von den Bünden genau an der richtigen Stelle gekürzt werden und so genau den richtigen Ton erzeugen, während Sie bei einem Fretless-Bass die korrekte Intonation mit dem Finger vornehmen müssen. Sie können sich immer noch einen Fretless-Bass als

Zweitinstrument zulegen, wenn Sie spielerisch im mittleren Niveau angekommen sind. Mit der Zeit und einiger Gewöhnung wird der Fretless-Bass dann vielleicht auch zu Ihrem Hauptinstrument. (Hören Sie sich Aufnahmen von Jaco Pastorius – siehe Kapitel 18 – und Pino Palladino an, das sind echte Meister des Fretless-Basses.)

Wünsche sind die eine Sache ... das Budget eine andere

Wie sieht es mit Ihrem Budget aus? Sie müssen sich überlegen, wie viel Geld Sie für einen Bass ausgeben wollen und können, und müssen darüber hinaus ja auch noch genug Geld für einen Verstärker, für Kabel und andere Kleinigkeiten (die in Kapitel 17 erläutert werden) übrig haben. Sie können einen Bass natürlich auch ohne Verstärker spielen – nur hört man ihn dann nicht.

Wenn Sie sich wirklich zum Bassisten berufen fühlen, kaufen Sie sich ein Instrument, das Sie Ihr Leben lang begleiten kann. Ein solches Instrument kostet zwischen 700 Euro und ... na ja, die Preisskala ist nach oben offen. Wenn Sie gerade anfangen und sich nicht sicher sind, ob der Bass das richtige Instrument für Sie ist (kommen Sie, natürlich ist der Bass das richtige Instrument für Sie!), dann lohnt es sich, Komplettangebote anzuschauen, bei denen man einen E-Bass und einen Verstärker zusammen schon ab 400 Euro bekommt. Anfängerbässe gibt es schon unter 200 Euro.

Je kleiner das Budget, umso wichtiger ist es, dass Sie selbst von einer Marke unterschiedliche Bässe anspielen, bevor Sie sich für einen entscheiden. Die Qualität im unteren Preissegment unterliegt auch innerhalb einer Marke oder Serie häufig starken Schwankungen. Manche Instrumente fallen ziemlich schnell auseinander, während andere vielleicht jahrelang halten und sich zudem noch gut anfühlen und anhören. Lesen Sie auch aufmerksam die Artikel in Fachzeitschriften, in denen Instrumente vorgestellt oder miteinander verglichen werden. Und spielen Sie so viele Bässe wie möglich, bevor Sie sich für einen entscheiden. Vielleicht haben Sie ja Glück und finden ein kleines Juwel zwischen all dem Mittelmaß.

Die Shopping-Tour: Wo man sich umschauen soll

Für den Kauf eines Basses sollten Sie sich einige Tage Zeit nehmen. In dieser Zeitspanne können Sie in Ruhe verschiedene Instrumente ausprobieren und Preise vergleichen und machen auch keine überstürzten Käufe. Diese Kaufentscheidung verändert unter Umständen Ihr Leben – lassen Sie sich also Zeit.

Ab in die Musikläden

Am besten, Sie beginnen Ihre Tour mit einem Besuch des größten Musikladens in Ihrer Nähe, wo Sie sehr viele Bässe an einem Ort finden. Vielleicht nehmen Sie noch einen Freund mit, der Ihnen objektiv bei der Entscheidung hilft (und Sie moralisch unterstützt). Falls dieser

Freund dann auch noch mehr von Bässen versteht als Sie, kann das auch nicht schaden. Aber denken Sie daran: Sie werden den Bass spielen, also müssen Sie herausfinden, was das Richtige für Sie ist.

Wenn Sie dann einem Verkäufer gegenüberstehen, sollten Sie ehrlich sein. Erzählen Sie ihm, dass Sie sich für einen Bass interessieren und dass Sie ein paar Bässe ausprobieren möchten. Fragen Sie nach einem Fender Precision Bass und einem Fender Jazz Bass. Diese beiden Bässe sind sozusagen der Standard, an dem sich andere Bässe messen lassen müssen. Sie klingen unabhängig vom Musikstil immer hervorragend, sehen cool aus und sind echte Arbeitstiere. Wenn Sie sich einen leisten können, nehmen Sie ein Modell made in America. Die Qualität dieser Bässe ist besser als die der meist günstigeren Fender-Modelle aus Mexiko und anderswo. Sollten diese Bässe Ihr Budget sprengen, können Sie sie trotzdem testen, um einen Anhaltspunkt für die Bewertung anderer Instrumente zu bekommen.

Der Verkäufer wird Sie sicherlich fragen, wie viel Sie ausgeben möchten, also überlegen Sie sich vorher, wie viel das sein soll. Machen Sie sich auch klar, dass Sie zunächst einmal den Musikladen ohne Bass verlassen werden. Bevor Sie die Einnahmen der letzten sechs Monate über den Ladentisch wandern lassen, gibt es nämlich noch eine Menge zu tun. Bei der ersten Tour geht es vor allem darum, Informationen zu sammeln. Sie müssen versuchen herauszubekommen, welcher Bass sich für Sie am besten anfühlt und anhört.

Wenn Sie sich dann mit einem neuen Bass hinsetzen, machen Sie erst einmal eine Sichtprüfung. Schauen Sie nach, ob die Lackierung und alle Nahtstellen gleichmäßig sind (vor allem dort, wo der Hals in den Korpus übergeht) und ob die Saiten alle den gleichen Abstand zum Griffbrett haben. Die G-Saite sollte in etwa den gleichen Abstand zum Rand des Griffbretts haben wie die E-Saite, und alle Saiten sollten wiederum zueinander den gleichen Abstand haben. Schauen Sie sich dazu das Beispiel in Abbildung 16.2 mit einheitlichen Saitenabständen an.

Sowie Sie den Bass in Ihren Händen halten, sollten Sie prüfen, ob der Hals fest mit dem Korpus verbunden ist. Der Hals kann auf drei Arten mit dem Korpus verbunden sein:

- ✔ **Geschraubt.** Der Hals ist mit großen Schrauben am Korpus befestigt.
- ✔ **Geklebt.** Der Hals ist nahtlos mit dem Korpus verleimt.
- ✔ **Durchgängig.** Der Hals geht durch den gesamten Korpus hindurch, und die Korpushälften sind seitlich auf den Hals geleimt.

Falls der Hals geschraubt ist, sollten Sie sich vergewissern, dass man ihn nicht seitlich hin und her bewegen kann. (Nicht abbrechen, nur vorsichtig ziehen und drücken.) Hals und Korpus müssen fest miteinander verbunden sein.

Nachdem Sie sich davon überzeugt haben, dass der Bass stabil ist, fragen Sie den Verkäufer, ob Sie das Instrument in den besten Bassverstärker einstecken dürfen, den es in dem Geschäft gibt, um die beste akustische Wiedergabe zu gewährleisten. Stimmen Sie den Bass (siehe Kapitel 2), und spielen Sie. Zunächst spielen Sie jeden Bund von jeder Saite durch, um sicherzustellen, dass die Bünde nicht gegen die Saiten kommen und dadurch schnarren.

Als Nächstes machen Sie Musik. Wenn Sie die Grooves aus Teil IV dieses Buchs schon auf einem geliehenen Bass geübt haben, können Sie jetzt mal sehen, wie sie sich auf dem neuen Bass anhören und anfühlen. Falls Sie noch kompletter Anfänger sind, spielen Sie einfach ein paar Töne und hören sich den Klang an. Gefällt er Ihnen? Fühlt sich der Bass gut an? Wenn Sie mit einem Bass fertig sind, nehmen Sie sich den nächsten vor. Bedanken Sie sich beim Verkäufer, wenn Sie alle Bässe aus Ihrer Preisklasse (und vielleicht ein paar, die deutlich darüber liegen) durchprobiert haben, und verlassen Sie den Laden. Vergessen Sie nur nicht, welche Modelle Ihnen am meisten zugesagt haben, und was diese Bässe gekostet haben.

> Widerstehen Sie unbedingt der Versuchung, schon bei der ersten Einkaufstour einen Bass zu kaufen. Sie sollten so viele Informationen wie möglich sammeln und sich eingehend Gedanken machen, bevor Sie sich für ein Instrument entscheiden.

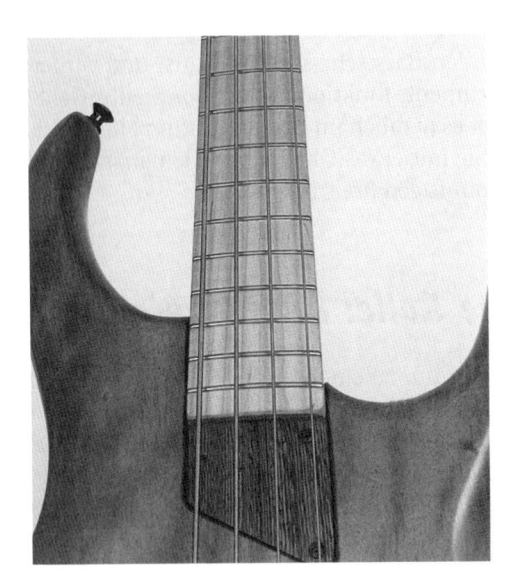

Abbildung 16.2: Saiten mit einheitlichem Abstand

Online-Shopping

An diesem Punkt können Sie nun entweder in den nächsten Musikladen auf Ihrer Liste hüpfen und das ganze Prozedere wie im vorangegangenen Abschnitt wiederholen, oder sich mal in den Online-Musikläden umschauen. Kaufen Sie sich jedoch niemals einen Bass online, ohne diesen zuvor in einem Musikladen ausprobiert zu haben.

Falls Sie sich im Musikladen schon mehr oder weniger für ein Modell entschieden haben, können Sie sich beim Online-Shopping ja auf diesen Bass konzentrieren. Schauen Sie sich die Preislisten der unterschiedlichen Online-Stores an, und vergleichen Sie sie mit den Preisen des Musikladens in Ihrer Nähe. Manchmal lohnt es sich auch, den Aufpreis für einen Wartungsvertrag in Kauf zu nehmen. Bei solch einem Vertrag stellt der Techniker aus dem Laden Ihren Bass alle sechs Monate (oder so) umsonst neu ein. Wenn Sie damit klar kommen, einen Bass online zu kaufen, und auch noch einen deutlich besseren Preis erzielen können, dann nichts wie los. Achten Sie auf ein entsprechendes Rückgaberecht, falls der Bass nicht so gut ist wie der aus dem Laden.

Zeitungsanzeigen sichten

Sie können auch in den Kleinanzeigen Ihrer Tageszeitung nachschauen, ob jemand den Bass Ihrer Wahl privat verkauft. Normalerweise ist bei solchen Gebrauchtanzeigen auch noch etwas Verhandlungsspielraum drin. (Selbst wenn Sie sich den Preis leisten könnten, haben Sie durch entsprechendes Handeln unter Umständen nachher mehr Geld für einen Verstärker übrig.)

Probieren Sie den Bass sehr sorgfältig aus, und vergewissern Sie sich, dass alle Teile des Instruments funktionieren, bevor Sie Ihr Geld loswerden. Bei einem Privatverkauf gibt es nämlich im Gegensatz zum Musikladen keine Garantie. Jedenfalls können Sie mit etwas Glück über Kleinanzeigen ein exzellentes Instrument zu einem vernünftigen Preis ergattern.

Geld spielt keine Rolle: Die Einzelanfertigung

Wenn Sie genug Geld haben, um zu einem Instrumentenbauer zu gehen, dann ist das schon eine tolle Sache. Der Instrumentenbauer kann Ihnen nämlich einen Bass bauen, der genau auf Sie abgestimmt ist. Sie müssen dem Instrumentenbauer nur sagen, welchen Musikstil Sie spielen wollen (auch wenn das eigentlich alle sind), wie viele Saiten Sie benötigen, und ob Sie Bünde bevorzugen oder einen Fretless-Bass haben wollen (siehe Abschnitt »Mit Bünden oder ohne?« weiter vorne in diesem Kapitel).

Sie können auch die Farbe des Basses festlegen. (Da das Holz eines handgefertigten Basses meist besonders gut ist, sollten Sie vielleicht eine transparente Lackierung wählen. Man lackiert ja auch keinen Rolls Royce mit der Spraydose.) Den Rest macht dann der Instrumentenbauer. Er weiß genau, welche Holzarten sich für den von Ihnen gewünschten Bass am besten eignen.

Es kann schon ein bisschen dauern, bis Ihr Bass endlich fertig ist, doch ich kann Ihnen sagen, das bisschen Wartezeit ist es wert. Ein maßgefertigtes Instrument ist etwas fürs Leben. Außerdem ist es auch schön, jemanden kennen zu lernen, der genauso viel Leidenschaft in die Anfertigung eines Basses steckt wie Sie ins Spiel des Instruments.

Beim Kauf eines Basses kommt es am Ende immer nur auf eines an: Welcher Bass gibt Ihnen das beste Gefühl? Wenn Sie einen Bass kaufen, bauen Sie eine Beziehung auf – machen Sie also eine gute Beziehung daraus.

Das richtige Equipment für Ihren Bass

In diesem Kapitel

▶ Die Verstärkung des Basses
▶ Zubehör zu Ihrem Instrument

Damit Sie Ihre Bass-Grooves aller Welt – oder wenigstens irgendjemandem – vorspielen können, muss die Bassgitarre mit einem Verstärker verbunden werden.

Die meisten Bassgitarren haben einen massiven Korpus. Anders als Instrumente mit einem hohlen Korpus, der als Resonanzkörper dient, kann man Instrumente mit einem massiven Korpus einfach nicht ohne elektronische Verstärkung hören. Da die Töne, die der Bass produziert, extrem tief sind, müssen Sie sehr stark verstärkt werden. Sie müssen also einen Trip in den Musikladen machen und einen Verstärker kaufen – und wenn Sie gerade da sind, können Sie auch das eine oder andere Zubehör besorgen.

In diesem Kapitel erkläre ich Ihnen, was genau Sie benötigen, um ein voll funktionstüchtiger Bassist zu sein, der für jede Spielsituation gewappnet ist. Nehmen Sie dieses Buch am besten mit, wenn Sie in den Laden gehen. Und vergessen Sie Ihr Portemonnaie nicht …

Verstärker und Lautsprecher: Die Grundlagen

Der *Verstärker* (auch *Amplifier* oder kurz Amp) verstärkt das elektronische Signal Ihres Basses und sendet es an den *Lautsprecher* (auch *Speaker*), der das Signal schließlich in Klang umwandelt. Der Lautsprecher ist daher genauso wichtig wie der Verstärker. Solange nämlich kein Lautsprecher am Verstärker angeschlossen ist, kann Sie auch niemand hören.

Gitarristen können mit einem kleinen 15-Watt-Übungsverstärker anfangen, Bassisten haben diese Option nicht, da tiefe Töne einem Verstärker wesentlich mehr Leistung abverlangen als hohe. Daher müssen Sie nun noch einmal tief in die Tasche greifen und sich einen anständigen Verstärker zulegen.

Combo oder Verstärker und Box getrennt?

Sie können Ihren Bass auf die folgenden zwei Methoden verstärken:

✔ **Mit separatem Verstärker und Lautsprecher.** Verstärker und Lautsprecherbox sind jeweils einzelne Geräte, die mit einem Lautsprecherkabel verbunden werden. Der Vorteil von zwei einzelnen Geräten ist, dass Sie den Verstärker von einer Firma kaufen können, die bekanntermaßen gute Verstärker baut, und einen Lautsprecher von einer Firma, die sich auf den Lautsprecherbau spezialisiert hat. Außerdem sind solche Konfigurationen meist leistungsstärker, und man kann eine optimale Lautsprecher-Verstärker-Kombination zusammenstellen.

✔ **Mit einem Combo-Verstärker.** Ein Combo-Verstärker ist Verstärker und Lautsprecher in einem Gerät. Solche Verstärker sind meist einfacher zu transportieren (man muss nur ein Gerät tragen statt zwei).

Schauen Sie sich dazu den Combo-Verstärker und die separaten Geräte in Abbildung 17.1 an.

Abbildung 17.1: Ein Combo-Verstärker (links) und Verstärker und Box getrennt (rechts)

Ich empfehle Ihnen zunächst mit einem Combo-Verstärker anzufangen, der zwischen fünfzig und hundert Watt Leistung bringt (kostet etwa zwischen 300 und 1200 Euro). Das reicht völlig, um zu Hause zu üben, für Proben in der Garage (erst das Auto rausfahren) oder einen Auftritt in der Kneipe um die Ecke. Wenn Sie dann bei größeren Veranstaltungen spielen – bei Partys oder Hochzeiten – sollten Sie sich einen leistungsfähigen Verstärker und eine Bassbox mit mindestens dreihundert Watt zulegen. Ja ich weiß, die sind teuer (von 500 bis 2500 Euro und mehr), aber sie sind es wert. Sie wollen doch die Frequenzen spüren, oder?

Transistor oder Röhre?

Beim Verstärkerkauf haben Sie zusätzlich noch die Wahl zwischen Transistortechnik und Röhrenverstärkung.

- *Transistorverstärker* verstärken das Signal mittels Transistoren und/oder Mikrochips.
- *Röhrenverstärker* funktionieren mit Vakuumröhren, wie man sie in alten Radios findet.

Die Wahl zwischen Transistor- und Röhrentechnik ist eine ziemlich subjektive Angelegenheit. Die einen schwören auf diese Technik, die anderen auf jene. Probieren Sie unterschiedliche Verstärker (mit Ihrem Bass) im Musikladen aus, und entscheiden Sie, welcher Sound Ihnen am besten gefällt. Sie werden einen feinen klanglichen Unterschied zwischen den beiden Verstärkerkonzepten feststellen.

> Wenn Ihnen das Verstärkungskonzept nicht so wichtig ist, sollten Sie sich für einen Transistorverstärker entscheiden: Meist sind diese Geräte bei gleicher Leistung und Qualität günstiger und benötigen weniger Wartung (bei einem Röhrenverstärker müssen alle paar Jahre die Röhren ausgewechselt werden).

Die richtige Lautsprechergröße

Sowohl Combo-Verstärker als auch separate Boxen gibt es mit unterschiedlichen Lautsprechergrößen.

> Je größer der Lautsprecher, umso mehr Wumms hat der Sound, je kleiner der Lautsprecher, umso klarer ist der Klang (aber mit weniger Bassanteil).

Lautsprecher mit 10 bis 15 Zoll Durchmesser sind die besten. (Manche Lautsprecherboxen haben eine Kombination aus verschieden großen Lautsprechern, beispielsweise einen mit 15 Zoll und einen mit 10 Zoll im gleichen Gehäuse.)

Probieren Sie verschiedene Lautsprecher mit Ihrem Bass aus. Sie können beispielsweise mit einem 15-Zoll-Lautsprecher anfangen und diesen mit einem Lautsprecher mit vier 10-Zoll-Lautsprechern vergleichen. (Oder Sie versuchen es mit der »Wall of Sound« der Grateful Dead, die mehrere Stockwerke hoch ist.) Nur sollten Sie nicht vergessen, dass Sie das ganze Equipment alleine schleppen müssen, auf die anderen Bandmitglieder kann man meist nicht zählen.

Den Klang einstellen

Jeder Verstärker ist mit Reglern ausgestattet, mit denen der Klang beeinflusst werden kann (siehe Abbildung 17.2). Die Regler sind meist bei allen Verstärkern die gleichen. Es folgt eine Kurzbeschreibung der Wirkungsweise jedes einzelnen Reglers:

- **Volume.** Mit diesem Knopf wird die Lautstärke geregelt.
- **Bass.** Dieser Knopf regelt die Lautstärke der tiefen Frequenzen. Wenn Sie zu wenig Bass haben, hört sich der Sound dünn und schwach an, bei zu viel Bass klingt der Sound wummerig und undefiniert.

✔ **Mid.** Dieser Regler steuert die Mitten. Wenn der mittlere Frequenzbereich zu leise ist, klingt er undefiniert und kann sich nicht durchsetzen, bei zu viel Mitten wird der Ton unangenehm holzig. Manche Verstärker haben einen Knopf für High-Mid und einen für Low-Mid.

✔ **Treble.** Mit diesem Regler wird der Höhenanteil geregelt. Wenn Sie nicht genügend Höhen haben, klingt der Sound dumpf, mit zu viel Höhen wird der Klang unangenehm schneidend.

Abbildung 17.2: Die Regler eines Bassverstärkers

Experimentieren Sie mit unterschiedlichen Einstellungen, und denken Sie daran, dass Sie Ihre Einstellungen immer wieder den unterschiedlichen räumlichen Gegebenheiten anpassen müssen. Achten Sie beim Soundcheck sehr sorgfältig auf Ihren Klang.

Erforderlich, erwünscht oder unwesentlich: Vervollständigen Sie das Equipment

Manche Artikel sind einfach eine Grundvoraussetzung für Ihre Bassistenkarriere, es geht einfach nicht ohne. Andere Artikel können Ihr Leben um einiges erleichtern. Und schließlich sind da noch die Sahnehäubchen, die man aber nicht unbedingt benötigt. In diesem Abschnitt wird jede dieser Produktkategorien genau unter die Lupe genommen.

Das müssen Sie haben

Dieser Abschnitt beschreibt die Produkte, die Sie unbedingt benötigen, um vernünftig (oder überhaupt) spielen zu können.

Koffer oder Gig-Bag

Sie müssen Ihren Bass sicher von einem Ort zum nächsten transportieren können und zwar bei einer Jahrhundert-Hitzewelle genauso wie während eines Schneesturms oder eines Wolkenbruchs. (Ich habe die CD für dieses Buch zum Beispiel in New York während eines der heftigsten Schneestürme des Jahres aufgenommen. Auf dem Weg zum Studio waren die Bässe sicher in den Koffern verstaut, während ich zähneklappernd ins Studio kam.) Es gibt zwei unterschiedliche Taschen für Bässe: formstabile Koffer und weiche Stoff-Gig-Bags, mit denen Sie Ihr Instrument vor Witterungseinflüssen schützen können.

Viele Bässe werden direkt mit einem Hartschalenkoffer ausgeliefert, der sie vor den Elementen und vor Zusammenstößen bewahrt. Ein solches Case ist auch besonders gut für Reisen und Touren geeignet, falls andere Taschen und Koffer auf Ihren geliebten Bass gestapelt werden.

Wenn Sie in einer Stadt wohnen und sich viel mit öffentlichem Nahverkehr bewegen oder zu Fuß gehen, ist ein Gig-Bag keine schlechte Wahl. Ein Gig-Bag ist eine weiche Textiltasche, mit der Sie Ihr Instrument zwar vor Witterungseinflüssen, nicht aber vor ernsthaften Zusammenstößen schützen können. Dennoch lässt sich ein Bass in einem Gig-Bag wesentlich einfacher transportieren als im schweren Koffer: Sie schnallen ihn sich wie einen Rucksack um und haben sogar die Hände frei, um Ihren Fans Autogramme zu geben.

Ebenfalls unentbehrlich

Nachdem Sie sich nun für einen Hartschalenkoffer oder ein Gig-Bag entschieden haben, müssen Sie dort neben Ihrem Bass noch ein paar andere Dinge hineinlegen. Zum unentbehrlichen Equipment gehören:

- ✔ **Kabel.** Sie brauchen ein Kabel, um Ihren Bass mit dem Verstärker zu verbinden. Ohne Kabel gibt auch der beste Verstärker der Welt keinen Mucks von sich.
- ✔ **Gurt.** Der Gurt hält Ihren Bass, während Sie spielen. Die einzige andere Möglichkeit, den Bass in dieser Position zu halten, ist, ihn mit Sekundenkleber an den Bauch zu kleben (Aua!).
- ✔ **Elektronisches Stimmgerät.** Mit einem elektronischen Stimmgerät können Sie vor allem in geräuschvoller Umgebung schnell und sicher Ihren Bass stimmen. Sie können auch noch eine Stimmgabel mitnehmen, nur für den Fall, dass die Batterien im Stimmgerät leer sind. (Weitere Informationen über das Stimmen eines Basses entnehmen Sie bitte Kapitel 2.)

- ✔ **Ein Satz Saiten.** Bass-Saiten reißen sehr selten. Doch sollte Ihnen mal eine Saite mitten während eines Konzertes reißen, müssen Sie gewappnet sein. (Siehe Kapitel 14 für weitere Informationen über den Saitenwechsel.)
- ✔ **Reinigungsalkohol und Baumwolltuch.** Sie wollen doch Ihre Saiten schön sauber und glänzend halten, oder? (Siehe Kapitel 15 für Informationen über die Reinigung des Instruments.)
- ✔ **Werkzeug.** Alles was Sie benötigen, um Ihren Bass im Fall der Fälle zu reparieren. Sollte es sich um ein größeres Problem handeln als in Kapitel 15 beschrieben, überlassen Sie die Reparatur bitte den Profis.
- ✔ **Metronom.** Sie sollten Ihr Metronom immer bei sich haben – für den Fall, dass Sie unterwegs Zeit zum Üben haben. Sie müssen es nicht unbedingt dabei haben, aber besitzen sollten Sie eins.

Abbildung 17.3 zeigt alles, was Sie neben dem Bass in Ihrem Koffer oder Gig-Bag haben sollten.

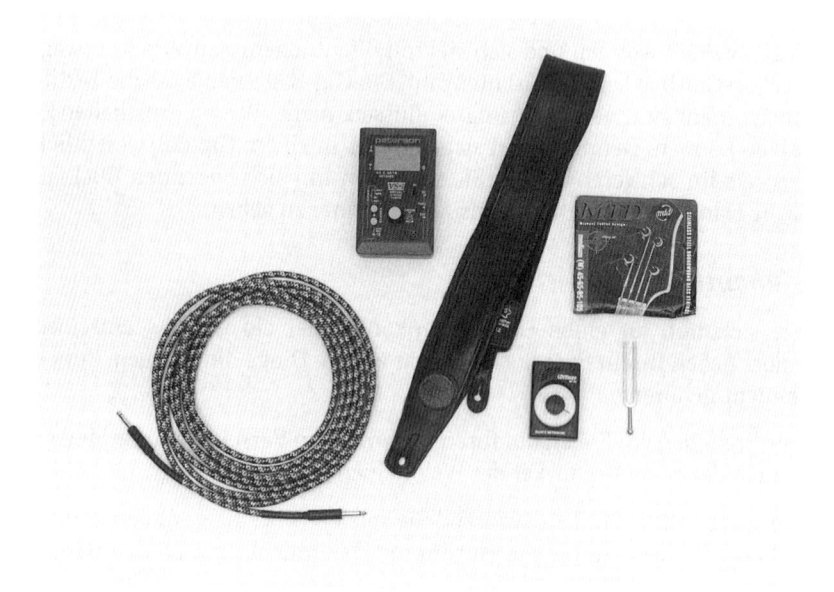

Abbildung 17.3: Inhalt eines Basskoffers oder Gig-Bags

Vielleicht, vielleicht auch nicht

Manches Zubehör erleichtert Ihr Bassistenleben, doch kommen Sie im Grunde genommen auch ohne diese Artikel aus. Bassisten bevorzugen grundsätzlich einen unverfälschten Klang und verwenden daher nicht wie Gitarristen alle möglichen Effektgeräte, um den Klang zu verändern. Relativ brauchbar sind jedoch die folgenden zwei Geräte:

✔ **Chorus.** Mit einem Chorus-Effekt klingt Ihr Bass, als würden zwei Bässe zusammenspielen.

✔ **Volume-Pedal.** Mit einem Volume-Pedal können Sie die Lautstärke Ihres Basses sogar mitten in einem Stück steuern.

In Abbildung 17.4 sehen Sie einen Chorus-Effekt und ein Volume-Pedal.

Abbildung 17.4: Ein Chorus-Effekt und ein Volume-Pedal

Bei langen Übungsstunden können auch die folgenden Produkte eine gute Hilfe sein:

✔ Ein Barhocker, auf dem Sie halb sitzend und halb stehend spielen können

✔ Ein Notenständer, um Notenblätter oder dieses Buch darauf zu legen

✔ Ein Ständer für Ihren Bass

In Abbildung 17.5 können Sie sich diese Artikel anschauen.

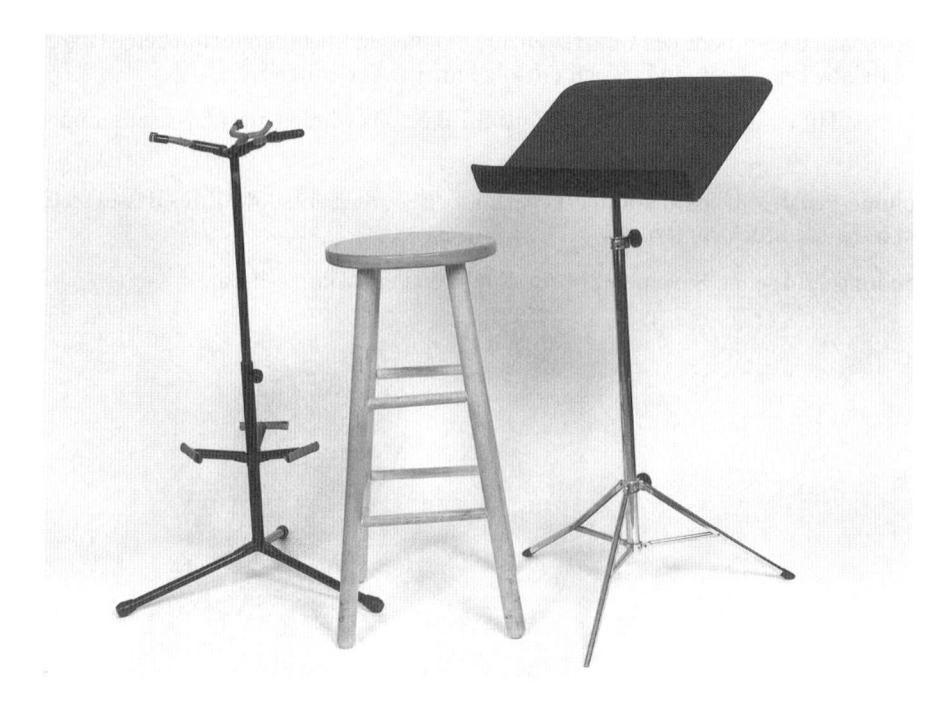

Abbildung 17.5: Ein Bass-Ständer, ein Hocker und ein Notenständer

Falls Sie jetzt immer noch Geld übrig haben, können Sie sich einen guten Kopfhörerverstärker besorgen, damit Sie Ihren Bass über Kopfhörer spielen können. Abbildung 17.6 zeigt ein solches Gerät. Mit diesen Teilen können Sie Tag und Nacht, wo immer und so lange Sie wollen üben, ohne jemanden zu stören. Es gibt eine große Auswahl an Kopfhörerverstärkern mit Preisen von 30 bis 300 Euro. Je besser das Gerät, umso besser ist der Sound (und umso mehr werden Sie üben).

Abbildung 17.6: Ein professioneller Kopfhörerverstärker

Die meisten der zuvor aufgelisteten Produkte finden Sie in jedem gut sortierten Musikladen. Den Hocker kriegen Sie in einem Möbelladen, und den Kopfhörerverstärker können Sie in einem Online-Store kaufen, doch richtig große Musikläden können Ihnen sogar alle diese Wünsche erfüllen.

Extras

Der Job des Bassisten ist es, den Groove zu etablieren und den Bandsound zusammenzuhalten, und das bekommt man am besten mit einem klaren, unverfälschten Bass-Sound hin. Doch für Spezialeffekte innerhalb von Grooves oder während eines Solos können Sie sich auch noch ein paar weitere Fußeffekte neben dem Chorus und dem Volume-Pedal (siehe vorheriger Abschnitt) besorgen. Zu den möglichen Effektgeräten gehören:

- **Flanger/Phase-Shifter.** Diese Geräte erzeugen einen flirrenden Sound, ähnlich einer Hammond-Orgel.
- **Digital-Delay.** Mit diesem Gerät können Sie ein Echo zu den Tönen erzeugen, die Sie spielen. Sie können damit auch eine kurze rhythmische Phrase aufzeichnen, die sich immerfort wiederholt, während Sie darüber spielen.
- **Distortion (Verzerrer).** Mit diesem Gerät wird der Sound verzerrt, wodurch er rau und dreckig klingt. Normalerweise werden E-Gitarren mit Verzerrer gespielt, aber auch Bässe können verzerrt werden – besonders bei Hard-Rock-Stücken.
- **Envelope-Filter (Hüllkurfenfilter).** Mit diesem Effekt klingt Ihr Bass wie ein funky Keyboard-Bass. Es hört sich an, wie wenn der Bass von einem Synthesizer gespielt würde.
- **Oktaver.** Die Töne Ihres Basses werden mit einem Oktaver verdoppelt (entweder eine Oktave höher als der Ton, den Sie spielen, oder eine tiefer).
- **Multieffektgerät.** Ein Multieffektgerät bietet alle gängigen Effekte in einem Gerät. Solche Geräte können programmiert werden, und der Klang des Basses lässt sich durch Umschalten der Programme mit einem Fußschalter verändern. Denken Sie nur daran, dass solch ein Gerät Ihnen eine Menge Hausaufgaben gibt. Sie müssen zunächst Sounds finden, die Sie mögen, diese programmieren und dann ausprobieren, wie sie im Zusammenspiel mit der Band funktionieren. Kann sein, dass Sie einige ziemlich coole Sounds bei Ihrer Arbeit finden. Doch gehen Sie nicht zu weit, Sie sind der Bassist, nicht der Gitarrist.

All diese Geräte bekommen Sie in gut sortierten Musikläden oder in entsprechenden Online-Läden.

Sie können Ihr Arsenal jederzeit aufrüsten, doch die Basis-Ausstattung wie Verstärker und Lautsprecher ist unentbehrlich. Glücklicherweise halten diese essenziellen Artikel meist sehr lange, und Sie können sich jahrelang daran erfreuen.

Teil VII

Der Top-Ten-Teil

*Das ist schon das dritte Mal heute:
Sie fangen mit einem Blues an, und am Ende
spielen alle einen Marsch. Ich glaube, das
liegt an diesem neuen Bassisten aus Österreich.*

In diesem Teil ...

Ein *Dummies*-Buch ohne Top-Ten-Teil? Das gibt's doch gar nicht! *E-Bass für Dummies* hat aber einen ganz besonderen Teil für Sie parat: In Kapitel 18 finden Sie Kurzbeschreibungen von zehn hervorragenden Bassisten, die Sie unbedingt kennen sollten, und in Kapitel 19 werden zehn der berühmtesten Bass-Schlagzeug-Kombinationen mit Stilbeispielen aufgelistet. Es wird Ihnen unter den Fingernägeln brennen, diese Stile zu spielen!

Zehn innovative Bassisten, die Sie kennen sollten

In diesem Kapitel

- Jack Bruce
- Jaco Pastorius
- James Jamerson
- John Entwistle
- Marcus Miller
- Paul McCartney
- Stanley Clarke
- Victor Wooten
- Will Lee
- X

Manche Bassisten haben die gesamte Bass-Welt nachhaltig verändert – unabhängig vom Stil, den sie gespielt haben. Diese Pioniere haben das Instrument auf neue Niveaus gehoben, und jeden, der nach ihnen kam, inspiriert. Jeder der Bassisten in diesem Kapitel hat einen einzigartigen Stil, und es ist nicht einfach zu sagen, wie sie sich gegenseitig beeinflusst haben. (Das ist wie die Frage: »Was kam zuerst, der elektromagnetische Pickup oder die Stahlsaite?«) Ich habe die folgende Liste daher in alphabetischer Reihenfolge nach Vornamen geordnet.

Ich weiß, Sie haben vielleicht einen völlig anderen Geschmack, doch Sie können mit Sicherheit davon profitieren, wenn Sie diesen Meistern des Basses Ihr Gehör schenken. (Wenn Sie sich die Webseiten dieser Bassisten anschauen möchten, können Sie gerne auf meine Seite unter www.sourkrautmusic.com gehen – ich habe dort entsprechende Links für Sie angelegt.)

Jack Bruce

Jack Bruce revolutionierte das Bass-Spiel in den 60er- und 70er-Jahren mit seinem unkonventionellen und temperamentvollen Spiel. Sein Stil steckt voller Energie und improvisatorischer Kraft. Es war Bruces Spiel, das den Rock-Bassisten, der vorher nur eine unterstützende Rolle gespielt hatte, mehr ins Rampenlicht schob. Jack kennt man am ehesten durch seine Arbeit in der Band Cream. Die Songs »Sunshine of Your Love« und »White Room« tragen ganz klar seine Handschrift.

Jaco Pastorius

Jaco Pastorius, der als bester E-Bassist der Welt gilt, hat die Funktion der Bassgitarre in der modernen Musik völlig neu definiert. Seine Spieltechnik und Spielweise waren bislang beispiellos. Jaco (man nennt ihn meist beim Vornamen) beherrschte sowohl flüssige Grooves als auch bläserähnliche Soli in unvergleichlicher Virtuosität und verband sein Spiel mit Flageolett-Tönen, die er (neben den normalen Tönen) als zusätzliches musikalisches Ausdrucksmittel einsetzte.

Seine bekanntesten Arbeiten entstanden zusammen mit der Band Weather Report und als Solo-Künstler. Zwei typische Stücke sind zum Beispiel »Donna Lee« und »Teen Town«.

James Jamerson

James Jamerson ist der Vater des modernen E-Basses. Er hat auf mehr Nummer-Eins-Hits gespielt als Elvis, die Beatles, die Beach Boys und die Rolling Stones zusammen! Er war der Bassist der Funk Brothers – jener legendären Rhythmus-Sektion des Motown-Labels. Die Stücke »I Heard It Through The Grapewine« (hören Sie sich die Version mit Gladys Knight mit dem unglaublichen Basspart an) und »For Once In My Life« tragen seine unverwechselbare Note.

John Entwistle

John Entwistle trug (neben anderen) den Spitznamen »Thunderfingers« (Donnerfinger). Entwistle entwickelte einen quirligen Lead-Bass-Stil, der hin und wieder in explosiven Soli aufging (und er war extrem laut). Er spielte auch als Solo-Künstler. Typische Entwistle-Songs sind beispielsweise »My Generation« und »Who Are You«.

Marcus Miller

Marcus Miller ist ein begnadeter Solist und Groover und ein vielseitiger Musiker und Produzent, der ganz nebenbei auch noch Bass spielt. Er mischt Soul, R&B, Hip-Hop, Funk und modernen Jazz zu eigenständigen Werken von unglaublicher Schönheit und Tiefe. Am bekanntesten sind wohl neben seinen Soloprojekten und Studioarbeiten die Kooperationen mit Miles Davis und David Sanborn.

Paul McCartney

Paul McCartney war der Bassist der Beatles und gehört wohl zu den berühmtesten Bassisten der Musikgeschichte. Nach der Trennung der Fab Four im Jahre 1970 startete er eine Solokarriere. Er trieb den Bass in der Rock- und Pop-Musik in bis dato ungeahnte Höhen, indem er einen melodiösen Stil entwickelte, der den Gesang und die Melodie der Stücke unterstützte. Typische McCartney-Stücke sind (neben unzähligen anderen) »Something« und »Come Together«.

Stanley Clarke

Für viele ist Stanley Clarke der Befreier des Basses, weil er mit seinem Konzept des Solo-Bass-Albums die Bassgitarre mit einer melodischen Rolle, die zuvor nur Gitarren und Bläsern vorbehalten war, aus der hinteren Reihe nach ganz vorne ins Rampenlicht holte. Clarkes berühmteste Arbeiten entstanden mit der Jazz-Fusion-Band Return To Forever und bei seinen Solo-Projekten. Zu den typischen Clarke-Stücken gehören »School Days« und »Lopsy Lu«.

Victor Wooten

Victor Wooten ist ein moderner Bass-Virtuose jenseits aller Grenzen und Kategorien. Er ist durch seine Arbeit mit Béla Fleck and the Flecktones und seine Solo-Werke bekannt und arbeitet immer noch unablässig daran, den E-Bass weiter ins Rampenlicht zu rücken. Hören Sie sich sein Bass-Spiel auf der CD *Live Art* mit Béla Fleck and the Flecktones und sein Soloalbum *Show of Hands* an (und bleiben Sie dran, von ihm kommt bestimmt noch viel mehr).

Will Lee

Will Lee ist der lebendige Traum eines Bassisten. Als Top Session-Musiker aus New York spielt Lee live und im Studio mit Stars aus den unterschiedlichsten Musikrichtungen von Jazz (Brecker Brothers) über Rock und Pop (Steely Dan, Barry Manilow) hin zu Soul (James Brown, D'Angelo) und allem, was dazwischen liegt. Er ist ein musikalisches Chamäleon, dessen super-präzise Basslinien jeden modernen Stil bereichern. In den USA kann man ihn jeden Abend in der berühmten *Late Show* mit David Letterman im Fernsehen hören.

X (Eigener Eintrag)

Dies ist die Stelle, an der Sie einen Bassisten nennen können. Welcher Bassist hat Sie so beeinflusst, dass Sie sich für den Bass entschieden und dieses Buch gekauft haben? X kann ein weltberühmter Rocker wie Adam Clayton, Sting oder Flea, ein Jazz-Virtuose wie Alain Caron oder John Patitucci oder ein (unter Bassisten) berühmter Studiomusiker wie Lee Sklar oder Anthony Jackson sein. Oder einfach Ihr talentierter Nachbar oder Ihr Basslehrer.

Ich habe meine Favoriten genannt, jetzt sind Sie an der Reihe.

Zehn großartige Rhythmus-Sektionen (Bassisten und Schlagzeuger)

In diesem Kapitel

- Bootsy Collins und Jab'o Starks
- Donald Duck Dunn und Al Jackson Jr.
- James Jamerson und Benny Benjamin
- John Paul Jones und John Bonham
- Joe Osborn und Hal Blaine
- Jaco Pastorius und Peter Erskine
- George Porter Jr. und Zig Modeliste
- Francis Rocco Prestia und David Garibaldi
- Chuck Rainey und Bernard Purdie
- Robbie Shakespeare und Sly Dunbar

*F*ür kein anderes Instrument ist das enge Zusammenspiel mit dem Schlagzeug so wichtig wie für die Bassgitarre: Bassist und Schlagzeuger treiben den Song gemeinsam mit kraftvollen Grooves an und hören dabei in ständiger Interaktion aufeinander. In diesem Kapitel stelle ich Ihnen zehn klassische Bass-Schlagzeug-Kombinationen vor (alphabetisch nach dem Nachnamen des Bassisten geordnet), die eine Vielzahl von Songs geprägt haben. Falls Sie oft Musik hören (was ich schwer hoffe), dann haben Sie die meisten davon bestimmt schon mal gehört. Falls nicht, sollten Sie sich darum bemühen, Aufnahmen mit diesen Rhythmus-Sektionen zu finden und diese anzuhören und zu genießen.

Auf Track 70 der CD zu diesem Buch können Sie sich kurze Beispiele im Stil dieser Meister anhören. Um jedoch eine echte Vorstellung von deren wirklich großartigen Bass-Grooves zu bekommen, sollten Sie sich die Originale anhören. Direkt an der Quelle können Sie sich nämlich am besten von den Musikern inspirieren lassen, die auch mich beeinflusst haben.

Bootsy Collins und Jab'o Starks

Bootsy Collins und Jab'o Starks gelangten als Rhythmus-Sektion von James Brown zu Weltruhm. Ihre Arbeit ist eines der frühesten Beispiele von komplexem Zusammenspiel zwischen Bass und Schlagzeug. Hören Sie sich nur die funky Grooves in James Browns »Sex Machine« und »Super Bad« an. Abbildung 19.1 zeigt eine Basslinie im Stil dieser Sektion.

Abbildung 19.1: Basslinie im Stil von Bootsy Collins

Donald Duck Dunn und Al Jackson Jr.

Donald Duck Dunn und Al Jackson Jr. haben zahllose Hits für eine ganze Reihe von Künstlern als Hausband des Stax/Volts-Plattenlabels aufgenommen. Stax war eines der ultimativen R&B-Labels mit Künstlern wie Sam and Dave, Otis Redding, Isaac Hayes und vielen anderen. Hören Sie sich zum Beispiel den souligen R&B-Groove von »Green Onions« und »In The Midnight Hour« an. Abbildung 19.2 zeigt eine beispielhafte Basslinie im Stil von Duck Dunn.

Abbildung 19.2: Basslinie im Stil von Donald Duck Dunn

James Jamerson und Benny Benjamin

James Jamerson und Benny Benjamin bildeten die ultimative Rhythmus-Sektion für das Motown-Plattenlabel. Man hört ihr Zusammenspiel auf Hits wie »I Was Made To Love Her« und »Going to a Go-Go«. In Abbildung 19.3 sehen Sie ein Beispiel im Stil von Jamerson.

Abbildung 19.3: Basslinie im Stil von James Jamerson

John Paul Jones und John Bonham

John Paul Jones und John Bonham sind für ihre Zusammenarbeit in der Gruppe Led Zeppelin bekannt. Songs wie »The Lemon Song« und »Ramble On« sind charakteristisch für ihr Spiel. Schauen Sie sich auch die beispielhafte Basslinie im Stil von John Paul Jones in Abbildung 19.4 an.

Abbildung 19.4: Basslinie im Stil von John Paul Jones

Joe Osborn und Hal Blaine

Joe Osborn und Hal Blaine waren Teil einer elitären Gruppe von Session-Musikern, die während der »California Rock Explosion« (als ungewöhnlich viele Hits von Bands aus Kalifornien produziert wurden) in den 60er-Jahren eine Vielzahl von Hits aufgenommen haben. Osborn und Blaine haben unvergessliche Grooves für 5th Dimension, Simon and Garfunkel, Mamas and Papas, die Monkees und viele andere gespielt. Abbildung 19.5 zeigt eine beispielhafte Basslinie im Stil von Joe Osborn.

Abbildung 19.5: Basslinie im Stil von Joe Osborn

Jaco Pastorius und Peter Erskine

Jaco Pastorius und Peter Erskine spielten beide in der Pionier-Jazz-Rock-Fusion-Band Weather Report während der Hochphase der Gruppe in den späten 70er-Jahren. Beispiele für ihr komplexes Zusammenspiel findet man in Stücken wie »Birdland« und »Teen Town« (die Live-Versionen, nicht die Studioaufnahmen). Schauen Sie sich die Basslinie in Abbildung 19.6 im Stil von Jaco Pastorius an.

Abbildung 19.6: Basslinie im Stil von Jaco Pastorius

George Porter Jr. und Zig Modeliste

Der synkopierte und gummiartige Stil von George Porter Jr. und John »Zigaboo« Modeliste stehen für feinsten New-Orleans-Funk. Als Mitglieder der Meters von den späten Sechzigern bis in die späten Siebziger haben Porter und Modeliste in Stücken wie »Cissy Strut« und »Funky Miracle« einige der eingängigsten Grooves der Musikgeschichte geschrieben. Abbildung 19.7 zeigt eine beispielhafte Basslinie im Stil von George Porter Jr.

Abbildung 19.7: Basslinie im Stil von George Porter Jr.

Francis Rocco Prestia und David Garibaldi

Der Funk der aus Oakland stammenden Band Tower of Power hatte seinen Höhepunkt, als Francis Rocco Prestia und David Garibaldi zusammenspielten. Ihre dichten Sechzehntel-Grooves kann man zum Beispiel in den Songs »Soul Vaccination« und »What Is Hip« anhören. Abbildung 19.8 zeigt eine Basslinie im Stil von Francis Rocco Prestia.

Abbildung 19.8: Basslinie im Stil von Francis Rocco Prestia

Chuck Rainey und Bernard Purdie

Die Kraft und der Nuancenreichtum des Spiels von Chuck Rainey und Bernard Purdie treiben einige der besten Aufnahmen aus New York zwischen Mitte der 60er- und 70er-Jahre an. Die beiden haben Grooves für eine Unzahl von Künstlern gespielt (von Aretha Franklin bis Steely Dan). Die Rainey-Purdie-Kombination brilliert auf Stücken wie »Until You Come Back To Me (That's What I'm Gonna Do)« und »Home At Last«. Abbildung 19.9 zeigt eine Basslinie im Stil von Chuck Rainey.

Abbildung 19.9: Basslinie im Stil von Chuck Rainey

Robbie Shakespeare und Sly Dunbar

Robbie Shakespeare und Sly Dunbar werden als Nummer eins der Bass-Schlagzeug-Kombinationen im Reggae gehandelt. Abgesehen von den dutzenden Platten, die die beiden zusammen aufgenommen haben, waren sie auch in den späten Siebzigern Mitglieder in der Band von Peter Tosh. Shakespeare und Dunbar haben mit Stücken wie »Mama Africa« und »Whatcha Gonna Do« einige der unvergesslichsten Reggae-Grooves der Musikgeschichte geschrieben. In Abbildung 19.10 sehen Sie eine Basslinie im Stil von Robbie Shakespeare.

Abbildung 19.10: Basslinie im Stil von Robbie Shakespeare

Teil VIII

Anhang

»Okay, ich mach' die Frontfrau. Aber ich will auf keinen Fall Seppl am Bass.«

In diesem Teil ...

Dieser Teil des Buchs enthält zwei Anhänge, die voller nützlicher Informationen stecken. In Anhang A wird der Inhalt der CD erläutert. Sie finden dort eine Liste, in der jedes Musikbeispiel mit dem zugehörigen CD-Track eingetragen ist, damit Sie die Stücke schnell und einfach sehen und hören können. Anhang B bietet Kopiervorlagen für Notenpapier und Grids, damit Sie Ihre eigenen Bass-Grooves notieren können.

Der Umgang mit der CD

Die gesamten Musikbeispiele in diesem Buch kann man sich auf der zugehörigen CD anhören. Der Text erläutert die verschiedenen Techniken und Stile, die Abbildungen zeigen die entsprechenden Beispiele in Notenform, und auf der CD hören Sie, wie die man die Beispiele korrekt spielt.

> Sie können bei weitem das Meiste aus diesem Buch herausholen, indem Sie die CD immer im CD-Player eingelegt lassen und schon beim Lesen die entsprechenden Hörbeispiele laufen lassen. Falls Sie ein Beispiel hören, das Sie dann unbedingt ausprobieren möchten, schnappen Sie sich den Bass und spielen. Sollte das Beispiel noch zu schwierig für Sie sein, blättern Sie zu einem der vorherigen Abschnitte zurück und arbeiten an Ihrer Technik.

Zusammenspiel von Text und CD

Jedes Musikbeispiel in diesem Buch ist mit einem kleinen schwarzen Rechteck beschriftet, an dem Sie ablesen können, wo das Hörbeispiel auf der CD zu finden ist. Diese Track-Anzeige zeigt die Track-Nummer und die Start-Zeit (in Minute und Sekunden) des Beispiels an. Sie können damit an die entsprechende Stelle der CD springen und es sich anhören.

Verwenden Sie die Tasten »Track« oder »Track Skip« an Ihrem CD-Spieler, um den entsprechenden Track anzusteuern. Dann spulen Sie mit der Taste »Fast Forward« oder »Cue/Review« innerhalb des Tracks zur gewünschten Zeit. Steht in der Track-Anzeige einer Abbildung beispielsweise »Track 18, 0:33«, drücken Sie die Track-Skip-Taste so lange, bis Sie auf der Track-Anzeige des CD-Spielers eine 18 sehen. Dann drücken und halten Sie die Taste »Cue«, bis das Zeitdisplay 0:33 anzeigt. Lassen Sie die Taste los, und hören Sie sich die Musik an.

> Wenn Sie zu der CD spielen wollen, sollten Sie sich selbst etwas Zeit geben, indem Sie mit dem Spulen etwas vor dem gewünschten Beispiel aufhören (im Beispiel »Track 18, 0:33« würden Sie also bis ungefähr 0:28 spulen). Mit diesen zusätzlichen Sekunden haben Sie Zeit, die Fernsteuerung wegzulegen, den Bass zurechtzurücken und in die richtige Spielhaltung zu kommen, bevor die Musik losgeht.

Anzählen

Alle Musikbeispiele auf der CD werden durch ein rhythmisches Klicken angezählt, das das Tempo des Stücks vorgibt und zeigt, wann Sie einsetzten müssen. Dieses Klicken wird von meinem Freund Dave Meade (dem Schlagzeuger) durch Schläge auf einen Holzblock erzeugt. Habe ich Ihnen schon gesagt, dass auf dieser CD echte Musiker spielen? Sie können die Grooves zusammen mit einem echten Drummer und zum Teil auch mit einem echten Keyboarder (meinem Freund Lou DiNatale) spielen.

Wenn es sich bei der Musik um einen regulären 4/4-Takt handelt, hören Sie vier Klicks, bevor die Musik einsetzt. Bei einem 3/4-Takt hören Sie drei Klicks. Beim 5/4-Takt sind es fünf Klicks, und beim 7/4-Takt – Sie haben es bestimmt schon erraten – sind es sieben Klicks.

Stereo-Trennung

Die meisten Beispiele (alle, die mit Bass und Schlagzeug gespielt sind) wurden im Stereo-Split-Verfahren aufgenommen, bei dem der Bass nur auf einem Stereokanal zu hören ist. In den Beispielen hören Sie zunächst Bass und Schlagzeug im Zusammenspiel, wenn die Balance an Ihrem Verstärker in der normalen Position eingestellt ist (Mitte). Wenn Sie mehr vom Bass hören wollen, drehen Sie die Balance einfach weiter nach rechts. Sie hören dann den Bass laut mit leiseren Drums im Hintergrund. Um dann ganz alleine mit dem Drummer zusammenzuspielen, drehen Sie die Balance ganz nach links. Der Bass wird damit ausgeblendet, und Sie können nach Herzenslust mit dem Schlagzeuger (und teilweise auch noch mit dem Keyboarder) zusammenspielen.

Systemanforderungen

Beachten Sie bitte, dass es sich hierbei um eine reine Audio-CD handelt. Legen Sie sie einfach in den CD-Player ein (oder womit auch immer Sie Ihre Musik-CDs abspielen).

Wenn Sie sich die CD auf dem Computer anhören möchten, sollte dieser die Mindestanforderungen erfüllen, die ich in der folgenden Liste aufgeführt habe. Wenn Ihr Computer mehreren dieser Anforderungen nicht entspricht, kann es Probleme beim Abspielen der CD geben.

- ✔ Ein PC mit einem Pentium- oder vergleichbarem schnelleren Prozessor; oder ein Mac-OS-Computer mit mindestens einem 68040-Prozessor.
- ✔ Microsoft Windows 95 oder eine neuere Version; oder Mac OS 7.6.1 oder eine neuere Version.
- ✔ Mindestens 32 MB RAM, empfohlen sind jedoch 64 MB RAM.
- ✔ Ein CD-ROM-Laufwerk.

A ➤ Der Umgang mit der CD

✓ Eine Soundkarte bei Windows-PCs; Mac-OS-Computer sind serienmäßig mit einer Soundkarte ausgestattet.

✓ Media-Player wie Windows Media Player oder Real Player.

Wenn Sie noch weitere Informationen über Ihren Computer benötigen, können Sie sich diese Bücher aus dem mitp-Verlag besorgen: *PCs für Dummies, Mac OS X für Dummies*.

Die Tracks auf der CD

In der folgenden Liste finden Sie alle Tracks der CD mit den entsprechenden Anfangszeiten, wie sie auch in den einzelnen Abbildungen des Buches angegeben sind. Zusätzlich finden Sie in der Liste auch noch eine Kurzbeschreibung dessen, was Sie auf dem Track hören.

Bewahren Sie CD und Buch zusammen auf. Die Plastikhülle schützt die CD vor Kratzern und Flecken und die CD ist immer genau da, wo sie hingehört, wenn Sie sich das Buch schnappen, um etwas zu spielen. Versuchen Sie sich anzugewöhnen, die Noten zu lesen, während Sie sich die Stücke auf der CD anhören. Auf diese Weise können Sie sich mit dem Notenlesen vertraut machen und erkennen später bestimmte Notenbilder aus dem Gedächtnis wieder.

Viel Spaß beim Anhören und Spielen!

Track	Anfangszeit	Abbildung	Beschreibung
1		Ohne Abbildung	Offene Saiten
2	0:00	2.12, Grid Nr. 1	Dur-Skala
	0:18	2.12, Grid Nr. 2	Moll-Skala
	0:34	2.13, Grid Nr. 1	Offene E-Dur-Skala
	0:54	2.13 Grid Nr. 2	Offene A-Dur-Skala
	1:14	2.13, Grid Nr. 3	Offene E-Moll-Skala
	1:32	2.13, Grid Nr. 4	Offene A-Moll-Skala
3	0:00	Ohne Abbildung	Mit Flageolett-Tönen stimmen
	0:09	Ohne Abbildung	Mit dem fünften Bund stimmen
	0:20	Ohne Abbildung	Mit dem siebten Bund stimmen
4		3.2	E-Moll-Rock-Groove
5		Ohne Abbildung	Mit Metronom spielen
6	0:00	3.6	Ganze Noten

Track	Anfangszeit	Abbildung	Beschreibung
	0:15	3.6	Halbe Noten
	0:33	3.6	Viertelnoten
	0:50	3.6	Achtelnoten
	1:08	3.6	Sechzehntelnoten
	1:26	3.6	Triolen
7		3.9	Noten und Pausen
8	0:00	3.10 a	Schläge mit Gruppen von Noten
	0:12	3.10 b	
	0:25	3.10 c	
	0:38	3.10 d	
	0:51	3.10 e	
	1:03	3.10 f	
	1:16	3.10 g	
	1:29	3.10 h	
	1:42	3.10 i	
	1:54	3.10 j	
	2:07	3.10 k	
9	0:00	Ohne Abbildung	Falsch gezupft
	0:10		Falsch gezupft
	0:18		Korrekt angeschlagen
10		4.3	Betonungen der rechten Hand
11		Ohne Abbildung	Rechte Hand zur nächsten Saite wechseln
12		4.4	Erste Zeile der Permutationen für die linke Hand
13		4.6	Übung für linke und rechte Hand
14	0:00	5.2	Struktur der Dur-Skala in einem Grid
	0:10	5.3	Struktur der natürlichen Moll-Skala
15	0:00	5.4	Struktur und Abfolge des Dur-Dreiklangs
	0:12	5.5 a	Begleitungen auf Basis des Dur-Dreiklangs
	0:36	5.5 b	

Track	Anfangszeit	Abbildung	Beschreibung
	1:01	5.5c	
16	0:00	5.6	Struktur und Abfolge des Moll-Dreiklangs
	0:10	5.7 a	Begleitungen auf Basis des Moll-Dreiklangs
	0:35	5.7 b	
	1:00	5.7 c	
17	0:00	5.8	Dur-Akkord und Skala
	0:12		Moll-Akkord und Skala
	0:24		Dominant-Akkord und Skala
	0:35		Verminderter Akkord und Skala
18	0:00	5.9 a	Ionische Tonart (Skala)
	0:09		Lydische Tonart
	0:16		Dur-Sept-Akkord
	0:25		Mixolydische Tonart
	0:33		Dominant-Sept-Akkord
	0:41	5.9 b	Äolische Tonart
	0:50		Dorische Tonart
	0:58		Phrygische Tonart
	1:06		Moll-Sept-Akkord
	1:13		Lokrische Tonart
	1:21		Verminderter Akkord
19	0:00	Abbildung im Kasten	Melodische Moll-Skala
	0:09		Harmonische Moll-Skala
20	0:00	5.10	Chromatischer Ton in einer Dur-Basslinie
	0:25	5.11	Chromatischer Ton in einer Moll-Basslinie
21	0:00	5.12	Chromatischer Ton außerhalb des Griffbereichs in einer Dur-Basslinie
	0:23	5.13	Chromatischer Ton außerhalb des Griffbereichs in einer Moll-Basslinie
22		5.14	Verwendung von Dead Notes in einem Groove
23	0:00	5.15	Bass-Groove mit Akkord-Tönen

Track	Anfangszeit	Abbildung	Beschreibung
	0:23	5.16	Bass-Groove mit Sept-Akkord-Tönen
	0:46	5.17	Bass-Groove aus der mixolydischen Skala
	1:10	5.18	Bass-Groove mit chromatischen Tönen
	1:33	5.19	Bass-Groove mit Dead Notes
24	0:00	6.1	Struktur der zweioktavigen Dur-Skala ($F_\sharp$)
	0:15	6.2	Struktur der zweioktavigen E-Dur-Skala
	0:29	6.3	Struktur der zweioktavigen Moll-Skala ($F_\sharp$)
	0:44	6.4	Struktur der zweioktavigen E-Moll-Skala
25	0:00	6.5	Struktur eines zweioktavigen Dur-Arpeggios ($F_\sharp$)
	0:14	6.6	Struktur eines zweioktavigen Arpeggios in E-Dur
	0:27	6.7	Struktur eines zweioktavigen Moll-Arpeggios ($F_\sharp$)
	0:40	6.8	Struktur eines zweioktavigen Arpeggios in E-Moll
26	0:00	6.11	C-Dur-Akkord mit Grundton im Bass
	0:06	6.12	C-Dur-Akkord mit der Terz im Bass
	0:13	6.13	C-Dur-Akkord mit der Quint im Bass
27	0:00	6.14	C-Moll-Akkord mit Grundton im Bass
	0:06	6.15	C-Moll-Akkord mit der Terz im Bass
	0:14	6.16	C-Moll-Akkord mit der Quint im Bass
28	0:00	7.1 a	Sechs Grooves mit unterschiedlichen Groove-Skeletten
	0:15	7.1 b	
	0:30	7.1 c	
	0:45	7.1 d	
	1:00	7.1 e	
	1:15	7.1 f	
29	0:00	7.3 a	Entwicklung eines Grooves in D7 (D-dominant) – Grundton
	0:08	7.3 b	Verschiedene Groove-Skelette

A ▸ Der Umgang mit der CD

Track	Anfangszeit	Abbildung	Beschreibung
	0:29	7.3 c & d	Struktur der Skala
	0:36	7.4	Ein simpler Groove in D7
	1:02		Ein komplexer Groove in D7
30	0:00	7.5 a	Entwicklung eines Grooves in Dm (D-Moll) – Grundton
	0:09	7.5 b	Verschiedene Groove-Skelette
	0:28	7.5 c & d	Struktur der Skala
	0:36	7.6	Ein simpler Groove in Dm7
	1:02		Ein komplexer Groove in Dm7
31	0:00	7.7 a	Entwicklung eines Grooves in D Maj7 (Dur-Sept) – Grundton
	0:08	7.7 b	Verschiedene Groove-Skelette
	0:28	7.7 c & d	Struktur der Skala
	0:36	7.8	Ein simpler Groove in D Maj7 (Dur-Sept)
	1:02		Ein komplexer Groove in D Maj7 (Dur-Sept)
32	0:00	7.10 a	Mobiler Groove mit konstanter Struktur
	0:09	7.10 c	Modulation
33	0:00	7.11 a	Mobiler Groove mit Akkord-Tönen – Dur
	0:11	7.11 a	Mobiler Groove mit Akkord-Tönen – Moll
	0:21	7.11 a	Mobiler Groove mit Akkord-Tönen – Dominant
	0:33	7.11 c	Modulation
34	0:00	7.12	Groove mit hohem Groove-Scheitelpunkt
	0:21	7.13	Übung für hohen Groove-Scheitelpunkt
35	0:00	7.14	Groove mit tiefem Groove-Scheitelpunkt
	0:18	7.15	Übung für tiefen Groove-Scheitelpunkt
36	0:00	Ohne Abbildung	Klang der Bass-Drum
	0:05	7.16	Zusammenspiel mit der Bass-Drum
	0:16	Ohne Abbildung	Klang der Snare-Drum
	0:22	7.17	Zusammenspiel mit der Snare-Drum
	0:34	Ohne Abbildung	Klang der Hi-Hat

Track	Anfangszeit	Abbildung	Beschreibung
	0:42	7.18	Zusammenspiel mit der Hi-Hat
37	0:00	8.1	Die Blues-Skala
	0:07	8.2 a	Blues-Skala-Lick (dreimal hintereinander)
	0:25	8.2 b	Blues-Skala-Lick (dreimal hintereinander)
	0:40	8.2 c	Blues-Skala-Lick (dreimal hintereinander)
38	0:00	8.3	Die pentatonische Moll-Skala
	0:08	8.4 a	Lick in Moll pentatonisch (dreimal hintereinander)
	0:26	8.4 b	Lick in Moll pentatonisch (dreimal hintereinander)
	0:40	8.4 c	Lick in Moll pentatonisch (dreimal hintereinander)
39	0:00	8.5	Die pentatonische Dur-Skala
	0:07	8.6 a	Lick in Dur pentatonisch (dreimal hintereinander)
	0:25	8.6 b	Lick in Dur pentatonisch (dreimal hintereinander)
	0:39	8.6 c	Lick in Dur pentatonisch (dreimal hintereinander)
40		8.7	Modulation während des Solos
41	0:00	8.8 a	Zwei-Schlag-Fills in Blues-Skala mit Achtelnoten
	0:14		Zwei-Schlag-Fills in pentatonischer Moll-Skala mit Achtelnoten
	0:30		Zwei-Schlag-Fills in pentatonischer Dur-Skala mit Achtelnoten
	0:45	8.8 b	Zwei-Schlag-Fills in Blues-Skala mit Triolen
	1:01		Zwei-Schlag-Fills in pentatonischer Moll-Skala mit Triolen
	1:16		Zwei-Schlag-Fills in pentatonischer Dur-Skala mit Triolen
	1:31	8.8 c	Zwei-Schlag-Fills in Blues-Skala mit Sechzehntelnoten
	1:49		Zwei-Schlag-Fills in pentatonischer Moll-Skala mit Sechzehntelnoten

A ▶ Der Umgang mit der CD

Track	Anfangszeit	Abbildung	Beschreibung
	2:09		Zwei-Schlag-Fills in pentatonischer Dur-Skala mit Sechzehntelnoten
42	0:00	9.1	Rock 'n' Roll-Groove aus Grundton
	0:12	9.2	Rock 'n' Roll-Groove mit Akkord-Tönen
	0:23	9.3	Rock 'n' Roll-Groove in Moll mit Akkord-Tönen
	0:35	9.4	Rock 'n' Roll-Groove mit Akkord- und Skalen-Tönen
	0:47	9.6	Entwicklung von Skala und Akkord zum Groove
	0:59	9.7	Rock 'n' Roll-Groove
	1:10	9.8	Rock 'n' Roll-Groove in einer Moll-Tonart
	1:22	9.9	Rock 'n' Roll-Groove in einer Dur-Sept-Tonart
43	0:00	9.10	Rock-Groove aus Grundton
	0:17	9.11	Rock-Groove aus Moll-Akkord
	0:36	9.12	Rock-Groove in Moll-Tonart
	0:53	9.13	Rock-Groove in Moll
44	0:00	9.14	Hard-Rock-Groove aus Grundton
	0:13	9.15	Hard-Rock-Groove aus Moll-Akkord
	0:27	9.16	Hard-Rock-Groove mit Tönen aus dem Moll-Akkord und der Skala
	0:40	9.17	Hard-Rock-Groove in Moll-Tonart
45	0:00	9.18	Progressive-Rock-Groove aus Grundton
	0:14	9.19	Progressive-Rock-Groove in Moll-Tonart
	0:29	9.20	Progressive-Rock-Groove aus Moll-Akkord und Skala
	0:46	9.21	Progressive-Rock-Groove in Moll
46	0:00	9.22	Pop-Rock-Groove aus Grundton
	0:12	9.23	Pop-Rock-Groove in Dur-Tonart
	0:24	9.24	Pop-Rock-Groove in Dominant-Tonart
	0:37	9.25	Pop-Rock-Groove in Dominant-Tonart
47	0:00	9.26	Blues-Rock-Groove aus Grundton

Track	Anfangszeit	Abbildung	Beschreibung
	0:11	9.27	Blues-Rock-Groove mit Akkord-Tönen
	0:22	9.28	Blues-Rock-Groove mit Akkord-Tönen und Skalen-Tönen
	0:34	9.29	Blues-Rock-Groove
48	0:00	9.30	Country-Rock-Groove aus Grundton
	0:12	9.31	Country-Rock-Groove mit Akkord-Tönen
	0:26	9.32	Country-Rock-Groove aus der Skala
	0:39	9.33	Country-Rock-Groove
49	0:00	10.1	Swing-Groove mit Tönen aus der pentatonischen Dur-Skala
	0:19	10.2	Swing-Groove in mixolydischer Tonart
50		10.4	Jazz-Blues-Walking-Muster
51	0:00	10.5 a	Basslinien im Stil des Jazz-Two-Feel
	0:19	10.5 b	
	0:38	10.5 c	
52	0:00	10.6	Blues-Shuffle-Groove aus Grundton
	0:19	10.7	Blues-Shuffle-Groove aus Dur-Akkord
	0:39	10.8	Blues-Shuffle-Groove aus mixolydischer Skala
	0:59	10.9	Blues-Shuffle-Groove aus Moll-Tonart
	1:19	10.10	Blues-Shuffle-Groove aus Skalen-Tönen und einem chromatischen Ton
	1:39	10.11	Blues-Shuffle-Groove in Moll-Tonart mit einem chromatischen Ton
53	0:00	10.12	Funk-Shuffle-Groove aus Grundton
	0:30	10.13	Funk-Shuffle-Groove für Dominant- und Moll-Akkorde
	0:59	10.14	Funk-Shuffle-Groove mit Tönen aus Dominant- oder Moll-Tonarten
54	0:00	11.1	R&B-Groove in Dur-Tonart (ionisch)
	0:28	11.2	R&B-Groove in Dominant-Tonart (mixolydisch)

A ▶ Der Umgang mit der CD

Track	Anfangszeit	Abbildung	Beschreibung
	0:54	11.3	R&B-Groove in Moll-Tonart (dorisch oder äolisch)
	1:21	11.4 a	R&B-Grooves in Dur mit Dead Notes und chromatischen Tönen
	1:38	11.4 b	R&B-Grooves in Dominant mit Dead Notes und chromatischen Tönen
	1:55	11.4 c	R&B-Grooves in Moll mit Dead Notes und chromatischen Tönen
55	0:00	11.5	Motown-Groove mit gemeinsamen Tönen aus Dur- und Dominant-Skalen
	0:23	11.6	Motown-Groove in Dominant- oder Moll-Tonart
56	0:00	11.7	Fusion-Groove für Dur- oder Dominant-Akkorde
	0:33	11.8	Fusion-Groove für Moll-Akkorde
	1:07	11.9	Fusion-Groove über vier Saiten für Dominant-Akkorde
57	0:00	11.10	Funk-Groove für Dominant- oder Moll-Tonart
	0:28	11.11	Funk-Groove in Dur-Tonart
	0:57	11.12	Heftiger Funk-Groove in Moll-Tonart
	1:26	11.13	Heftiger Funk-Groove in Dur- oder Dominant-Tonart
	1:55	11.14	Fingerstil-Funk in Moll oder Dominant-Tonart
	2:22	11.15	Fingerstil-Funk in Dur-Tonart
58	0:00	11.16	Disco-Groove aus Oktaven
	0:19	11.17	Disco-Groove mit gedoppelten Oktaven
	0:41	11.18	Disco-Groove in Moll-Tonart
	1:00	11.19	Disco-Groove in Dur- oder Dominant-Tonart
59	0:00	11.20	Hip-Hop-Groove
	0:27	11.21	Hip-Hop-Groove in Moll- oder Dominant-Tonart

Track	Anfangszeit	Abbildung	Beschreibung
	0:53	11.22	Hip-Hop-Groove in Dur- oder Dominant-Tonart
60	0:00	11.23	Dance-Groove aus Grundton
	0:20	11.24	Moderner Dance-Groove
	0:39	11.25	Aufgemotzter Dance-Groove in Moll-Tonart
	1:00	11.26	Aufgemotzter Dance-Groove in Dur- oder Dominant-Tonart
61	0:00	12.1	Bossa-Nova-Groove für Dur-, Moll- oder Dominant-Akkorde
	0:19	12.2	Bossa-Nova-Groove für verminderte Akkorde
62	0:00	12.3	Afro-Kubanischer Groove für Dur-, Moll- oder Dominant-Akkorde
	0:12	12.4	Afro-Kubanischer Groove für verminderte Akkorde
	0:18	12.5	Afro-Kubanischer Groove mit Synkopierung für Dur-, Moll- oder Dominant-Akkorde
	0:42	12.6	Afro-Kubanischer Groove mit Synkopierung für verminderte Akkorde
63	0:00	12.7	Reggae-Groove für Moll-Akkorde
	0:31	12.8	Reggae-Groove für Dur- oder Dominant-Akkorde
	1:02	12.9	Reggae-Groove für Dur-, Moll- oder Dominant-Akkorde
	1:20	12.10	Drop-One-Reggae-Groove für Dur- oder Dominant-Akkorde
	1:38	12.11	Drop-One-Reggae-Groove für Moll-Akkorde
64	0:00	12.12	Soca-Groove für Dur- oder Dominant-Akkorde
	0:19	12.13	Soca-Groove für Moll-Akkorde
	0:30	12.14	Soca-Groove für Dur-, Moll- oder Dominant-Akkorde
65	0:00	12.15	Ska-Groove für Dur-, Moll- oder Dominant-Akkorde

A ▶ Der Umgang mit der CD

Track	Anfangszeit	Abbildung	Beschreibung
	0:16	12.16	Ska-Groove für Dur- oder Dominant-Akkorde
	0:37	12.17	Ska-Groove für Moll-Akkorde
66	0:00	12.18	Südafrikanischer Groove für Dur- oder Dominant-Akkorde
	0:21	12.19	Südafrikanischer Groove für Moll-Akkorde
	0:33	12.20	Südafrikanischer Groove für Dur-, Dominant- oder Moll-Akkorde
67	0:00	13.1	Walzerbegleitung für Dur-, Moll- und Dominant-Akkorde
	0:16	13.2	Walzerbegleitung für Dur-, Moll- und Dominant-Akkorde
68	0:00	13.3 a	Gruppierung im 5/4-Takt
	0:11	13.3 b	Drei-Zwei-Gruppierung im 5/4-Takt
	0:22	13.3 c	Zwei-Drei-Gruppierung im 5/4-Takt
	0:32	13.4	Groove im 5/4-Takt für Dur-, Moll- und Dominant-Akkorde
	0:44	13.5	Groove im 5/4-Takt mit Drei-Zwei-Gruppierung
	1:06	13.6	Groove im 5/4-Takt mit Zwei-Drei-Gruppierung
	1:29	13.7	Groove im 5/4-Takt mit Sechzehntelnoten
69	0:00	13.8 a	Gruppierung im 7/4-Takt
	0:16	13.8 b	Drei-Zwei-Zwei-Gruppierung im 7/4-Takt
	0:27	13.8 c	Zwei-Drei-Zwei-Gruppierung im 7/4-Takt
	0:36	13.8 d	Zwei-Zwei-Drei-Gruppierung im 7/4-Takt
	0:46	13.9	Groove im 7/4-Takt für Dur-, Moll- und Dominant-Akkorde
	1:01	13.10	Groove im 7/4-Takt mit Drei-Zwei-Zwei-Gruppierung
	1:18	13.11	Groove im 7/4-Takt mit Zwei-Drei-Zwei-Gruppierung
	1:34	13.12	Groove im 7/4-Takt mit Zwei-Zwei-Drei-Gruppierung

Track	Anfangszeit	Abbildung	Beschreibung
	1:50	13.13	Groove im 7/4-Takt mit Sechzehntelnoten
70	0:00	19.1	Basslinie im Stil von Bootsy Collins
	0:15	19.2	Basslinie im Stil von Donald Duck Dunn
	0:28	19.3	Basslinie im Stil von James Jamerson
	0:54	19.4	Basslinie im Stil von John Paul Jones
	1:11	19.5	Basslinie im Stil von Joe Osborn
	1:23	19.6	Basslinie im Stil von Jaco Pastorius
	1:43	19.7	Basslinie im Stil von George Porter Jr.
	2:01	19.8	Basslinie im Stil von Francis Rocco Prestia
	2:20	19.9	Basslinie im Stil von Chuck Rainey
	2:45	19.10	Basslinie im Stil von Robbie Shakespeare

Sehr nützliche Seiten

Im Verlauf dieses Buch zeige ich Ihnen, wie Sie Ihre eigenen Grooves, Begleitungen und Soli entwickeln können. Dieser Anhang enthält leere Notenseiten, auf denen Sie die Noten für Ihre Grooves aufschreiben können, die Sie auf Basis der Informationen in diesem Buch komponiert haben. Spielen Sie die Basslinien nicht einfach nur nach – verändern und verbessern Sie sie. Lassen Sie Ihrer Kreativität freien Lauf. Fangen Sie mit den Grooves aus Teil IV an, und entwickeln Sie Grooves, die schließlich ganz auf Ihren eigenen Ideen aufbauen.

Ich habe hier Seiten für die unterschiedlichen Notationsmethoden zur Verfügung gestellt, aus denen Sie sich Ihren Favoriten heraussuchen können. Abbildung B.1 zeigt einen Überblick über die Position der einzelnen Töne in der klassischen Notierung. Für den Fall, dass Sie einen Fünf- oder Sechssaiten-Bass spielen, habe ich auch die tiefen Noten H, C und D eingetragen (die außerhalb des Bereichs eines regulären Viersaiters liegen), da man diesen Tönen hin und wieder in Notationen begegnet.

Abbildung B.2 ist eine Seite mit Notenlinien und dazugehörigem Grid. Diese Form der Notation verwende ich durchgängig im gesamten Buch. Diese Seite eignet sich hervorragend, um eigene Grooves mit Noten und Griffmustern festzuhalten.

Abbildung B.3 ist eine Seite mit Grids für normale Viersaiten-Bässe. Wenn Sie sich nicht mit der klassischen Notation herumschlagen wollen, können Sie Ihre Grooves hier eintragen.

Abbildung B.4 zeigt Grids für den Fünfsaiten-, und Abbildung B.5 für den Sechssaiten-Bass – für den Fall, dass Sie sich einen Bass mit größerem Tonumfang zugelegt haben und sich jetzt etwas allein gelassen fühlen. Die Grids für Fünfsaiter haben fünf vertikale Linien (die für die fünf Saiten stehen: H, E, A, D, G), und die Grids für Sechssaiter haben sechs vertikale Linien (die für die sechs Saiten stehen: H, E, A, D, G, C).

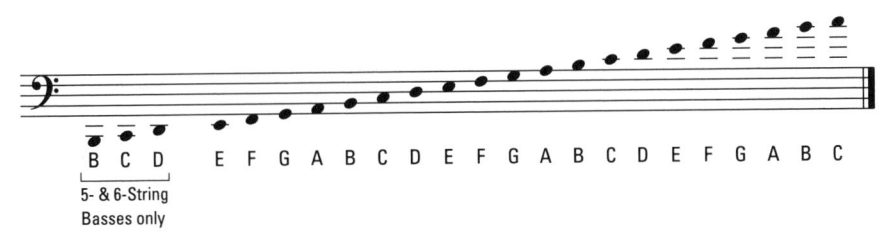

Abbildung B.1: Alle Töne auf Notenlinien im Bass-Schlüssel

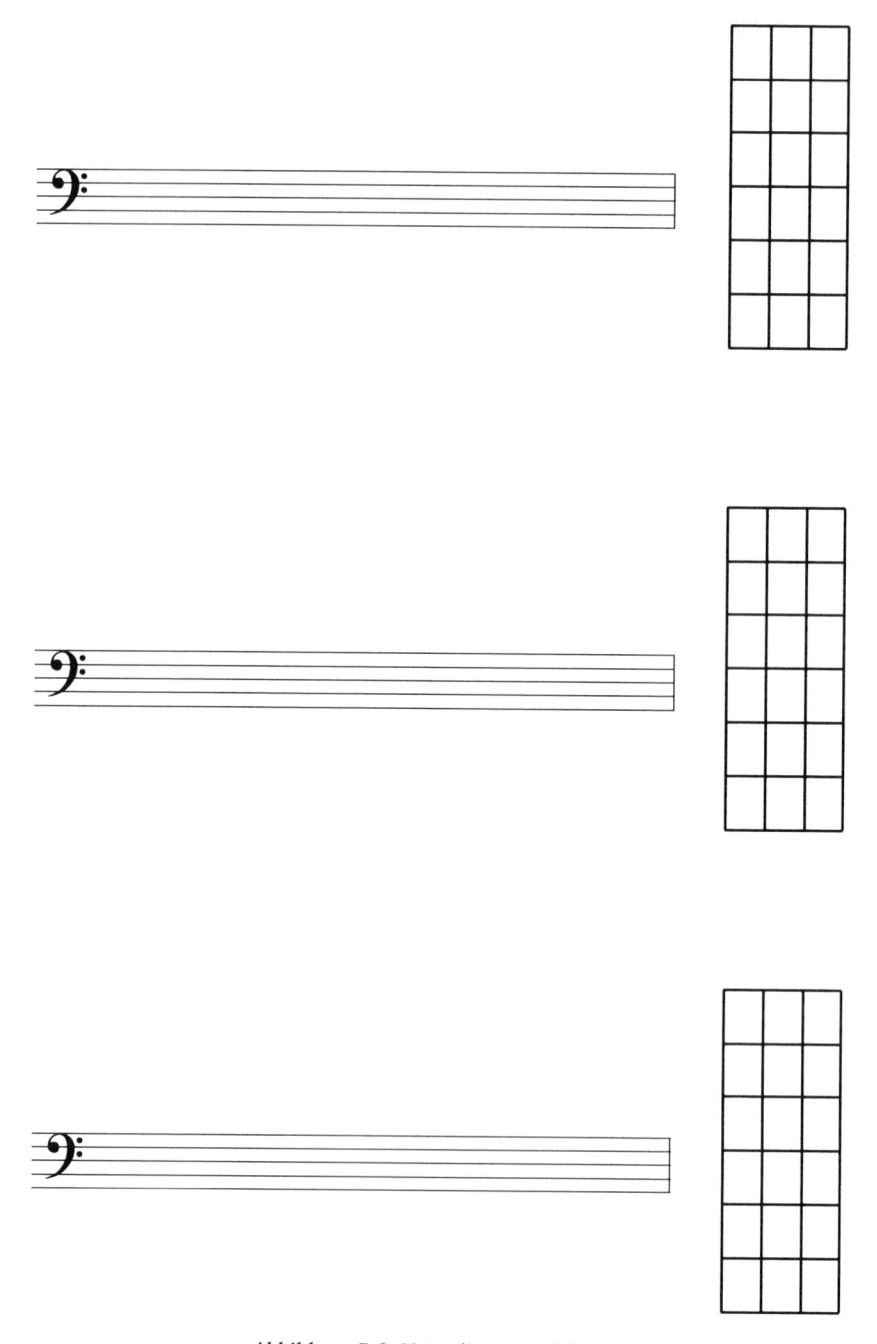

Abbildung B.2: Notenlinien und Grids

B ➤ Sehr nützliche Seiten

Abbildung B.3: Grids für Viersaiter

Abbildung B.4: Grids für Fünfsaiter

B ➤ *Sehr nützliche Seiten*

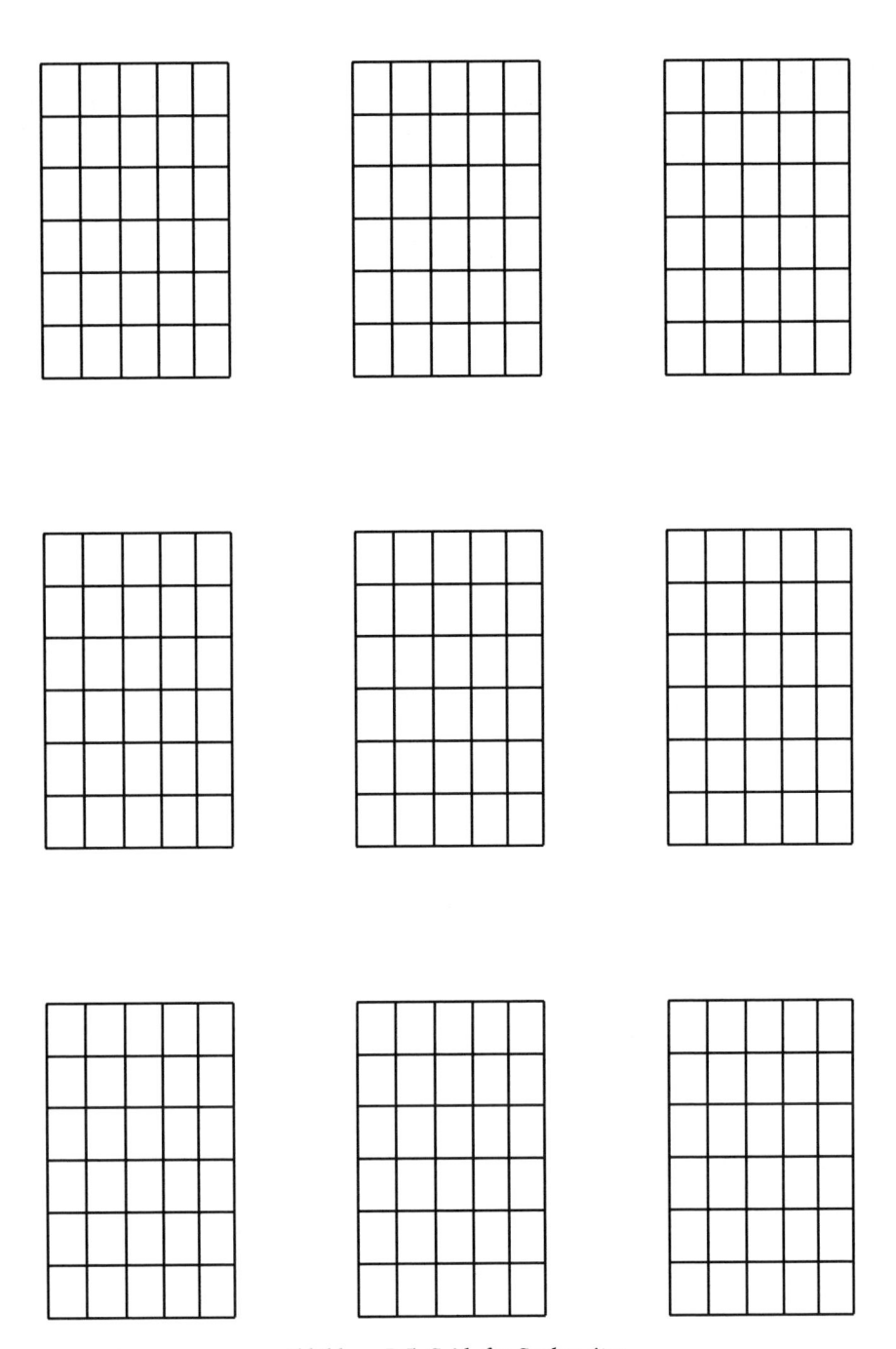

Abbildung B.5: Grids für Sechssaiter

Wenn Sie sich nicht mit Grids abgeben möchten, können Sie auch die Notenlinien (mit Bass-Schlüssel) aus Abbildung B.6 mit genügend Platz für tiefe Noten verwenden. Abbildung B.7 enthält Notenlinien mit Tabulatur-Linien für Viersaiter darunter. Auf den Tabulatur-Linien können Sie die Lage der Töne auf dem Griffbrett eintragen.

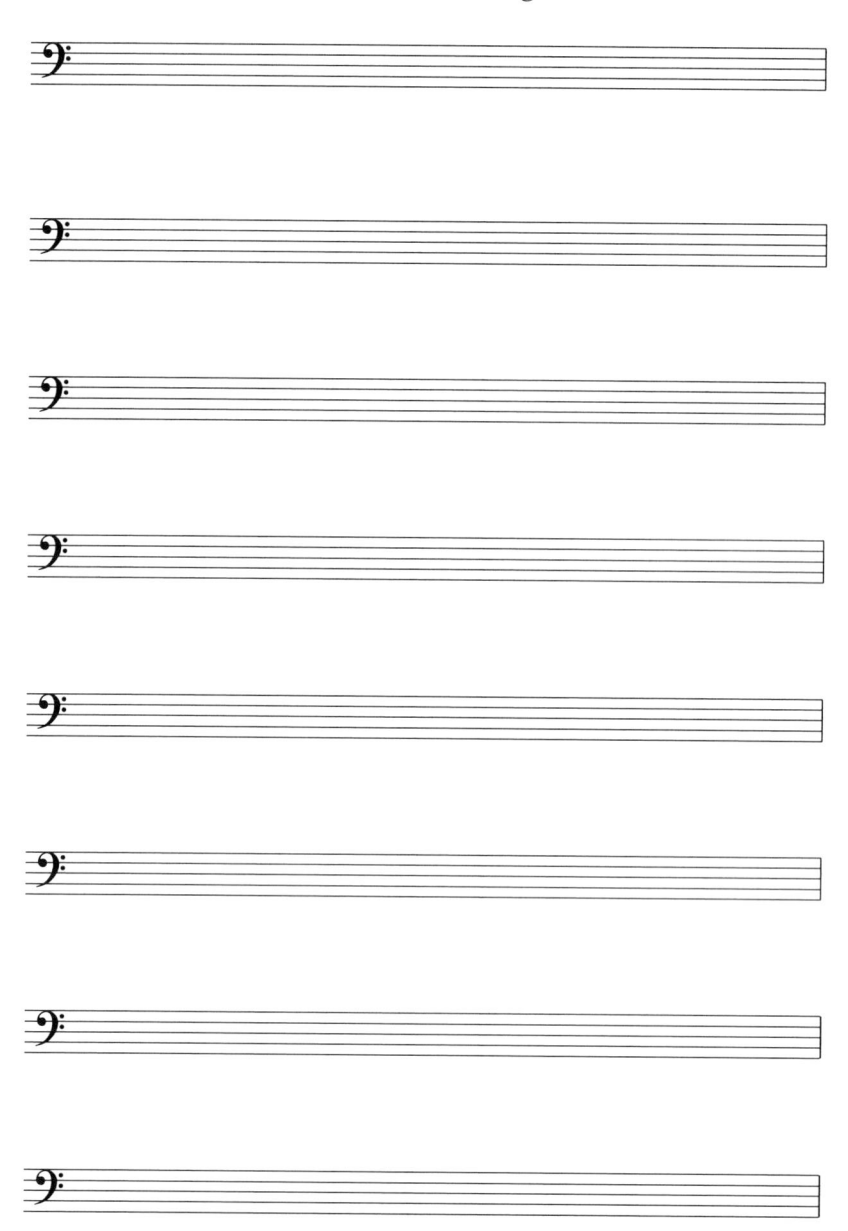

Abbildung B.6: Notenlinien im Bass-Schlüssel

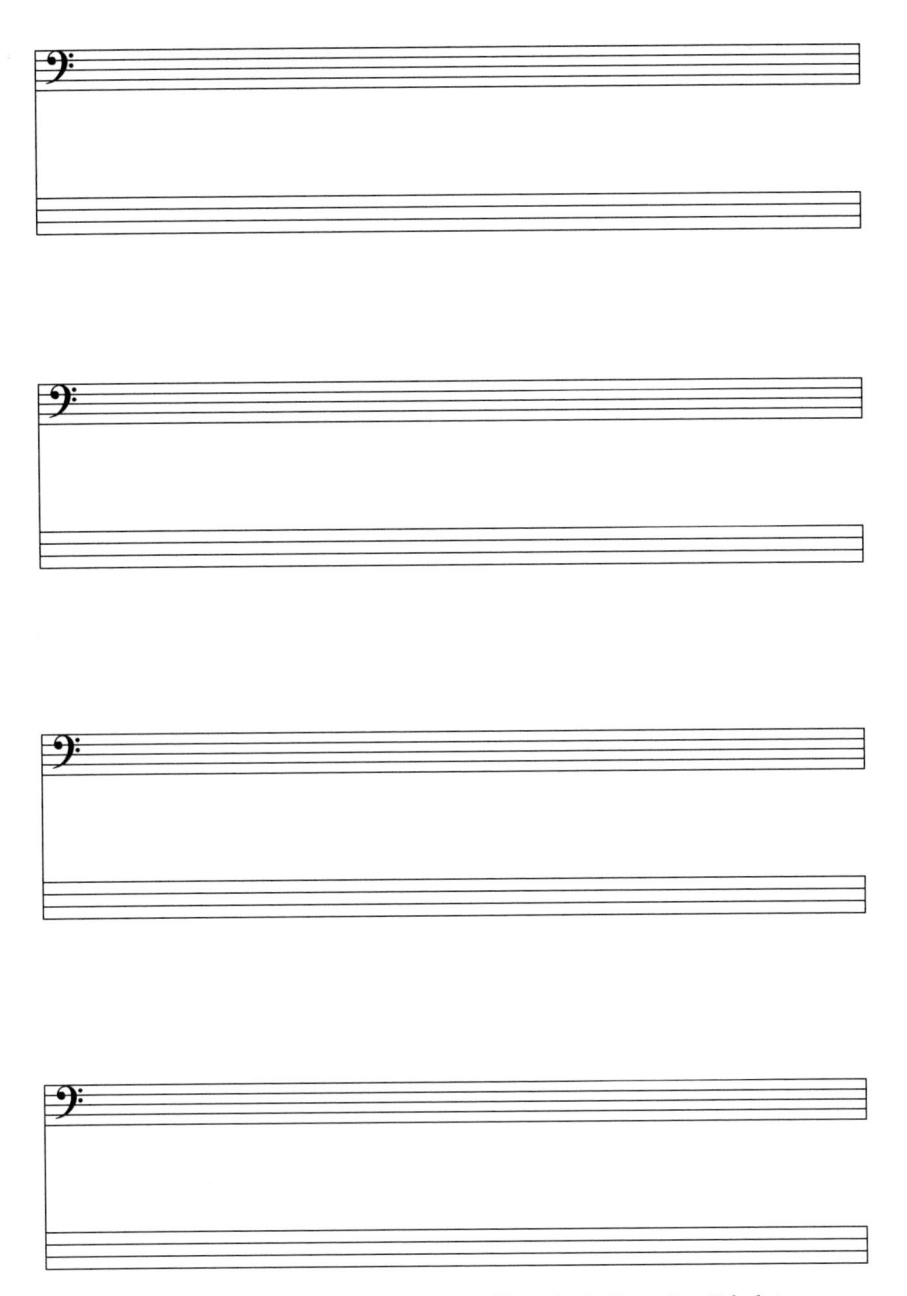

Abbildung B.7: Notenlinien im Bass-Schlüssel mit Viersaiter-Tabulatur

Die Abbildungen B.8 und B.9 sind Notenseiten mit Tabulatur-Linien für Fünf- bzw. Sechssaiter. Sie können diese Seiten verwenden, wenn Sie einen entsprechenden Bass haben und die Tabulatur-Methode bevorzugen. In Kapitel 3 finden Sie alles Wissenswerte über Tabulaturen und klassische Notation.

Abbildung B.8: Notenlinien im Bass-Schlüssel mit Fünfsaiter-Tabulatur

Abbildung B.9: Notenlinien im Bass-Schlüssel mit Sechssaiter-Tabulatur

Ich rate Ihnen dringend, Kopien dieser Seiten anzufertigen, bevor Sie Noten darauf schreiben. Legen Sie diese Kopien in einen Ordner, damit Sie sie jederzeit finden, wenn Sie eine Basslinie notieren wollen. Wenn Sie den Bass irgendwann beherrschen und das Buch an den nächsten Anfänger weitergeben, werden ihm diese Seiten wieder eine große Hilfe sein.

Ich möchte Ihnen alles Gute wünschen. Mögen Ihre Basslinien von Millionen Fans gehört werden.

Stichwortverzeichnis

Numerisch
3/4-Takt 239
5/4-Takt 241
7/4-Takt 244

A
Achtelnote 80
Afro-Kubanisch 228
Akkord-Chart 72
Akkorde 34, 51, 99
    bilden 99
    Dreiklänge 99
    Dur-Dreiklänge 99
    Moll-Dreiklänge 103
    Sept-Akkorde 103
    Umkehrungen 136
    Umkehrungen, Dur 137
    Umkehrungen,Moll 138
Äolisch 108
Arpeggio 129
    Moll über zwei Oktaven 132
    über zwei Oktaven 129
auswählen, Bassgitarre 275

B
Band
    Funktion des Bassisten 28
Barrett, Aston FamilyMan 230
Bass 285
Bass-Drum 161
Bass-Flash 35
Bassisten
    Barrett, Aston FamilyMan 230
    Beck, Roscoe 204
    Brown, Ray 201
    Bruce, Jack 295
    Carter, Ron 201
    Chambers, Paul 201
    Clarke, Stanley 217, 297
    Clayton, Adam 185
    Collins, Bootsy 300
    Dunn, Donald Duck 194, 204, 300
    Edwards, Bernard 220
    Entwistle, John 185, 296
    Flea 218
    Goines, Lincoln 228
    Gonzales, Andy 228
    Hamilton, Tom 187
    Hinton, Milt 201
    Jackson, Anthony 217
    Jamerson, James 214, 296, 300
    Jones, John Paul 187, 301
    Khumalo, Bakithi 236
    Lee, Geddy 189
    Lee, Will 297
    McCartney, Paul 191, 297
    Miller, Marcus 218, 296
    Myung, John 189
    Oakley, Berry 194
    Osborn, Joe 301
    Palladino, Pino 191
    Pastorius, Jaco 217, 296, 301
    P-Nut 230
    Porter Jr., George 302
    Prestia, Francis Rocco 218, 302
    Rainey, Chuck 303
    Saadiq, Raphael 222
    Shakespeare, Robbie 230, 303
    Shannon, Tommy 204
    Sting 234
    Wooten, Victor 218, 297
Bass-Schlüssel 73
Batterien 33
Beck, Roscoe 204
Begleitung, Beispiele 114
Benjamin, Benny 300
Betonung 88
Bindebogen 81
Blaine, Hal 301
Blues Shuffle 204
Blues-Rock 194
Bogen 81
Bonham, John 301
Bossa Nova 227
Box 108
Brown, Ray 201
Bruce, Jack 295
Brücke 32
Budget 279
Bundlos 278
Bundreinheit 268
Bundstäbe 32, 39

Stichwortverzeichnis

C

Carter, Ron 201
Case 271, 287
CD 307
    Trackliste 309
Chambers, Paul 201
Chorus 289
Chromatische Töne 109
Clarke, Stanley 217, 297
Clayton, Adam 185
Collins, Bootsy 300
Cool wirken 30
Country-Rock 196

D

Dance 224
Dead Notes 113
Digital-Delay 291
Disco 220
Distortion 291
Dorisch 108
Dreiklänge 99, 103
Drop-One-Technik 232
Dunbar, Sly 303
Dunn, Donald Duck 194, 204, 300
Dur 96
Dur, Moll 34

E

E-Bass
    andere Bezeichnungen 30
    Einzelteile 30
    Vergleich mit E-Gitarre 27
Edwards, Bernard 220
Effekte
    Digital-Delay 291
    Envelope-Filter 291
    Flanger/Phase-Shifter 291
    Multieffektgerät 291
    Oktaver 291
    Verzerrer/Distortion 291
E-Gitarren
    Vergleich mit Bass 27
Einzelanfertigung 282
Einzelteile
    Bundstäbe 32
    des E-Bass 30
    Hals 30
        Griffbrett 31
        Halsrückseite 32
        Kopfplatte 31
        Mechaniken 31
        Saiten 32
        Sattel 31
    Innenleben 33
        Batterien 33
        Elektronik 33
        Halsstab 33
    Korpus 32
        Brücke 32
        End-Pin 32
        Gurt-Pin 32
        Klinkenbuchse 33
        Regler 32
        Tonabnehmer 32
Elektronik 33
End-Pin 32
Entwistle, John 185, 296
Envelope-Filter 291
Equipment 283
Erskine, Peter 301

F

Fender Precision Bass 184
Fills 36, 171
    mit Groove 172
    Timing 172
Flageolett 60
Flageolett-Methode 67
Flanger/Phase-Shifter 291
Flea 218
Four-Feel 202
fretless 278
Fünfsaiter 277
Fünfter-Bund-Methode 64
Funk 36, 211, 218
Funk Brothers 296
Funk-Shuffle 207
Funktion
    des Bassisten 28
Fusion 216

G

ganze Note 80
Ganztonschritt 53
Garibaldi, David 302
Gig-Bag 271, 287
Goines, Lincoln 228
Gonzales, Andy 228
Grid 20, 51
    Dur-Skala 53
    Elemente eines 52
    Moll-Skala 53

Griffbrett 31
    Box 108
    Markierungen 136
    Noten finden 74
    Töne in jeder Oktave finden 134
Griffbrett-Diagramme 51
Groove 35, 141
    Akkord-Töne verwenden 155
    Designer-Groove 158
    die richtigen Töne 143
    Dominant-Groove 146
    Dur-Groove 152
    eigenen komponieren 146
    Elemente 141
    Groove-Scheitelpunkt 158
    Groove-Skelett 142
    konstante Strukturen 155
    mit einem Drummer 161
    Moll-Groove 149
    von Akkord zu Akkord 154
Groove-Skelett 142
Gurt 287
Gurt-Pin 32

H

halbe Note 80
Halbtonschritt 53
Hals 30
Hals, Befestigung am Korpus 280
Halsrückseite 32
Halsstab 33, 266
Haltung 39
    Bass umhängen 40
    beim Plektronspiel 47
    beim Slap-Stil 50
    der Hände 43
    der linken Hand 43
    der rechten Hand 44
    im Sitzen spielen 42
    im Stehen spielen 41
    Linke Hand
        Box 108
Hamilton, Tom 187
Hände 43
Hard-Rock 187
Haupttonarten 105
Hi-Hat 162
Hinton, Milt 201
Hip-Hop 222
höher, Tonhöhe 21

I

Innenleben 33
Instrumentenbauer 282
Intervalle 56
Ionisch 108

J

Jackson Jr., Al 300
Jackson, Anthony 217
Jamerson, James 214, 296, 300
Jazz 201
Jobim, Antonio Carlos 227
Jones, John Paul 187, 301

K

Kabel 287
Kaufberatung 275
Kaufen
    Verstärker 38
    Zubehör 38
Kaufen, Instrument 38
Khumalo, Bakithi 236
Klang
    Grundlagen des 85
klassische Notation 72
Klinkenbuchse 33
Koffer 271, 287
Konstante Strukturen 155
Koordination
    der Hände 33
    von linker und rechter Hand 91
Kopfhörerverstärker 291
Kopfplatte 31
Korpus 32

L

Lagerung 270
Latin 228
Lautsprecher 283
Lee, Geddy 189
Lee, Will 297
Leitton 201
Lick 165
linke Hand 39, 40
Lokrisch 108
Lydisch 108

Stichwortverzeichnis

M

McCartney, Paul 191, 297
Mechaniken 31
Metronom 29, 74
    einstellen 78
    Zusammenspiel mit 78
Mid 286
Miller, Marcus 218, 296
Mixolydisch 108
Modeliste, Zig 302
Moll 98
Moll, Dur 34
Motown 214
Multieffektgerät 291
Musikläden 279
Musikstile
    Afro-Kubanisch 228
    Blues Shuffle 204
    Blues-Rock 194
    Bossa Nova 227
    Country-Rock 196
    Dance 224
    Disco 220
    Funk 211, 218
    Funk-Shuffle 207
    Fusion 216
    Hard-Rock 187
    Hip-Hop 222
    Jazz 201
    Jazz-Two-Feel 202
    Motown 214
    Pop-Rock 191
    Progressive-Rock 189
    R&B 211
    Reggae 230
    Rhythm and Blues 211
    Rock 185
    Rock 'n' Roll 179
    Salsa 228
    Shuffle 199
    Ska 234
    Soca 232
    Südafrikanisch 236
    Swing 199
    Walking-Bass 201
Muskel-Gedächtnis 124
Myung, John 189

N

Notation 53, 72
    Griffbrett-Diagramme 51

Noten
    auf dem Griffbrett 55
Noten lesen 51, 71
    Achtelnote 80
    Akkord-Chart 72
    Bogen 81
    ganze Note 80
    halbe Note 80
    in Blöcken 82
    klassische Notation 72
    Musik richtig lesen 82
    Phrasen 78
    punktierte Note 81
    Schläge 78
    Sechzehntelnote 80
    Tabulatur 73
    Takte 78
    Töne auf dem Griffbrett 74
    Triole 81
    Viertelnote 79
    Violinschlüssel 73
Notenlesen
    Pausenzeichen 82

O

Oakley, Berry 194
Oktav 21
Oktaver 291
Online-Shopping 281
Osborn, Joe 301

P

Palladino, Pino 191
Pastorius, Jaco 217, 296, 301
Pause 82
Pausenzeichen 82
Pentatonik 166
Permutation 35, 91
Phrasen 78
Phrygisch 108
Pickups 32, 85, 262
Plektron 47
P-Nut 230
Pop-Rock 191
Porter Jr., George 302
Prestia, Francis Rocco 218, 302
Progressive-Rock 189
punktierte Note 81
Purdie, Bernard 303

Stichwortverzeichnis

Q
Quart 21
Quint 21

R
R&B 211
Rainey, Chuck 303
rechte Hand 39, 40
Referenzton 59
Reggae 230
Regler 32
Reinigung 38, 261
Reparaturen 264
Rhythm and Blues 211
Rhythmus
    3/4-Takt 239
    5/4-Takt 241
    7/4-Takt 244
    Dead Notes 113
    Triole 199
    Ungerade Takte 239
Rhythmus-Sektionen, berühmte 299
Rock 36, 185
Rock 'n' Roll 179
Röhrenverstärker 284

S
Saadiq, Raphael 222
Saiten 32
    abdecken 93
    anschlagen 86
        Betonung 88
        Wechsel zur nächsten 89
    wechseln 37
Saiten pflegen 259
Saiten wechseln 251
Saitenlage 267
Saitenreiter 267
Saitenwechsel 251
Salsa 228
Sattel 31
Schläge 78
Schlagzeug
    Bass-Drum 161
    Hi-Hat 162
    Snare-Drum 161
Sechssaiter 277
Sechzehntelnote 80
Sekund 21
Sept 21
Sept-Akkorde 103

Sext 21
Shakespeare, Robbie 230, 303
Shannon, Tommy 204
Shuffle 199, 204
Siebter-Bund-Methode 66
sitzend spielen 42
Ska 234
Skalen 51
    Blues- 35
    Blues-Skala spielen 163
    Chromatische Töne 109
    Dur 96
    Dur über zwei Oktaven 122
    Dur und Moll 95
    Dur-Pentatonik 168
    mit offenen Saiten 54
    Moll 98
    Moll über zwei Oktaven 125
    Moll-Pentatonik 166
    pentatonische 35
    sieben Haupttonarten 105
    Töne in jeder Oktave finden 134
    über zwei Oktaven spielen 34
    Zwei Oktaven spielen 121
Slapping 50
Snare-Drum 161
Soca 232
Solo 35, 36, 163
    Blues-Skala 163
    Dur-Pentatonik 168
    Moll-Pentatonik 166
    von Akkord zu Akkord 169
Song
    Ablauf 29
Spannung, Entspannung 29
Starks, Jab'o 300
stehend spielen 41
Stil
    Funk 36
    Rock 36
    Swing 36
    Ungerade Takte 37
    Weltmusik 37
Stile, musikalische 36
Stimmen 34, 58
    auf andere Instrumente 60
    auf eigene Saiten 59
    auf Gitarre 60
    auf Klavier 60
    mit Flageolett-Tönen 60, 67
    mit Stimmgabel 59
    Stimmgerät 58
stimmen
    auf sich selbst 64
    Saiten aufeinander 64

Stichwortverzeichnis

Stimmgabel 59
Stimmgerät 58, 287
Stimmwirbel 31
Sting 234
Südafrikanisch 236
Swing 36, 199

T

Tab 73
Tabulatur 20, 73
Takte 78
Terz 21
tiefer, Tonhöhe 21
Tonabnehmer 32, 85
Tonales Zentrum 95
Tonart
    Äolisch 108
    Dorisch 108
    Ionisch 108
    Lokrisch 108
    Lydisch 108
    Mixolydisch 108
    Phrygisch 108
Tonhöhe
    höher, tiefer 21
Tonleiter 34
Training 86
Transistorverstärker 284
Treble 286
Triole 81, 199
Two-Feel 202

U

Umhängen 40
Umkehrungen 35, 136
Ungerade Takte 37, 239
unisono 187

V

Verstärker 283
    Combo 283
    Klang einstellen 285
    Röhre 284
    separater Lautsprecher 283
    Transistor 284
Verzerrer 291
Viertelnote 79
Violinschlüssel 73

Volume 285
Volume-Pedal 289
Vorbereitung
    Koordination von linker und rechter Hand 91
Vorbereitungen 33
    Finger-Permutationen 91
    Training, rechte Hand 86

W

Walking-Bass 201
Walzer 239
Wartung 37, 261
    Bass einstellen 265
    Bundreinheit einstellen 268
    Elektronik 265
    Halsstab einstellen 266
    Lackschäden 264
    Reinigung 38, 261
        Anbauteile 262
        Griffbrett 262
        Korpus und Hals 261
        Pickups 262
        Saiten 263
    Reinigungs- und Wartungsset 270
    Reparaturen 264
        Lackierung 264
    Saiten pflegen 259
    Saiten wechseln 251
    Saitenlage einstellen 267
Weltmusik 37
Wooten, Victor 218, 297

Z

Zeitungsanzeigen 282
Zubehör 283
    Chorus 289
    Digital-Delay 291
    Envelope-Filter 291
    Flanger/Phase-Shifter 291
    Gurt 287
    Kabel 287
    Kopfhörerverstärker 291
    Multieffektgerät 291
    Oktaver 291
    Stimmgerät 287
    Verzerrer/Distortion 291
    Volume-Pedal 289